텍스트를 넘어 콘텍스트로

일러두기

이 책은 〈복음과상황〉과 〈묵상과설교〉에 실린 원고를 일부 포함하고 있다. 단행본의 특성을 고려하여 제목 및 내용을 전면 또는 부분 수정했다. 수록을 허락한 〈복음과상황〉과 〈묵상과설교〉에 감사드린다.

텍스트를
넘어
콘텍스트로

최 종 원

최고의 벗이자 생의 동반자인 장은정에게

차 례

04 개인 신앙을 넘어서 공적 신앙으로 살다

인문주의로 교회를 읽는 이유

역사는 반복된다. 그러기에 치열한 논쟁의 현장에서 한 걸음 물러나 차분히 역사의 판례들을 들여다보면, 상황을 헤쳐 나갈 단서의 끄트머리를 어렴풋하게나마 발견할 수 있다. 오늘의 한국 사회에서 교회만큼 모질게 주목받는 집단이 있을까 싶을 정도로 한국 기독교는 논란의 한가운데에 서 있다. 가짜뉴스, 남북문제, 이슬람, 진화론, 페미니즘, 성소수자 등 한국 사회의 첨예한 이슈를 향해 교회는 거친 목소리 내기를 주저하지 않는다. 하지만 역사의 태엽을 거꾸로 감아 과거로 돌아가 보면, 이 문제는 21세기에 갑자기 솟아난 것이 아님을 알 수 있다. 중세 유럽의 경우, 정치적 대립 속에 가톨릭교회의 정당성을 확보하려고 노골적으로 행했던 사료 위조로 인해 사료 위조의 전성기라는 오명을 쓰기도 했다. 십자군 원정에서의 무슬림이나 유대인에 대한 극단적인 잔혹 행위 역시 신의 영광을 명분 삼았다. 배제와 혐오의 범위는 이단자, 전염성 질환자, 성소수자 등 유럽 내부의 소외계층으로 널리 확대되었다.

한편, 로마제국의 거센 박해 속에서도 오직 그리스도의 가르침대로 작은 자, 소외된 자들을 받아들이고 함께함으로써 교회는 확산되었다. 그 결과, 로마제국이 기독교를 공인했지만 아쉽게도 교회는 예전의 낮은 마음을 잃어버렸다. 그러나 교조화되고 정치화된 교회는 그 후에도 여러 차례 새로운 모습으로 탈바꿈하며 살아남았다. 역사가 전해 주는 생존의 비밀은 명확하다. 교회가 대중에게 진정으로 다가갔을 때, 교회는 대중의 선택을 받았다. 유럽의 경우, 고착화된 교회의 변화를 이끈 것은 대중의 염원을 담은 새로운 수도회운동을 통해서였다. 다양한 형태로 등장하고 소멸하며, 때로 이단으로 정죄되기도 했던 수도회운동은 체제 밖에서 체제 변화를 추동했던 '아래로부터'의 대중운동이었다.

성경 텍스트에 대한 재해석과 재발견이 교회를 회복시킨 것이 아니다. 텍스트의 가르침이 교회라는 공간을 넘어 대중이 살아가는 콘텍스트와 맞물렸을 때 비로소 새로운 교회가 탄생했다. 이러한 재탄생은 암흑과 같은 인고의 밤을 보낸 후에야 가능했다. 서로마 멸망으로 무너진 터 위에 유럽을 만든 베네딕트 수도회, 교회의 타락 앞에 사도적 청빈을 앞세우며 등장한 12세기 탁발수도회, 중세와 결별하고 새로운 근대를 추동한 16세기 루터의 종교개혁과 가톨릭 트리엔트공의회, 극에 달한 부의 불평등으로 피폐한 대중의 분노를 프랑스와 같은 혁명이 아닌 '종교의 힘'으로 견인해 낸 18세기 영국의 메소디스트 운동, 홀로코스트로 대표되는 근대성의 절대절망을 넘을 빛을 제시한 20세기 제2차 바티칸공의회 등은 시대의 변곡점에서 이전과는 다른 전혀 새로운 종교를 만들어 냈다.

그 핵심은 텍스트가 콘텍스트와 부합되게 하는 언어의 전환이다. 중세 라틴 기독교는 헬라어 성경이 아닌, 그 뜻마저도 저속하고 품격 없다는 '불가타*vulgata*' 성경 위에 형성되었다. 종교개혁을 이끈 중요한 힘 가운데 하나는 로망스어를 기반으로 한 라틴어 성경이 종교개혁 국가들의 언어로 번역된 것이다. 흥미롭게도 이 자국어 역시 '속된 언어vernacular'라고 불렸다. 거룩한 것이 속된 것을 만나면서 변화가 이루어졌다. 종교의 언어가 거룩한 교회당을 넘어 세속에 들려졌을 때 교회는 세상을 얻었다. 그것이 전부가 아니다. 정경의 텍스트가 세속의 콘텍스트와 조응照應할 때에만 그 이전을 넘어서는 새로운 신학이 형성될 수 있다.

역사 속에서 교회가 걸어온 길을 되짚어 보면 한국 교회의 위기는 다르게 읽힌다. 이식된 가치와 결별하고 한국만의 독자적인 기독교를 형성하기 위해 거쳐야 하는 통과의례이다. 이를 통과한다면, 훗날 세계 교회사는 21세기 한국 교회를 유의미하게 기억할 것이다. 이 점에서 우리는 옛것과 결별하고 새로운 것을 만들어 낼 역량을 키워 나가야 한다. 중세 수도회운동이 그랬던 것처럼, 기득권이나 극우세력을 대표하는 듯한 교회에 대한 인식을 넘어설 대안을 아래로부터 만들어 내야 한다. 역사는 개개의 그리스도인 모두가 이 힘을 만들어 나가는 데 동참할 것을 요구한다.

그러한 힘은 사람과 세상에 대한 이해와 공감을 쌓아 가는 데서 키워진다. 이 책은 그 힘을 키우는 나름의 독법을 제시한다. 아울러 인문주의의 시선으로 한국 기독교에 성찰점을 줄 만한 여러 역사의 사례를 검토하여 한국 교회가 직면한 난제들을 헤쳐 나아갈 길을 제안한다. 한국 교회의 현실과 관련한 주제들을 종횡무진 동서양 2,000년에서 끄집어내어, 성경의 텍스트와 한국의 콘텍스트가 만날 다리 놓기를 일관되게 시도하고 있다.

이 책은 2018년 〈복음과상황〉에 실렸던 "한 인문주의자의 시선"이라는 제목의 연재 글과 〈묵상과설교〉에 실렸던 두 편의 글을 포함하여 지난 한 해 동안 써온 글들을 엮어 재집필한 것이다. 이런 낯선 글쓰기를 하게 된 이유를 우선 해명해야 할 듯하다. 나는 지금 캐나다 밴쿠버에 거주하고 있다. 2012년 대통령선거가 끝난 이틀 후 캐나다로 삶의 터전을 옮겼으니 벌써 7년째이다. 캐나다로 오기 전 4년간, 신학을 전공하지 않았음에도 한국의 대안적인 신학기관으로 기대를 받던 한 곳에서 역사를 가르치며 훌륭한 신학자들과 신학도들을 만나는 행운을 누렸다. 권성달, 김근주, 김동춘, 남기업, 신현우, 이동영, 이필찬, 전성민, 손성현… 그 이름만으로도 여전히 가슴을 뛰게 만드는 분들이다. 학내 문제로 이제 뿔뿔이 흩어졌으나 한국 교회를 위하여 모두 넉넉히 한몫을 감당하고 있으니 감사할 따름이다.

그러나 한국 교회와 신학계를 통해 경험했던 쓰라린 감정은 쉽게 정리되지 않았다. 캐나다에 오고 2년 정도는 교회 관련한 한국 뉴스를 의도적으로 접하지 않았다. 다시 한국 교회를 들여다보게 된 우연찮은 계기는 '창조과학'과 '서북청년단'이라는 단어가 들려왔기 때문이다. 그렇지만 한국 교회와 관련한 문제의식을 글로 풀어내지는 않았다. 그러던 중, 2017년 가을 한국에 계신 이만열 교수님을 초청하여 "기독교 사관과 역사의식"이라는 강의를 함께 진행하게 되었다. 은퇴하신 지 십수 년이 지났지만 여전히 치열하게 한국의 정치, 사회, 종교 문제에 올곧은 목소리를 내고, 페이스북을 통해 세대를 넘어 소통하는 모습이 나를 다시금 돌아보게 했다. 그래서 오랜 고민 끝에 SNS 글쓰기를 시작했다.

밴쿠버 한인사회에 인문학으로 소통할 수 있는 장을 마련하고자 순수한 마음에서 시작한 글쓰기는 처음부터 엇나갔다. 페이스북을 시작하고 쓴 첫 글이 명성교회 세습을 인문학적으로 고찰한 것이었으니 말이다. 이 글이 많은 사람에게 공유되고 여러 매체에 소개되면서 한국의 생각하는 그리스도인들의 문제의식과 나의 문제의식이 다르지 않음을 확인할 수 있었다. 이것이 계기가 되어 한국 교회를 인문학적으로 성찰하는 글을 연재하게 되었다. 이 책은 지난 한 해 쏟아내듯 써온 나의 한국 교회 읽기의 결과물이다. 종교의 이름으로, 신앙의 열정으로 고민 없이 행해지는 것들을 재

13 —

고해 보자는 제안을 담았다.

책을 써낼 때마다 늘 그렇지만, 이 책을 선보이면서 갖는 부담은 유독 크다. 서양 중세 역사를 공부한 이가 한국 사회와 교회에 대해 쓴 글이 얼마나 설득력이 있을까? 다양한 주제를 다루었지만 전문성과 깊이는 담보할 수 없기에 해당 분야의 한글 단행본이나 논문을 할 수 있는 한 소개하려고 주를 여럿 달았다.

무모한 성격의 글쓰기를 1년간 지속할 수 있게 된 것은 여러 사람의 도움 때문이다. 먼저 나의 첫 글을 제자들에게 회람시키고 〈복음과상황〉 연재 글을 읽고 격려해 주신 이만열 교수님께 감사드린다. 자신의 전문 분야가 아닌 주제로 글쓰기를 하는 것이 조심스러운 학계 분위기에서 더할 나위 없는 힘이 되었다. 〈복음과상황〉에 연재할 기회를 주신 옥명호 편집장님과 편집진께도 감사드린다. 더 나은 환경에서 연구할 수 있도록 배려하고 격려해 주신 밴쿠버기독교세계관대학원VIEW의 양승훈 교수님, 전성민 교수님, 박진경 교수님, 유승훈 박사님, 이계현 실장님, 더불어 강의를 통해 생각을 나누고 문제의식이 더 날카로워질 수 있도록 도움을 주신 원우들께 감사드린다.

파편으로 남을 수도 있었을 원고를 한 권의 책으로 출판해 주신 비아토르의 김도완 대표님, 편집과 디자인에 애를 써준 이현주, 정지현 님께 감사드린다. 글을 지속적으로 쓰는 데 가장 큰 힘이 되었던 것은 페이스북 친구들의 응원이었지 싶다. 캐나다라는 공간 — 14

의 제약을 넘어 한국을 비롯해 세계 각 곳에서 글을 읽고 공감해 주신 나의 친구들에게 진심으로 감사드린다. 그 안에 나의 사랑하는 가족들도 포함되어 있다는 것이 얼마나 뿌듯한지 모른다.

아무쪼록 이 책이 한국 교회를 사랑하고 오늘의 어려움을 극복해 나갈 전환을 꿈꾸는 모든 이에게 자그마한 도전과 힘이 될 수 있기를 기대한다.

2019년 5월
캐나다 밴쿠버에서
최종원

01

**텍스트를 넘어서
콘텍스트를 읽다**

자크 루이 다비드, 〈나폴레옹 1세의 대관식〉, 1807

자크 루이 다비드가 그린 〈나폴레옹 1세의 대관식〉은 국가권력이 교회권력을 압도한 극적인 장면을 보여 준다. 제목과 달리 황제의 대관 장면은 나오지 않고 나폴레옹이 왕관을 들어 아내 조세핀에게 씌워 주려고 하고 있다. 이 작품은 본래 나폴레옹이 스스로 왕관을 들어 쓰고, 교황은 그 뒤에서 손을 모으고 조신하게 앉아 있는 모습으로 스케치되어 있었다. **95쪽**

사고이다. 그 너머에는 무엇이 있을까? 이 상상을 이끌어 내는 것이 바로 인문학적 사유이다. 다시 말하지만 그 사유의 핵심은 인간성에 대한 재발견이다. 모든 종교는 인간 가치의 고양을 통해 발전하였다. 고상하게 인문주의라고 하건, 교회가 금기시하는 인본주의라고 하건, 중립적으로 보이는 휴머니즘이라고 하건, 그 가치의 재발견과 재고가 없는 종교는 시대 속에서 정합성을 유지할 수 없다. 그러므로 교회 갱신의 한 가지 핵심은 인간에 대한 사고와 상상력을 극단적으로 몰아붙일 수 있는 용기이다. 경계를 넘나드는 비판의식, 풍자와 상상력 없이 기존의 틀을 고수하는 것은 중세 말 스콜라학이 쏟아 내던 무의미한 담론과 다름없다.

그런 점에서 지금 한국 교회는 위험을 대면하지 않고 위기를 극복하려고 하고 있다. 그 한 방편은 돈키호테처럼 가상의 적들을 만들고 전투를 벌이는 것이다. 이들의 무기는 모든 것을 신앙으로, 성경으로 환원하는 것이다. 신앙적·신학적 정통이라는 미명 하에 횡행하는 이 환원주의는 내부 결집에는 효과적일지 모르나 위기를 헤쳐 가는 가장 게으른 방식이다. 창조과학이건, 이슬람 혐오건, 여성에 대한 차별이건, 한국 교회는 지금 그 모든 정당성을 성경에 대한 절대적인 믿음이라는 것으로 환원하고 있지 않은가. 이 틀 속에서 갖는 인간에 대한 이해는 사람을 질식시킬 수밖에 없다. 이 틀을 벗기 위해 필요한 것은 엄정한 신학적 사유보다는 품이 넉넉한 인문학적 상상력이다.

23 —   '지와 사랑'으로 흔히 일컫는 헤르만 헤세Hermann Hesse, 1877-1962

의《나르치스와 골드문트 *Narziß und Goldmund*》로 거칠게 비유해 보자. 수도원에서 스승과 제자로 만나 깊은 형제애를 나누던 나르치스와 골드문트는 서로 극단의 캐릭터를 갖고 있다. 모두의 기대대로 나르치스는 탁월한 지성으로 수도원에서 사유를 발전시키고 결국 수도원장 자리에 오른다. 반면, 골드문트는 소위 세속적인 욕망을 이기지 못하고 수도원을 나와 일생을 전전하며 다양한 삶을 경험한다. 조각 작품을 만드는 일에 특별한 재능을 보이던 그는 말년에 죽음을 앞두고서야 다시 수도원으로 돌아와 나르치스와 조우한다. 골드문트는 수도원에서 참회의 나날을 보내며 나르치스의 배려로 조각품을 만드는 작업을 한다. 마침내 골드문트의 완성된 조각품에서 나르치스는 그 어떤 신학적 언어로도 표현할 수 없는 종교적 경이, 숭고를 보게 된다. 역설적이지만 골드문트가 수도원의 회랑 내에서만 살았더라면 어땠을까? 정밀하게 체계화된 신학의 틀 속에서 그 경계를 넘는 상상력을 기대하기란 쉽지 않다. 우리의 사고가 자유로운 상상력을 옷 입을 때 숭고미에 도달할 수도 있다.

엘리트주의를 넘어 대중에게로

이미 10년도 더 지난 일이지만, 영국 BBC에서는 주일 오후마다 기독교 예배를 방송했다. BBC 텔레비전에서 예배 전체를 중

계했는지 성가만을 틀어 주었는지는 기억의 혼동이 있어도 BBC 라디오에서 설교 방송을 한 것은 분명하다. 전통을 쉽게 바꾸지 않는 영국인들의 특성을 생각하면 지금도 여전히 진행 중일 것이다. 바로 그 BBC 방송에서 유명한 무신론자 리처드 도킨스Clinton Richard Dawkins의 〈모든 악의 근원: 신이라는 망상The Root of Devil: The God Delusion〉(2006)을 방영했다. 아무리 기독교 전통이 남아 있다 하더라도 공중파에서 특정 종교의 예배를 방송한다는 것도 낯선 일이지만, 같은 방송국에서 그 반대 극단에 서 있는 무신론 과학자와 함께 모든 종교를 '모두 까기' 하는 다큐멘터리를 만드는 것도 놀랍기는 매한가지이다.

하지만 이런 전통이 그들에게는 낯설지 않다. 잘 알려진 바 영문학자 C. S. 루이스C. S. Lewis, 1898-1963의 《순전한 기독교Mere Christianity》는 2차 대전이 한창일 때 BBC 라디오에서 진행한 시리즈 대담을 책으로 엮은 것이다. 그 내용의 종교적 깊이와는 별도로 세계대전이라는 중차대한 위기 상황에서 영국민들의 의식과 정서를 하나로 묶는 데 큰 기여를 했다.

2차 대전이 끝난 후 정신적·종교적 공황 상태에 있던 영국인들을 위한 BBC 방송의 프로젝트는 계속되었다. 케임브리지대학 신학부는 '기독교와 역사' 관련하여 BBC 방영을 염두에 둔 시리즈를 기획했다. 신학부 교수들이 원하는 인물은 성직자나 신학자, 교회사가가 아닌 일반 역사학자였다. 그 결과, 케임브리지대학 근대사 정교수인 허버트 버터필드Herbert Butterfield, 1900-1979가 추천되었다. 그는 이미 나폴레옹 제정 시대 연구로 중견 역사학자로서의 입지를 구축하고 있었다. 버터필드의 동료들은 그가 기독교와 관련된 분야에 발을 내딛는 순간, 학자로서의 경력에 오점이 생길 것이라고 우려했다. 버터필드는 30대까지 감리교회의 평신도 설교자로 설교를 하고 한때 성직자가 될 것도 생각한 바 있지만 이미 지난 과거였다. 버터필드 스스로도 성경이나 신학 연구의 흐름을 알지 못하고, 신학 서적을 거의 읽은 바 없다고 밝힌 상태였다. 어쨌거나 그 과제는 버터필드에게 맡겨졌다. 강좌는 BBC에서 1949년 방영되어 대중적으로 큰 성공을 거두었고, 후에 《기독교와 역사*Christianity and History*》라는 책으로 출판되었다.[3] 그뿐만 아니라 과학사 전공자는 물론 일반인에게도 익숙한 '과학혁명'이라는 용어를 대중화시킨 《근대과학의 기원*The Origins of Modern Science*》이라는 대작을 출간하여 역사가로서의 경력도 탄탄하게 이어갔다. 전쟁이 낳은 참혹한 악과 고통의 문제 앞에서 BBC가 왜 굳이 신학자가 아닌 C. S. 루이스나 허버트 버터필드를 원했는지 한 번쯤 생각해 볼 필요가 있다.

이런 이야기를 하는 이유는 주제넘게 신학의 효용을 운운하자는 것이 아니라, 한국 기독교 전반에 조금 다른 패러다임이 필요하다는 생각 때문이다. 내가 생각하는 역사학을 포함한 인문학과 신학적 사유의 차이는 이렇다. 신학, 그중에서도 성서학은 텍스트를 분석하고 그것을 콘텍스트에 적용한다. 즉, 성경에 천착하여 연구함으로써 성경의 가르침에서 교회와 사회에 던지는 가르침과 함의를 찾아내는 것이다. 그 무수한 유익에도 불구하고, 두 가지 한계가 태생적으로 존재한다. 하나는 기본적으로 성경을 보는 틀이 존재하기 때문에 그 관점이 다를 경우 기독교 내부의 성서 학자들 사이에서도 소통이 어려운 점이 있다. 물론 성서학뿐 아니라 신학 전반에도 적용되는 문제이다. 둘째는, 이 틀이 여전히 기독교라는 '안에서', 사회라는 '밖'을 지향하기 때문에 내부 논리를 벗어나 사회 공통의 소재가 되기 쉽지 않다는 점이다.

　복음과 말씀의 선포라는 관념이 짙게 배어 있는 신학적·성서학적 틀은 일반 대중과 소통하기 그리 쉬운 도구는 아니다. 선포라는 말 자체는 권력이 내재된 용어이다. 하지만 들려지도록 한다는 것은 상호적이다. 지금 한국 신학계에는 선포와 소통 사이의 불균형이 존재한다. 이제는 한국 교회의 고민을 풀어가려는 노력이 내부에서 출발하기보다 외부에서 조망하는 것이 이례적 현상이 아닌 하나의 흐름이 되었으면 하는 바람이다. 이 관점에서 보자면, 선포와 소통을 위해 사용되는 언어와 논리는 '세속의' 것들이다. 교회에서는 인본주의라고 비판하지만 적어도 세상과 소통할 수 있는 공통 기반이 된다. 이 관점은 성경의 가르침을 선포하는 것이 아니라, 성경의 가르침이 사회 속에 들려지게 하는 데 더 초점을 둔다.

본래 중세 유럽의 대학은 지식을 팔고 사는 학문 노동자들의 조합에서 출발했다. 신학이라는 학문은 시장에서 팔리기 위해 대중의 눈높이에 맞추는 경쟁을 했다. 그런데 한국의 신학계는 이 시장의 대상이 지나치게 엘리트 일변도가 아닌가 싶다. 쏟아져 나오는 신학 번역서들이 과연 어떻게 소화되고 있는지 쉽게 그림이 그려지지 않는다. 또 다른 점에서 이 지식은 엘리트의 지식, 그 지식을 생성해 내는 곳은 권력이 되기 쉽다. 설교에서 결정적인 순간에 '할렐루야'를 외쳐 '아멘'을 끌어내는 것만이 권력이 아니다. 담론을 생성하고 전파하는 것도 의도치 않았지만 권력이 된다.

유홍준 선생의 《나의 문화유산답사기》는 개인적인 시각에서 써나간 한국 문화유산에 대한 평론이지만, 그것이 회자되면서 이른바 '문화권력'이라는 용어를 생성해 냈다. 사람들은 그가 남도 답사 1번지로 명명한 전남 강진을 가야만 남도를 아는 양 느끼게 되었다. 한국 교회나 신학계도 마찬가지이다. 팀 켈러Timothy Keller, 톰 라이트N. T. Wright, 제임스 스미스James K. A. Smith 등을 얘기하지 않으면 시대에 뒤처지는 신학자, 목회자, 그리스도인이 된 듯하다.

개인적인 고백을 하자면, 역사와 관련된 분야가 아니고는 유명한 신학자들의 책을 굳이 찾아 읽지 않는다. 진행되는 담론에 한마디 거들기 위해서라도 이것들을 읽어야 하는 것 아닌가 가끔 고민이 들기도 하지만 게으름을 극복하면서까지 굳이 들여다볼 당위를 아직 찾지 못했다. 이들의 논의가 내가 관심 갖고 바라보는 제도 교회로서의 한국 교회의 고민을 풀어 나가는 데 과연 답이 될 수 있을까 하는 회의 때문이다. 이들에게서 답을 찾겠다고 고민하는 것은 여전히 수입 신학적 사고의 반영이고, 주체적인 성찰을 하지 못하게 할 수 있겠다는 생각을 하곤 한다. 이 점에서 현실적으로 한국 교회에 필요한 것은 루터나 칼뱅보다 에라스무스일지 모른다. 중세 말은 스콜라학이 모든 주제에 발을 들이밀고 존재 의미를 과시하고자 했던 신학 과잉의 시기였다. 지금도 쏟아져 나오는 너무나 매력적인 신학 담론이 역으로 일상과 제도 교회의 연결점을 상실하게 한 것인지도 모른다. 대중의 언어로 대중과 소통하는 기독교 버전 지식 소매상이 필요하다.

신학자·목회자가 주도하는 엘리트 신학과 대중의 관심사 사이의 불균형은 더욱 심화될 수 있다. 그 간격을 좁히려면 신학적 사유를 이 땅의 교회의 고민과 밀착시키는 작업이 동시에 진행되어야 한다. 결국은 대중의 마음을 끊임없이 두드리는 쪽이 대중을 얻는다. 종교개혁 전야에 수많은 스콜라학의 논쟁이 있었지만, 민중의 마음을 얻은 것은 결국 테첼의 면벌부免罰符[4] 선동이었다. 민중신학을 외친 것은 엘리트 신학자들이었지만, 민중을 포섭하는 데 성공한 것은 오중복음 삼중축복을 내세운 순복음교회였다.

그렇다면 오늘 우리 교회에 필요한 상상력은 무엇일까? 교회에 대한 관념적이고 당위적인 사고를 넘어서는 것이 그 출발일 것이다. 지금의 여정은 비난과 비판, 풍자에 머물기보다 우리가 놓쳤던 또 다른 인간을 발견하고 그 안에서 함께 희망을 찾는 것이다. 그에 목마른 수많은 사람들을 본다. 적어도 내 눈에 그들은 누가 뭐라 해도 '믿기를 원하는 시대'의 사람들이다. 차별 없는 인간의 존엄성을 믿을 뿐 아니라, 우리가 신앙하는 이가 그 인간에 대한 존엄을 구현하기 위하여 스스로 완전한 인간이 되었다고 믿는 것이다. 때로 그것이 교회에 대한 신랄한 비판과, 기성 신학에 대한 해체적인 시각으로 표현된다 할지라도 말이다. 역설적이게도 여기에서 희망을 본다. 그런 점에서 나는 인본주의자라고 불린다 해도 기꺼워할 것이다.

교회여, 텍스트를 넘어 콘텍스트를 고민하라

'텍스트'에 갇힌 교회

제도(권) 교회를 공부하는 나의 고민의 출발점은, 수많이 제기되는 새 관점 및 새로운 신학적 사유들과 오늘 21세기 한국 교회라는 제도 교회의 상황 사이의 연결성을 찾아가기가 쉽지 않다는 데 있다. 현재 제도 교회의 관심은 경전 텍스트의 정합성을 찾고 오늘 따를 신조를 확인하는 내부적인 것으로 제한되어 버렸다. 하지만 내가 이해하기로 종교개혁가들이 성경으로 돌아가자고 했을 때, 그들은 어느 누구 못지않게 제도 교회라는 치열한 현장, 즉 콘텍스트에 기반을 두고 있었다. 그에 대립되는 이들은 상아탑 속에 갇혀 있던 스콜라 신학자들이었다.

종교개혁가들의 주장은 면벌부 판매나 교회 타락이 성경을 떠나서 생겨난 것이니 다시 성경의 가르침을 붙들자고 했다는 식의 단순 도식이 아니다. "성경으로 돌아가자"라는 구호 속에서 프로테스탄트 신학이 생성되었다는 것은 교황청을 중심으로 하는 기존의 가톨릭 구조에 변화가 일어났음을 의미한다. 콘텍스트의 변화에 따라 텍스트를 해석하는 최종 권한을 더 이상 가톨릭교회가 독점할 수 없게 되었다는 것이다. 성경으로 돌아가자는 말은 성경 시대의 가르침을 문자적으로 수용하고 지키자는 의미를 넘어 중세의 질서와 결별하고 새로운 종교의 가르침에 기반을 둔 새 종교, 새 구조를 만들자는 의미이다.

그런 점에서 성경으로 돌아가기 위한 첫 순서는 오늘 우리가 발 딛고 있는 이 사회와 문화, 공동체를 읽어 내는 것이다. 루터의 "오직 믿음으로, 오직 은총으로, 오직 성경으로"라는 명제는 실은 당시 면벌부로 대표되는 (종교적 구원조차도 물질로 획득할 수 있다는) 타락한 욕망을 간파하여 자신의 의지나 노력이 아닌 절대적인 신의 은총을 갈구한 것이며, 성경 속 예수님의 가르침을 회복하고자 한 것이다. 이러한 관점에서 보자면, 오늘 우리가 붙들고 있는 믿음, 은총, 성경의 절대성을 강조하는 것조차 왜곡될 소지가 있다.

실제로, 오늘 우리의 교회 현실에서 '오직 성경, 오직 은총'은 이 땅의 이웃과 주변의 고통과 아픔을 효과적으로, 또는 정당하게 비껴가기 위한 도구로 왜곡될 수 있다. 이럴 때일수록 더욱 성경을 붙들어야 한다든지, 우리 인간의 노력은 무의미하니 하나님 앞에 더 나아가 무릎 꿇어야 한다든지 하는 식의 표현들은, 우리 내면에 자리한 타자를 외면하는 불편함을 종교적으로 정당화하는 기제로 종종 활용된다. 성경이 우리 주변의 타자를 배제하고 혐오할 근거로 오용되곤 하는 것이다.

콘텍스트를 통해 텍스트 읽기

그러니 "성경으로 돌아가자", "초대교회로 돌아가자"라는 구호를 이제 조금 다른 차원에서 바라보아야 한다. 이 표현들은 자칫 우리에게 돌아갈, 회복할 가시적인 원형이 있다는 오해를 불러일으킨다. 그 결과, 오늘날 기독교는 '당위의 전쟁'에 빠져 있다. '성경에 이러이러하게 표현되어 있으니까 성소수자들은 수용할 수 없어', '성경에 이러이러하게 나와 있으니까 지도자가 어떤 수준의 사람이건 하나님이 세웠으므로 순종해야 해'라는 당위적 표현이 빈번하다.

그리스도인들은 우리가 주장하는 당위를 지지할 근거를 성경 텍스트에서 끌어온다. 그런데 성경 텍스트에서 답을 찾는 일이 오늘 우리가 서 있는 콘텍스트를 읽어 내는 데서 출발하지 않는다면 교조적인 시각을 넘어설 수 없다. 따라서 우리가 동의하건 하지 않건 우리에게 너무나 익숙해져 버린 이 규범적 주장에 이의를 제기해야 한다. 이 시대의 교회와 사회 문제를 해결하기 위해 더 열심히 성경을 연구하고 천착한다면서, 그 텍스트를 해석하는 토대인 콘텍스트에 대한 치열한 고민과 해석을 전제하지 않으면 텍스트 속에서 길을 잃게 된다. 이는 성경으로 돌아가는 것이 아니라 성경으로 '도피'하는 것이다.

성경을 근거로 삼은 규범적 언설은 동성애에 관해서건, 난민 혹은 이슬람에 관해서건, 다르게 생각하는 사람들에게 권위를 발휘하지 못하는 경우가 많다. 성경은 우리가 사회문제를 바라보는 합의된 고민을 바탕으로 새롭게 재해석하기 위해 최종적으로 돌아가야 할 권위이지 출발점이 아니다. 성경의 존재 자체가 권위를 부여하는 것이 아니고, 또 선포한다고 하여 권위를 갖는 것도 아니기 때문이다. 권위가 제대로 작동하기 위해서는 그 텍스트를 둘러싼 콘텍스트를 해석하고 분석한 후에 그것을 최종적으로 수용할 수 있는 넉넉한 근거를 찾을 수 있어야 한다.

성경과 제도 교회의 역사는 헌법과 법원 판례와 유사한 면이 있다. 판례는 끊임없이 콘텍스트에 부합하게 조정된다. 20년 전쯤의 동성동본 혼인에 대한 수용, 10년 전쯤의 호주제에 대한 판단, 그리고 근래에 있었던 대체복무제 허용 판결 등은 여전히 헌법의 권위 내에서 수용할 수 있었던 것이다. 그리고 이러한 첨예한 이슈에 대해 전향적인 결과가 나올 수 있었던 이유는 바로 하급심 판례에서 무죄가 계속 나왔기 때문이다. 대체복무제가 대표적인 예이다.

성경이 무오하며 권위를 갖는다는 주장을 하려면, 우리 믿음에

반하는 사회 변화는 절대 수용할 수 없다는 결론을 내놓고 문자적으로 성경을 붙들기보다는 시대 변화와 과학 발전에도 불구하고 여전히 성경의 가르침이 충족성을 지니고 있음을 믿고 적극적으로 그 변화를 담보해 낼 가치를 성경에서 찾는 쪽을 선택해야 한다. 오늘날 숱하게 쏟아지는 신학적·목회적 논의에도 불구하고 한국 교회 현실이 그다지 개선되지 않는 듯한 불균형의 핵심은, 신학과 목회가 텍스트에 몰두하는 만큼 그 텍스트가 구현되는 현실에 밀접하게 반응하지 못하는 데 있다. 텍스트가 텍스트답게 되기 위해서는 콘텍스트 속에서 정합성이 증명되어야 한다. 쉽게 말하자면, 우리네 교회 현실을 우리네 시각과 방식으로 풀어 나가고자 하는 몸부림이 있어야 하는 것이다.

중세 천 년의 가톨릭은 '대중 종교'라고 불린다.[5] 얼핏 가톨릭 교회는 성직자들이 중심이 된 엘리트 종교로 지배한 것 같으나 끊임없이 대중의 필요와 종교적 열망에 반응하여 변천을 거듭했다. 이 관점에서 보자면 종교개혁은 엘리트 종교가 대중과 분리된 결과로 일어난 상징적인 사건이다. 스콜라 신학이라고 불리는 상아탑 신학이 시대 속에서 살아가는 대중의 고민과 문제에 공감하지 못했다는 것이다. 루터, 츠빙글리, 칼뱅의 종교개혁은 이런 시민 대중의 욕구를 기반으로 한 것이다. 그들 학문의 출발점은 대학에서 라틴어로 가르치는 스콜라학이 아니라, 성직자들이 속되다며 '속어'라고 부른 대중의 언어로 하는 인문학이었다. 그렇기 때문에 당시 종교개혁이 신학이 가장 발전했던 파리대학이나 옥

스퍼드대학에서 일어나지 않았던 것이다. 그 대학들의 풍토에서
는 일어날 수 없었다. 그들은 가장 적극적으로 종교개혁을 반대하
는 담론들을 생성했다. 중세 말 종교개혁은 스콜라학으로 대표되
는 엘리트 신학이 제기한 논쟁이 현실의 문제에 답을 주지 못했
기 때문에 생겨난 것이다.

세계종교가 된 비결: 기독교의 가치가 사회의 보편 가치로

그 어느 때보다 활발히 소개되고 연구되는 신학 담론 속에서
우리는 무의식 중에 당위를 찾아가려 한다. 다시 말하면 정답을
찾는 것이 우리 신앙과 삶과 공부의 목표가 된 것이다. 반면에 역
사 공부란 콘텍스트에 대한 고민으로서, 시대의 변화에 따라 모든
것이 바뀔 수밖에 없다는 점을 담백하게 인정하는 것이다. 이런
맥락에서 교회가 해야 할 고민은, 변화하는 시대 속에서 여전히
정합성을 유지하며 존재할 수 있는 근거는 무엇이냐는 것이다. 이
를 위해서는 이질적이고 낯선 것에 대해 의식적으로 열린 만남을
시도해야 한다. 기독교 역사는 성경의 이상이 구현된 기록이기보
다 교회와 세상의 상호작용의 기록이다. 그 상호작용의 적실성을
유지할 때 교회는 존속했다.

초대교회의 사례를 들어 보자. 초대교회의 콘텍스트를 얘기할
때 헬레니즘과 헤브라이즘, 이 두 사상의 충돌과 결합을 주로 말   — 36

한다. 여기서는 조금 다른 시각을 얘기해 보고자 한다. 헬레니즘은 우월한 헬라 문화를 기반으로 해서 그렇지 못한 것을 야만으로 치부하는 '문화적 인종주의'였으며, 헤브라이즘은 선택받은 유대민족 외의 모든 혈통을 이방인으로 간주하는 '혈통적 인종주의'라고 할 수 있다.[6] 이 토대에서 기독교가 태동한 것은 분명하지만, 갈릴리 변방에서 출발한 이러한 흐름이 거대한 양대 흐름을 넘어갈 수 있었던 건 바울 사도의 표현대로 헬라인이나 야만인이나, 유대인이나 이방인이나 차이를 두지 않았기 때문이다. 타자에 대한 배제와 차별이 당연시되던 그 시대 정서 속에서 기독교는 출신 배경이나 혈통을 넘어선 보편의 인간애를 추구했다. 영아 살해, 특히 여아 살해가 일반적으로 행해지던 로마 사회에서 그 악습이 폐기된 것도, 노예제가 폐기된 것도, 차별 없는 이 복음의 가르침이 그리스도인들의 모임인 교회를 통해 이루어졌기 때문이다.

기독교가 세계종교가 될 수 있었던 비결은 인간에 대한 그들의 특수해 보이는 가치가 보편적인 신적 가치의 반영이었다는 데 있다. 다시 말해, 초월성이 사회 속으로 내재화되었다는 것이다. 규범과 당위로서 확장된 것이 아니라, 당대 사회의 일반적인 인간관(남성·성인·자유민만 인간으로 규정하는)을 뒤집은 것이다. 그런 주장을 할 수 있었던 근원은 무엇일까? 복음이 모든 것을 이긴다는 믿음일까? 오히려 그보다는 복음에서 제기하는 인간관이 '누구나 하나님의 형상을 따라 지음 받았다'는 인간의 보편 가치를 반영한다는 믿음 때문이었을 것이다. 노예와 여자와 아이들은 사람 숫자에 들지 못하는 것이 보편이던 시대에, 그리스도인들이 친교를 하는 밥상은 차별이 없었다. 그것이 특수해 보이지만, 시대가 지향해야 할 보편의 가치라고 믿었기 때문이다.

이것이 바로 그리스도인들이 유대인과는 다른 차원에서 핍박을 받은 이유이기도 하다. 유대인들이 지향하는 대상은 타자가 아니다. 하지만 그리스도인들이 지향하는 가치는 유대인의 혈통적 배타성뿐 아니라, 헬라의 문화적 배타성조차 넘어선다. 그리스도인들이 기성 구조에 편입되고자 했다면 다른 여타 식민지의 종교들처럼 존중받았을 것이다. 그들이 핍박당한 것은 십자가에 못 박힌 예수를 하나님의 아들이라고 외치고 다녔기 때문이 아니라, 지향하는 가치체계가 헬라의 통념을 넘어서는 급진성을 띠고 있었기 때문이다. 기독교가 공인되었다는 것은, 특수해 보이는 기독교의 가치가 사회의 보편 가치로 인정받았다는 뜻이다. 만약 초대교회가 유대교와 헬라의 인종주의가 두려워 빗장을 걸었다면 제3의 대안이 되지는 못했을 것이다.[7]

교회의 쇠퇴 이유: 문화적·혈통적 인종주의

뒤집어 보면, 교회가 쇠퇴한 이유나 결과는 대부분 인종주의로 귀결된다. 초대교회 말기는 공의회라고 불리는 전 세계 교회의 회의를 통해 기독교 신조가 결정된 시기이지만, 세속사에서는 로마

제국이 망해 가던 시기였다. 로마의 철학자들은 제국이 처한 위기의 원인이 유약한 기독교가 로마의 남성성을 거세했기 때문이라고 화살을 돌렸다. 교회는 대내외적인 도전에 맞서 신조와 직제를 마련했지만, 그와 동시에 차별을 제도화했다. 가장 높게 드리워진 벽은 교부들의 저작을 통해 확산된 '여성에 대한 배타'라는 벽이었다.

헬레니즘으로 대표되는 문화적 인종주의가 근대 유럽에서는 제국주의와 결부되었다. 근대 유럽 제국들은 고대 그리스를 이상적인 체제로 규정하고, 고대 문화와 자신들을 동일시했다. 이를 통해 제국의 약소국 침략과 야만적인 문화 약탈을 정당화했다. 오늘날 한국 교회 역시 교세가 크게 확장됨과 함께 '종교적 인종주의'의 덫에 걸려 있다. 사회적 약자, 성소수자, 타종교 등 타자에 대한 배려를 교회 공동체 내에서 찾을 수 없는 것은 초대교회의 정신에 비추어 보면 심각한 일탈이다. 오늘 기독교가 직면한 진정한 도전은 포스트모더니즘, 이슬람, 동성애가 아니라, 타자에 대한 감수성을 잃어버린 채 기독교의 외피를 입은 민족주의나 인종주의에 갇혀 있는 현실 아닐까? 그렇다면 그것은 문화적·혈통적 인종주의와 자기중심성을 극복하지 못하고 쇠퇴한 헬레니즘 및 유대주의와 다를 바 없다.[8]

복음은 국가와 혈통의 가치를 넘어선 보편의 가치를 담지하고 있으며, 교회는 본래 이를 구현하기 위해 존재한다. 그런데 우리 교회에는 헬레니즘과 유대주의 뿌리가 남아 있으며, 이는 우리가 낯선 이들을 대하는 태도에서 드러난다. 타자를 우리 쪽으로 동화시키지 못한다면, 우리가 결국 동화되리라는 두려움이 있다. 이런 대응적 시각이 문화우월주의와 타자에 대한 배타주의를 낳는다.

교회란 무엇일까? 이는 신학적인 질문인 동시에 문화적·사회적인 질문이다. 초대교회는 낮은 자리로 내려와 타자에 대한 감수성을 키우는 공동체로 자랐다. 본회퍼 목사의 말처럼 타자를 지향하는 수도원 공동체였다. 우리는 제도 교회가 고민하는 문제에 대해 답을 확인하거나 찾기보다, 답은 늘 바뀔 수 있는 유보적인 가치임을 인정하는 자세가 필요하다. 사회 속에서 강자의 의지를 반영해 바뀌는 것이 아니라, 사회적 약자를 보듬어 함께 가기 위해 기꺼이 변화를 선택하는 넉넉한 품을 지니는 일 말이다. 문제는 그 성취 방식에 있다. 깊이 있는 성경공부가 대안일까? 부정할 것은 아니다. 하지만 그에 앞서 성경의 가르침이 구현되어야 하는 콘텍스트에 대한 공부, 사회에 대한 공부가 필요하다. 타자를 만나고 이해하면서 축적하게 되는 절대적인 양의 경험만이 우리에게 타자에 대한 감수성을 길러 줄 수 있다.

문화우월주의의 실패와 타자 수용

2018년에 있었던 예멘 난민 문제는 어떨까? 합의하여 선택할 하나의 정답이 나올 문제인지는 조심스럽다. 솔직히 말하면, 이 문제의 본질은 그들에게 있다기보다 우리 안에 있기 때문이다. 그들에 대한 수용 여부를 떠나서 타자를 대하는 우리의 자세가 어떠한지 되짚어 볼 필요가 있다. 지금 한국에 거주하는 외국인이 200만 명이 넘는다고 한다. 웬만한 규모의 광역시 인구를 뛰어넘는 수치이다. 그런데 '우리'라는 범주에 '그들'이 들어올 수 있을까?

유럽의 예를 들어 보자. 2000년대 들어 유럽 각국은 앞다투어 다문화주의의 실패를 고백하기 시작했다.[9] 2007년 런던 지하철 테러에서 보듯 유럽에서 태어난 무슬림들이 자생적인 테러조직에 가담하는 현실에 당황한 것이다. 유럽인들은 2차 대전 이후 부족한 노동력을 보충하기 위해 옛 식민지 국민들의 이민을 대거 받아들였다. 유럽인들은 우월한 유럽 문화에 그들이 동화되리라고 생각했다. 하지만 그들은 이 근대의 문화우월주의적인 헬라주의에 거세게 반발했고, 그들만의 독자적인 문화와 종교를 유지했다. 사회는 통합되기는커녕 분열되었다. 간단한 문제는 아니지만, 타자를 받아들인다면서 그들의 문화를 동등한 가치로 인정하기보다 문명 대 비문명, 우월문화 대 열등문화의 구도로 접근한 것이다.

영국의 한 텔레비전 다큐멘터리에서 백인 택시운전사와 파키스탄인 택시운전사의 24시간을 추적한 결과, 동선이 겹치는 지역은 기차역이 유일했다. 이러한 고민 해결책의 한 방편으로 영국 정부는 다양한 인종이 함께 모여 사는 집단 거주 마을을 만드는 시도를 했다. 건축 형태는 중립적이라고 생각되는 비잔틴 양식으로 했다. 결과는 실패로 끝났다. 급기야 로완 윌리엄스Rowan Douglas Williams 전 캔터베리 대주교는 사회통합을 위해 필요한 경우 이슬람의 샤리아법도 수용하자고 제안했다.[10] 잉글랜드 의회에서는 일부다처제 전통의 국가에서 온 여성들의 복지 사각지대를 막기 위해 그들을 대상으로 한시적 일부다처를 고려해야 한다는 주장도 나왔다.

한편, 트럼프 미국 대통령이 멕시코 장벽을 세우겠다고 했을 때 우리는 우려했다. 그가 불법 이민 온 부모와 아이들을 분리시켰을 때 사람들은 분노했다. 하지만 유감스럽게도 우리는, 멀리 있는 그들의 아픔에는 공명하면서도 우리 곁에 와 있는 타자나 제주도의 예멘 난민 신청자들에 대해서는 단서를 많이 붙인다. 심지어 예멘인들이 불법 입국을 한 것도 아니고 난민 '신청'을 한 상황일 뿐인데도 말이다. 이를 사회학에서는 '준거 기준의 이중성'이라고 일컫는다.[11] 우리에겐 타자와 만난 경험 자체가 드물기 때문에 이중성이 더욱 뚜렷하게 나타나는 듯싶다. 어쩌면 당위를 묻는 건 의미가 없는지도 모른다. 다름과 타자에 대한 우리의 경험 수준이 우리의 수용 수준을 말해 주지 않을까 싶다.

내가 영국에서 공부를 마치고 귀국했던 2008년 당시, 시골 마을 여기저기에는 한 동남아 국가의 여성들을 지칭하며 "○○○ 여자 도망가지 않습니다"라고 쓴 국제결혼업체 광고가 버젓이 게시되어 있었다. 이것이 10여 년 전, 타자에 대한 우리의 인식 수준이었다. 어쩌면 우리에게 절대적으로 필요한 건 타자와 조우하는 충분한 경험일지도 모르겠다.

그럼에도 교회에 희망이 있다면

그 실행 여부와는 별개로 교회는 여전히 이 사회 속에서 타자를 지향하는 가치를 보편의 가치로 믿고 있다. 여전히 제도 교회에서 희망을 거둘 수 없는 이유이다. 교회가 사회 속에서 적실성을 가질 때는 교회의 특수성이 사회의 보편성에 호응할 때이다. 그 호응 여부가 교회의 존재 의미를 판단하는 역할을 할 것이다. 낯설고 힘들지라도 부대끼면서 알아가고 살아가는 경험치가 쌓여야 한다. 더디지만 한 걸음 한 걸음 내디뎌야 한다.

한국 사회는 지난 몇 년간, 의식 있는 개인들이 함께한 아래로부터의 몸부림을 통해 강고한 구조를 바꾸어 낸 힘을 경험했다. 그 경험을 이제 교회에서도 공유해야 한다. 교회에서 우리 삶의 목표는 믿는 바를 확인하고 다지기 위한 것보다, 신앙의 이름으로 당연하게 받아들여졌던 교회의 여러 구조적 문제들을 고민하고, 그 구조가 우리 사회 속에 적실성을 갖는지 끊임없이 질문하는 데 있다.

이제는 상상 속 교회의 이상적인 원형이나 이미지를 갖고 당위로 접근하는 시각에서 한 걸음 물러서면 좋겠다. 교회가 고민해야 할 것은, 오늘 몸담고 있는 사회와 상호작용을 하고 있느냐, 사회가 교회를 수용하느냐 하는 것이다. 사회와 분리되지 않고 사회 속에서 유기적인 관계를 맺어 나간다면 교회에는 희망이 있다.

이 차원에서 교회가 해야 할 과제는 무엇일까? 세상으로 흘러 들어가야 한다. 세상 가치와 타협하자는 것이 아니다. 교회의 특수성이 사회의 보편성에 부합되어야 한다는 의미이다. 초대교회는 교회의 특수성이 사회의 보편성을 형성했다. 사회의 대안 가치가 되었던 것이다. 그 가치는 급진적이었다.[12]

이제는 역사를 바라보고 교회를 바라보는 시각 전환이 필요하다. 막아서고 벽을 세우는 것이 길인지, 흘러 나가고 들어올 수 있게 하는 것이 더 나은 길인지, 거꾸로도 보고 뒤집어도 보았으면 좋겠다. 역사의 경험을 통해, 역사를 거기, 그때, 그들의 문제가 아니라 여기, 오늘, 우리의 문제로 인식할 수 있어야 한다. 그것을 오늘 제도 교회가 부딪친 문제에 적용해야 한다. 이것이 경험을 통해 성찰을 쌓아 가는 길이다.

'복음주의'라는 불편한(?) 용어

언제부터인가 한국 사회에서 '복음주의'라는 말은 '보수 기독교'라는 말과 큰 차별성을 갖지 못한 표현이 되어 버렸다. 한때 한국 기독교의 성장을 주도하며 복음주의 교회라 불리던 대형교회들이 보인 반사회적이고 보수 일변도의 모습이 그런 인식을 강화한 것 같다. 요즘 들어, 복음주의 기독교라는 이름으로 나타나는 현상은 안타깝게도 종교인 과세 반대, 반동성애, 반이슬람 등과 같은 이데올로기 일변도의 목소리들이다.

복음주의에 대한 우려가 더해진 데에는 이른바 미국의 복음주의자들이 트럼프를 지지한 것도 영향이 있을 듯하다. 지난 미국

대선 때 교묘하게 트럼프를 지지하는 발언을 한 존 맥아더John MacArthur 목사나, 반여성주의 발언을 노골적으로 표현하는 존 파이퍼John Piper 목사 등은 미국 복음주의를 대표하는 목사로 지칭된다.[13] 물론 이러한 목소리만 있는 것은 아니다. 한국의 '복음주의 4인방' 중 한 명으로 불리는 홍정길 목사나, 미국의 팀 켈러 목사는 복음주의권에 대한 반성과 우려의 목소리를 내기도 했다.

나는 한국에서는 줄곧 장로교회를 다녔지만 신학 과정은 밟지 않았기에 '어떤 신학을 한다'고 말할 만한 상황이 아니다. 그렇기에 나와 같은 비신학자·비목회자가 신학자·목회자 그리고 일반 그리스도인들을 대상으로 글을 쓸 때는 알게 모르게 조심스러워진다. 이럴 때 편리하게 쓸 수 있는 표현이 '복음주의자'이다. 나를 복음주의자라고 전제하고 글을 풀어 나갈 때 나 자신뿐 아니라 상대방에게도 기본적인 안정감을 줄 수 있기 때문이다. 아마이 용어의 의미를 깊이 고민해서라기보다는 복음의 가치를 여전히 믿고 살아 내고자 하는 소박한 바람 때문에 스스로를 기꺼이 복음주의자라고 생각하는 듯하다.

그런데 한 출판사에 보낼 원고를 교정하다가 서문에 쓴 '복음주의자라는 자의식으로'라는 표현을 고민 끝에 지웠다. 초고를 쓰고 시간이 꽤 지나는 동안 내가 변했기 때문이 아니라, 현재 복음주의 혹은 복음주의자라는 용어가 한국 사회에서 사용되는 방식이 불편했기 때문이다. 솔직히 말하면, 나는 여성 안수에 대한 성경적 근거를 찾지 못하겠다는 것을 너무 진지하게 연구하고 고민하는 신학자들, 창조에 대해 자신들이 수용할 수 있는 신학적 가이드라인을 정해 놓고 과학적 가설을 받아들이는 신학자 및 창조과학자들과 함께 복음주의자라고 불리는 것을 받아들이기가 부끄럽다.

복음주의라는 이름으로 폴 스티븐스R. Paul Stevens의 일터신학이 이랜드와 만나고, 진보적 사상가 짐 월리스Jim Wallis가 명성교회와 만나고, 창조과학이 한동대에서 꽃피는 현실에서 복음주의란 어떤 의미를 지닐까? 아마 둘 중 하나일 것이다. 그간 내가 복음주의에 대해 잘못 이해하고 있었거나, 복음주의라는 것이 한국에서 오해되고 있거나.

모든 이데올로기의 특성이겠지만, 이데올로기를 다루고 분석하는 대부분의 글은 해당 이데올로기는 규정하기가 어렵다는 고백으로 시작한다. 복음주의 역시 마찬가지이다. 이를 위해서는 우선 편리한 기준이 필요하다. 한국에서 복음주의를 정의할 때 가장 대표적으로 인용하고 있는 것은 '복음주의 4대 강령'이 아닐까 싶다. '베빙턴 테제'라고도 불리는 이 강령은, 영국 역사학자 데이비드 베빙턴David W. Bebbington이 《영국의 복음주의Evangelicalism in Modern Britain》에서 복음주의의 핵심을 성경주의, 회심주의, 십자가 중심주의, 행동주의라고 표현한 데서 왔다. 이 장에서는 이 정의를 중심으로 복음주의에 대해 우리가 오해하고 있는 지점은 어디인지, 지향할 바는 무엇인지 함께 고민해 보자.

베빙턴의 이 책이 우리말로 번역되었음에도,[14] 베빙턴 테제는 그의 책을 통해 듣기보다 그의 테제를 인용한 다른 책을 통해 더 많이 접하게 된다. 그러니 베빙턴 테제가 출현한 맥락context에 대한 고민 없이 특정한 정의를 수용하는 것을 복음주의라고 보는 오해를 낳는다. 이러한 오해의 시작에는 알리스터 맥그래스Alister McGrath의 복음주의 관련 책들도 영향을 미쳤다고 생각한다. 그에게 베빙턴은 같은 문화적 콘텍스트에 있는 사람이다. 그러니 굳이 부연 설명을 하지 않아도 맥그래스 자신이나 영미권 독자들은 베빙턴 테제가 태동한 문화적 맥락을 이해할 것이다. 하지만 우리의 경우는 그렇지 않다. 그러니 맥락은 사라지고 텍스트만 남은 것이 아닌가 싶다.

간단히 베빙턴 테제의 맥락을 살펴보면, 베빙턴은 자신의 책에서 '복음주의'라는 말은 보다 최근에 생겨난 운동으로 보아야 한다고 주장한다. 좀 더 구체적으로는 "1730년대 이후 영국에서 생겨난 대중적인 프로테스탄트 운동"이라고 표현한다. 그리고 그 이전의 프로테스탄트 전통과는 아주 다른 새로운 운동이라고 주장한다. 1730년대라면 유럽의 어떤 시기를 말하는 걸까? 영국에서 존 웨슬리가 탄생한 것이 1703년이다. 그러니 1730년대는 웨슬리의 메소디스트 운동이 한창 일어날 때이다. 영국의 남동쪽 도버해협 건너 프랑스는 어떠한 시기였을까? 계몽주의의 영향력이 확대된 시기이다. 그로부터 반세기 후 유럽은 프랑스혁명이라는 전대미문의 새로운 시대를 맞이한다. 이 때문에 베빙턴은 복음주의를 계몽주의의 프로테스탄트 버전이라고 표현했다.[15]

영국의 메소디스트 운동이나 프랑스 계몽주의가 공유하고 있는 한 가지 공통점은 대중운동으로 귀결된다는 점이다. 물론 프랑스혁명에서 그 대중의 범주를 어디까지로 볼 것인지도 논쟁거리이지만, 영국·프랑스 귀족과 성직 중심의 절대군주 시대에 그동안 인지하지 못했던 대중에 대한 새로운 자각이 일어났다는 것은 부인할 수 없다. 이 지점이 한국 기독교계에서 놓친 부분일 수 있다. 맥그래스는 복음주의운동이 미국의 맥락으로 옮겨지면서 반지성적 근본주의에 대응하는 지성운동으로 진화된 것으로 보았으며, 한국 사회에서도 복음주의운동은 지성운동이라는 맥락에서 이해됐다. 하지만 명확하게 구분해야 할 점이 있다.[16] 베빙턴 테제에 등장하는 영국의 복음주의자들이 사회 엘리트 계층이었다는 사실 때문에 복음주의운동을 지성운동이라고 부른다면 큰 오해이다. 영국의 복음주의자들이 가진 자의 위치에서 가부장적이거나 온정적인 자세로 대중에게 접근했다는 비판은 받을지언정 그들의 운동이 지성운동이었던 적은 없다. 웨슬리의 메소디스트 운동이 지나치게 열광적이며 세련되지 못하다고 비판받는 것도 이같은 맥락이다.

그런데 우리는 이 맥락을 오해한 것이다. 흔히 규범적으로 제시되는 4대 강령에 대해 베빙턴이 어떠한 식으로 언급했는지를 보아도 맥락에 큰 차이가 있음을 알 수 있다. 18세기는 기독교가 이미 가지고 있던 여러 가지 신념으로 복음주의라는 틀을 만든 시기이다. 그 이전에 존재했던 특징은 회심주의, 성경주의와 십자가 중심주의이다. 베빙턴은 4대 강령의 다른 특징인 행동주의는 1730년대의 각성운동 이후에 새롭게 등장한 것으로 보았다.[17]

뭔가 이상하지 않은가? 그저 복음주의 4대 강령을 나열하는 것과 베빙턴이 '행동주의'의 등장을 이전의 프로테스탄트 기독교의 흐름과 다른 흐름이라고 표현하는 것 사이에는 매우 큰 간극이 생긴다. 지금 우리의 복음주의 이해에서 행동주의는 어느 지점에 서 있을까? 맥그래스의 논의를 따라가 보자. 그는《기독교의 미래 *Future of Christianity*》에서 행동주의를, "복음전도와 다른 형태의 기독교의 가르침을 행동으로 옮기는 것… 전도와 제자도 프로그램에 열심으로 참여하는 것"이라고 정의했다.[18]

계몽주의의 프로테스탄트 버전이라고 보기에는 지나치게 빈약한 설명이 아닐까? 그렇다. 이 규정은 충분하지 않을뿐더러 오해를 줄 수 있다. 행동주의라는 것도 복음전도나 제자도 프로그램으로 읽힐 여지가 많다. 그러다 보니 필연적으로 복음주의는 이러한 프로그램이 잘 구축되어 있는 한국 대형 교회를 중심으로 소개되고 소비되어 온 것이다. 이 지점이 바로 한국 복음주의가 길을 잃은 지점이 아닐까 생각한다. 복음주의를 기독교 교리체계를 열심히 연구·학습하고, 그것을 열심히 전도하는 것으로 제한해 버린 것이다.

또한 한국의 복음주의가 과도하게 회심주의와 성경중심주의에 초점을 두다 보니, 복음주의를 칼뱅주의나 알미니안주의 등 다른 신학체계 중 하나로 인식하는 면이 없지 않다. 이것이 곧 한국 복음주의가 무의식중에 연결시켰던 지성운동의 한계이기도 하다. 콘텍스트에 대한 부족한 이해가 초래한 공백을 지적 정합성을 추구하는 텍스트로 끊임없이 채워 가는 것이다. 그렇다 보니 과학마저 복음주의운동 내에서 자신들의 이념체계로 종속시키고자 하는, 너무나 진지하지만 서글픈 시도인 창조과학이 여전히 활개 치는 것이다.

더군다나 베빙턴은 영국 복음주의에서 행동주의 이외의 세 가지 규범 역시, 이전에 존재하기는 했지만 통일된 흐름이 있었던 것은 아니라고 한다. 영국 복음주의의 중심이라고 할 수 있는 웨슬리의 사상도 청교도 전통과는 무관한 고교회 전통에서 탄생한 것이라고 말하고 있다. 다시 말하면, 적어도 베빙턴의 맥락에서 복음주의를 규정하는 가장 중요한 규범은 '행동주의'라고 할 수 있다. 이 맥락에서 우리가 생각해야 할 것은, 영국의 복음주의는 복음을 '사회적 맥락' 속에 위치시키고자 하는 시도였다는 점이다. 다시 말해 이것은 복음이 가지는 공공재로서의 성격을 의미한다. 따라서 베빙턴이 주장하는 의미에서 볼 때 복음주의의 가장 핵심적인 요소는 '행동주의'라고 해도 지나치지 않다. 이제 이 복음주의가 영국에서 어떠한 식으로 발전했는지 살펴보자.

클래팜 섹트? 클래팜 성자?

영화 〈어메이징 그레이스〉로 잘 알려진, 영국 노예무역 폐지운동에 앞장선 인물 중에 윌리엄 윌버포스William Wilberforce, 1759-1833가 있다. 그가 의회 의원으로 활동한 1780-1825년은 영국의 복음주의운동이 만개한 시기였다. 물론 그중 역사가 기억하는 단연 큰 열매는 1807년의 '노예무역 폐지법'일 것이다. 자유, 평등, 박애를 기치로 혁명을 했던 프랑스에서 노예무역이 금지된 것이 1817년이고, 실제로 발효된 것이 1826년이라는 것을 생각하면 흥미로운 결과이다.

영국에서 이른바 복음주의자라는 자의식을 가진 25명 남짓한 운동가들이 체계적으로 사회개혁을 주창했다. 영국 런던 남부에 있는 클래팜Clapham이라는 곳에서 주로 모임을 가졌기 때문에 그들을 일컬어 '클래팜 섹트(분파)'라고 한다. 윌버포스를 지원했던 클래팜 섹트의 구성원은 사업가, 법률가, 성직자와 학자들이었다. 윌버포스와 클래팜 섹트의 활동 시기와 프랑스혁명의 시기가 정확하게 겹친다. 프랑스에서 사회 불평등으로 전대미문의 혁명이 발생할 정도였다면, 영국의 상황 역시 크게 다르지 않았음을 짐작할 수 있다. 영국 역시 아동들이 하루 18시간씩 공장에서 노동을 해야 하던 시기였다. 노동자들은 고된 하루의 피로를 선술집에서 술에 의지해 풀었고, 과도한 술 소비는 영국의 사회문제가 되었다.[19] 작은 범죄에도 가혹한 형벌이 따르던 시기여서 소매치기범에게 사형이 선고되기까지 했다. 이러한 반인간적 사회의 정점은 유럽 열강들이 시행하고 있던 노예제도였다.

윌리엄 윌버포스를 중심으로 한 클래팜 섹트에서 내건 기치는 예수 그리스도의 가르침을 정치 영역에서 실천하는 것이었다. 그들은 노예무역 금지와 사회도덕 개혁을 '두 가지 위대한 목표'라고 명확하게 설정하였다. 물론 영국에서 노예무역에 반대 목소리를 낸 것은 클래팜 섹트가 처음은 아니었다. 이미 18세기 초반 퀘이커들이 노예무역에 반대하여 반노예제운동을 펼치고 재정적으로 지원하고 있었다.[20]

20대에 하원의원으로 선출된 윌버포스는 자신이 가진 복음주의 신념에 따라 당시 보수당(토리)과 자유당(휘그)의 경계를 넘어 노예무역 폐지를 지원하는 곳에 표를 던졌다. 윌버포스는 하나님의 형상을 지닌 인간을 다른 인간이 노예로 삼는 차별은 사회적인 죄악이며, 그 속에 사는 개인도 그 죄에서 자유롭지 못함을 고백하였다. 그는 정부가 저지르고 있던 이러한 도덕적 악에 대하여 책임을 느꼈으며, 그리스도인으로서 변화를 끌어내기 위해 할 수 있는 모든 일을 했다. 1789년의 한 연설에서 그는 노예제도 폐지와 같은 사회개혁은 정파적인 질문이 아니라, 사람들 모두가 들어야 할 이성과 진실의 소리라고 주장했다. 또 1797년에 쓴 《실제 기독교의 가르침과 비교해 본 영국의 중상류 그리스도인들에게 만연한 관행적인 종교체계》[21]를 통해 하층민의 삶에 여전히 무관심한 엘리트 그리스도인들에게 도전했다. 윌버포스와 클래팜 섹트는 바로 이 중상층의 사람들을 일깨워 노예제를 폐지하고 사회의 도덕개혁을 이루어 가는 데 필요한 지원을 얻고자 했다. 시기적으로 프랑스 상류층이 혁명으로 무너져 내린 터라 영국에서 그의 목소리는 다행히 힘을 얻었다. 6개월 만에 그의 책이 7,500부나 팔리고 상류층에 급속도로 퍼져 나갔다. 윌버포스와 클래팜 섹트는 신문을 비롯한 대중매체를 통해 대중의 지지를 끌어내고자 노력했다. 그래서 노예무역 폐지를 포함한 사회개혁 이슈들에 대해 의회의 찬성을 끌어내기 위해 대중이 의회를 압박하게끔 했다. 예컨대 클래팜 섹트는 동인도회사를 통해 인도에 선교사 파송을 허용할 것을 요구하는 청원서에 무려 50만 명의 서명을 받았다. 당시 영국 인구가 900만이었던 점에 비춰 보면 엄청난 수가 아닐 수 없다.[22]

사람들은 대체로 사회개혁은 진보진영의 전유물이며 복음주의와는 무관하다는 선입관을 갖고 있다. 클래팜 섹트의 구성원은 대부분 부유한 배경을 지닌 엘리트 출신의 국교회(성공회) 그리스도인들이었다. 그들이 공유했던 한 가지 정치적 이념은 노예해방, 노예무역 폐지와 형법개혁 등의 사회개혁이었다. 그들의 개혁운동은 단순히 정치적 목적에서가 아닌 복음이 제시하는 인간의 존엄성에 대한 고민에서 출발했다. 그들의 운동은 종교적·인도적 이상 속에 평등 사회를 추구한 것으로 평가된다. 그래서 후대의 역사가들은 그들을 '클래팜 섹트'라는 별명으로 불렀고, 반대파들은 경멸적인 의미를 담아 '클래팜 성자들'이라고 불렀다. 이미 언급했다시피 그들은 가진 자들이었고, 그들의 개혁은 가부장적인 시각의 개혁이라는 비판을 받기도 했다. 또한 당시 영국제국을 이끌어 가던 주요 동력 중 하나인 노예무역을 금지하는 것은 국가의 경제적 이익과 배치되는 주장이었다. 이 때문에 그들은 성인군자 같은 소리를 한다는 비판도 받았다. 하지만 현실 사회인 국가의 이익을 도모하기보다 성경의 가르침을 현실 사회 속에 구현하는 개혁이 목표였기 때문에 '성자'라는 비아냥거림은 그들에게 훈장이었다.

복음주의의 정의를 재고한다

이쯤 되면 적어도 베빙턴 테제에서 언급한 복음주의에 대해 재고할 지점이 명확해지지 않는가? 여전히 앞의 세 가지 복음주의의 가치를 주로 지니고 있다면, 이제 복음주의가 그 이전과는 다른 정체성으로 등장하게 된 '행동주의'를 고민해야 한다. 복음주의자는 인간을 차별하고 불평등을 조장하는 사회에 대해 문제제기를 해야 한다. 그리스도의 복음이 제시하는 인간관에 반하는 배제, 차별, 혐오에 맞서야 한다. 사회개혁에 힘을 보태야 한다. 이 관점에서 볼 때 복음주의자라면 마땅히 돈으로 환산할 수 없는 인간의 존엄을 지키는 일을 지지해야 한다. 여성과 외국인, 다른 종교, 소수자 등에게 가해지는 모든 종류의 차별을 복음의 이름으로 거부해야 한다. 복음주의자라면 토지 소유 유무를 통해 확대되는 불공정한 부의 편중에 반대해야 한다. 그래서 사람들로부터 "세상 물정 모르는 성인군자 같은 소리만 한다"라는 얘기를 들어야 한다.

오늘 한국 교회는 사회 변화의 흐름을 따라가지 못하고 아노미와 문화지체 현상을 겪고 있다. 인권이나 평등, 복지 등 사회개혁을 위해 제시되는 어젠다마다 혼란스러워하는 교회와 그리스도인들이 적지 않다. 적어도 인간을 평등하게 대우하고 차별 없는 사회를 만들고자 하는 시도에 대해 종교적 이념을 들어 반대하는 이들이라면 복음주의자라는 명칭은 떼어내는 것이 좋겠다. 그들은 칼뱅주의자, 웨슬리주의자 등으로 불릴 수는 있겠으나 역사적 복음주의자의 범주에는 들지 않는다. 맥락 없이 사용하는 '복음주의', '복음주의자'라는 말을 이제 근본적으로 재고해야 한다.

복음주의를 신학적 경계로 범주화하는 것은 역사적 복음주의에 대한 충분한 이해가 아닐 수 있다. 적어도 18세기 영국이라는 사회적 맥락 속에서 출발한 '베빙턴 테제'에 대한 해석을 신학자들이 독점한다면 시대착오적인 것이 될 가능성이 높다. 그러므로 우리는 복음주의에 대한 베빙턴의 정의를 21세기 한국의 콘텍스트에서 재해석해야 한다.

먼저 성경주의를 들여다보자. 성경이 무오한 하나님의 말씀임을 믿는 것이 성경주의를 따르는 판단의 지표일까? 성경의 문자적 완결성을 믿는다고 고백하는 것보다는 성경의 가르침, 성경에서 바라보는 인간관, 세계관이 우리 삶의 중심이 되어야 한다는 실천적 고백이 복음주의에서 말하는 성경주의여야 한다.

십자가중심주의는 어떤가? 우리가 십자가 대속을 받아들이느냐, 부활의 역사성을 믿느냐 하는 것이 중요한 신학적 논제임은 부정할 수 없다. 하지만 역사적 복음주의 맥락에서 볼 때 이 논쟁에 머무는 것은 충분하지 않다. 오히려 십자가를 삶의 중심에 놓고, 십자가를 따르는 삶을 결단하는 것이 복음주의여야 한다.

회심주의에 대한 해석 역시 복음을 수용하는 개인적 회심을 넘어 사회적 회심으로 연결되어야 한다. 사회적 회심이란 복음이 가지는 공공재의 가치를 발견하고 우리의 삶이 지향하는 바가 그 가치를 추구하는 것으로 변화됨을 의미한다. 즉, '예수 믿고 부자 되었다'는 극적인 간증을 하는 데서 그치는 것이 아니라, 개인의 변화를 넘어서 복음으로 사회의 어두운 곳을 바꾸어 가야겠다는 실천적인 고백이 동반되어야 한다.

행동주의 역시 재고가 필요하다. 오늘 우리에게 알리스터 맥그래스가 교회 내의 제자도와 복음전도라는 어휘로 표현한 20세기 영미의 행동주의를 적용하는 것은 그리 적절해 보이지 않는다. 오히려 18세기 상황에서 윌버포스와 클래팜 섹트가 주장한 사회참여가 우리에게 더 절실한 상황이다.

2009년 경북대에서 "영국의 종교와 교회 — 역사적 조망"이라는 주제로 영국사학회 학술대회가 열렸다. 그 당시 발표자로 참여하였기에 그때의 기억이 뚜렷한데, 당시 워릭대학에서 박사 과정을 밟고 있던 현 경북대 사학과 윤영휘 교수는 "대서양복음주의 네트워크의 노예무역 폐지주의"라는 논문을 발표했다. 그 발표에 언급된 '베빙턴의 행동주의의 핵심이 무엇이냐'는 청중의 질문에 윤 교수는 본인이 직접 베빙턴으로부터 들은 얘기라면서 "웨슬리와 영국 복음주의자들의 노예무역 폐지와 같은 사회참여를 의미하는 것"이라고 답했다.[23]

복음주의마저 교리적 체계 혹은 지성의 관점으로 해석하려는 것은 복음주의를 사회 바깥으로 더욱 몰아갈 뿐이다. 복음주의가 고민해야 할 것은 교리보다 공적 영역인 사회 속에서 살아가는 삶의 태도이다. 그러므로 복음주의란 무엇을 믿느냐가 아니라 무엇을 위해 살아가느냐로 규정되어야 한다. 복음주의의 존재감은 복음의 공공성을 이 사회 속에서 실현하는 것에서 드러나야 한다. 의인 열 명이 없어 소돔과 고모라는 멸망했다. 조금 과장해서 표현하자면, 프랑스가 혁명을 통해 이루고자 했던 것을 영국 사회는 스무 명 남짓한 클래팜 성자들의 공로로 성취했다.[24]

우리의 목적은 복음으로 이 세상을 살아가는 것이다. 그 활력이 사라지면 이데올로기만 남는다. 미국 복음주의가 보여 주는 것처럼 보수 기독교와 자연스레 등치되는 구조로 굳어지고 만다. 맥락은 사라지고 글자만 남는 화석화이다. 이제 복음주의자의 고민은 '어떤 이념을 지킬까'가 아니라 '복음의 가치를 이 사회 속에서 어떻게 실현할까'가 되어야 한다. 그러므로 성경에 대한 관점, 회심에 대한 관점, 십자가와 부활에 대한 관점의 차이를 논쟁하기보다는 이 사회 속 공공재로서 복음의 성격, 복음이 지향하는 인간애를 실현하는 것을 방해하는 시도를 경계해야 한다. 그것이 실현될 때 우리는 다시 자랑스럽게 복음주의자라고 고백할 수 있을 것이다.

부활의 현재적 의미

부활, 발견하는 것

부활이란 무엇인가? 부활은 실재하는가? 부활의 몸이란 무엇인가? 이는 신학의 역사에서 수도 없이 논의되었고, 여전히 탐구되고 있으며, 앞으로도 다뤄질 주제임이 분명하다. 신학에 문외한인 역사학자로서의 단견이지만, 대부분의 논의는 부활을 물리적인 실체로 이해하는 것 같다. 이는 구원이나 심판, 천국과 지옥 등을 장소적인 개념으로 이해하는 것과 마찬가지이다. 이렇게 반문할 수 있겠다. "그렇지 않을 수도 있단 말인가?" 공정하게 얘기하자면, 한국의 신학계에서 다루고 있는 이와 같은 이슈들은 기본적으로 신학을 '규정하는 학문'으로 이해하는 라틴 신학의 전통에서 나온 것이다. 부활을 포함한 모든 신학적 주제에 대한 논의는 제도적·규정적인 틀에서 이해되어 왔다. 그러나 본래 초대교회 사상 형성의 중심지였던 동방신학의 틀 속에는 전혀 다른 전제가 있었다. 예컨대 예수의 성육신과 구원을 이해하는 동방 교부 아타나시우스는 하나님이 인간이 되었기 때문에 인간도 그 예수의 발자취를 따라갈 때 하나님이 될 수 있다는 '신화theosis'의 신학을 보여 주었다.[25] 더 나아가 천국과 지옥도 물리적인 공간이라기보다, 하나님을 가까이하는 삶은 천국이요 그렇지 못한 삶은 심판과 지옥이라는 관념으로 정리된다. 철저하게 현세적인 것이다.

반면, 개신교 신학이 뿌리를 두고 있는 서방의 라틴 신학에서는 철저하게 신학을 제도적, 법정적, 규범적으로 이해한다. 구원에 대한 정의는 말할 것도 없고, 천국과 지옥 등을 모두 철저하게 물리적인 공간으로 접근한다. 의인과 죄인의 거주 공간으로서 천국과 지옥이 설정된다. 하지만 전적으로 선하지도, 그렇다고 전적으로 악하지만도 않은 인간의 속성을 법정적으로 의인과 죄인이라는 범주로 간단히 구분하기란 쉽지 않다. 이 때문에 라틴 신학의 터 위에 살아가는 중세 유럽의 대중들은 천국과 지옥이라는 극단의 장소가 다 포괄하지 못하는 모호한 회색지대의 존재를 그려내기 시작했다. 그 결과, 12세기 중엽에서 13세기 중엽까지 이른바 연옥이라는 제3의 '장소'가 등장한다. 저명한 중세학자 자크 르고프Jacques Le Goff, 1924-2014가《연옥의 탄생La naissance du Purgatoire》에서 탁월하게 그려냈듯이 연옥은 대중의 종교적 욕구를 적극적으

로 수용하는 대중 종교의 성격을 지닌 라틴 신학의 산물이다.[26]
이 연옥이라는 개념은 그 후 제2차 리옹공의회(1274), 피렌체공의
회(1438) 등에서 제도화된다. 지극히 당연하지만, 동방교회 전통
에서 연옥이라는 개념은 존재하지 않는다. 1054년 동방교회와 서
방교회가 서로의 신학과 정치 지향의 차이로 분열한 이후에도 공
의회를 통해 새로운 화합을 모색하는 시도가 지속되었다. 그러나
피렌체공의회에서 서방교회가 안건으로 제기한 연옥은 동방교회
의 사유 세계에서는 수용하기 어려운 것이었다. 그 결과, 통합 논
의는 결렬되고 말았다. 동방신학에서 볼 때 연옥은 정화하는 불
속에서 연단받는 내세의 장소가 아니었다. 하나님과 사이가 뜨뜻
미지근하게 멀어진 이 세상의 삶 자체가 연옥이기 때문이다.

　이쯤 되면, 우리가 담보하고 있는 신학적 용어들을 신비한 물리
적·장소적인 형태로 규정하고 형상화해야 한다는 것은 우리가
터를 내리고 있는 신학의 전통에 따른 강박일 수 있다. 다시 말하
면, 구원이나 부활은 신비한 종교적 용어 이전에 매우 현세적이며
실제적으로 적용되는 것일 수 있다.

　고딕 양식으로 대표되는 중세 유럽의 문명은 교회가 중심이 되
었다. 하늘 높이 솟아 있는 첨탑, 교차궁륭, 스테인드글라스를 통
해 신을 향한 인간의 경건한 욕망을 보여 주지만,[27] 동시에 그 고
딕 건축물은 익명화된 개인을 보여 주는 상징이었다. 구원은 개별
적인 것이 아니라, 교회라는 제도 속에 들어갈 때 담보되는 것이
었다. 제도 교회 밖에는 구원이 없다는 가톨릭교회의 가르침에는

개별자로서 그리스도를 통해 하나님 앞에 나아가는 방법이 존재하지 않았다. 교회가 효과적으로 개인을 통제할 수 있는 요건인 셈이다. 하지만 르네상스를 통해 하나님의 영광을 위해 존재하는 인간 너머, 하나님의 형상을 지닌 존재로서의 인간의 가치를 재발견하였다. 르네상스 회화에서 대표되듯 이제 예술은 거대한 무감각의 돌덩이가 아닌, 인간이 중심이 되는 캔버스에서 구현되었다.

르네상스는 개인의 재발견이라는 상징에 머문 것이 아니다. 장엄한 고딕 교회와 교회의 권위 속에 익명으로만 존재하던 개인이 다시 부활한 것이다. 부활은 잊혀진 개인성을 재발견하고 재탄생시켰다. 인간성의 재발견과 재탄생은 화석화된 종교의 부활을 가져왔다. 종교개혁이 바로 그것이다. 부활은 결코 상징이 아니었다. 이제 구원은 교회라는 제도가 담보하는 것이 아니라, 개별 인간이 오직 그리스도의 은혜를 통해 도달할 수 있는 것이 되었다. 종교개혁은 가톨릭 지배의 중세 세계를 허물고 주체적 자아를 지닌 근대적 개인을 출현하게 하였다. 종교개혁은 제도 속에 익명으로 묻혀 있던 개인을 재탄생시킨 부활의 사건이다.[28]

개인에 대한 재발견은 교회에 대한 재발견으로 연결된다. 종교개혁기 재세례파들 사이에서는 교회가 태어나면서부터 누구나 소속되어야 하는 공간이 아니라 자의식을 가진 개인이 들어가야 하는 공간이라는 인식이 생겨났다. 신앙적 자의식을 갖고 회개하여 세례를 받는 자들만 교회의 구성원이 되는 것으로 인정하였다. 이러한 인식은 1524년 스위스 형제단 소속의 성인 10여 명에게 재세례를 베푸는 것으로 드러났다. 오늘의 콘텍스트에서는 성인 세례가 자연스럽지만, 16세기 콘텍스트에서는 가톨릭과 종교개혁 진영 모두에게 이 사건은 혐오스러운 것이었다.[29] 부활은 익명성 속에 잠자고 있는 개인의 발견이다. 본래 죽어 있거나, 잠들어 있거나, 철저하게 잊혀 있는 것을 다시 살려내어 기억하는 것이다. 부활은 기성의 세계관과 충돌하여 뒤엎는 혁명이었다. 시대의 문맥 속에서 당연하게 받아들이는 것에 대한 저항이었다. 개인성에 대한 재발견과 개인의 부활은 기성의 사회질서를 전복하는 힘으로 표현되었다.

부활, 전복하는 것

도스토옙스키와 마찬가지로 톨스토이의 정신세계에는 정교회 신앙의 뿌리가 깊이 자리하고 있다. 톨스토이가 70세 넘어 말년에 쓴 대작 《부활》은 소설을 통해 자신의 삶을 고백하는 동시에, 그가 꿈꾸는 부활의 삶이 무엇인지에 대한 관점이 뼈대를 이루고 있다. 《부활》의 주인공 네흘류도프는 톨스토이의 젊은 시절이 투영된 인물로 알려져 있다. 이 작품은 이기적이고 방탕한 삶을 살았던 한 젊은 귀족 네흘류도프와 그로 인해 인생이 송두리째 망가졌던 비운의 여인 카추샤의 변화를 부활이라는 모티브로 그려 낸다. 네흘류도프는 살인과 절도 혐의로 재판을 받게 되는 카추샤와 조우하면서 그 원인이 자신에게 있었음을 반성한다. 자신의 삶에 대한 혐오에서 출발한 네흘류도프의 변화는 거기에 그치지 않고, 적극적으로 카추샤를 위한 구명 활동을 벌이는 데까지 나아간다.

여러 가지를 가졌지만 스스로 내려놓음을 선택함으로써 네흘류도프는 이전에는 보지 못했던 현실을 보게 된다.[30] 카추샤를 변호하는 과정에서 만나게 된 감옥 속의 사람들의 삶을 통해 당대 무고한 이들에게 가해지는 사법 제도의 잔혹함을 목격한다. 범죄자에 대한 배제 및 범죄에 대한 잔혹한 처벌이 실질적인 갱생을 이끌어 내지 못하는 현실을 보면서 사법 제도에 대해 근본적인 회의를 제기한다. 불합리는 사법 제도 속에서만 존재하는 것이 아니었다. 대토지를 소유한 귀족인 그는 자신의 토지를 농노들에게 내어 놓는다. 지주가 토지를 소유함으로써 얻는 부당한 불로소득에 대한 그의 고발은 불합리하고 불평등한 사회체제에 대한 도전이다. 네흘류도프는 농노들에게 토지를 무상 분배하면서 헨리 조지Henry George, 1839-1897의 금언을 인용한다. "토지는 개인이 소유할 수 있는 것이 아닙니다. 토지는 하나님의 것입니다."[31]

적어도 톨스토이에게는 차별과 억압, 처벌과 통제, 불평등과 불균형이 사회문제만은 아니었다. 그것은 종교의 문제였고, 신앙의 문제였다. 그에게 부활은 감상적이거나, 형이상학적이거나, 추상적인 것이 아니었다. 개인의 변화와 갱생을 넘어서는 것이었다. 부활의 새 삶이란 내세의 것이 아니라, 오늘의 삶 속에서 혁명과도 같이 변화된 사회를 의미한다. 모든 얼어붙은 것을 녹이고 새로운 질서를 구해 내는 지극히 현실적인 것이었다. 그러니 기성의 질서를 유지하기에 급급한 러시아정교회는 그에게 비껴갈 수 없는 비판의 대상이었다. 《부활》을 통해 제기되는 톨스토이의 이러한 비판에 불편함을 느낀 러시아정교회는 결국 그를 교회에서 파문한다. 기성의 불합리한 질서에 대한 비판을 세속적인 것과 성스러운 것을 분리한다는 명분으로 비껴서는 당대의 종교는 어쩌면 부활을 막아서는 장애물이었다.

톨스토이의 《부활》을 읽은 많은 이들이 이 작품이 개인의 변화와 사회 혁신에 대한 것인데 왜 부활이라는 제목을 붙였을까 의문을 표한다. 그에 대한 대답은 담백하다. 부활은 추상이 아니기 때문이다. 부활은 구조화된 악에 대한 도전이요, 그것을 극복하는 것이다. 부활은 내세의 새 하늘과 새 땅이 아니라 현세의 새 하늘과 새 땅, 바로 여기에 필요한 외침이었다. 복음은 전복적인 것이다. 복음이 관심 가져야 하는 것은 땅의 문제이다. 당연히 토지의 문제이기도 하다. 이것이야말로 부활의 핵심이다. 하지만 톨스토이가 네흘류도프의 진술을 통해 제시하는 혁명의 길은 달랐다.

여기서 네흘류도프는 이런 생각의 확증을 〈마태복음〉 속에서 찾고자 하는 생각에 처음부터 다시 읽기 시작했다. 항상 그를 감동시켰던 산상수훈을 읽는 동안, 오늘 비로소 그는 그 설교 속에는 아름답고 추상적인 사상과, 과장되고 실행 불가능한 사상만을 요구하고 있는 것이 아니라 지극히 단순하고 명확하게 실제적으로 실행으로 옮길 수 있는 계율이 있다는 것을 알았다. 그 계율이 실행되기만 한다면 (그것은 충분히 가능한 것이다) 인간 사회는 보다 새로운 체제를 형성하고, 그렇게도 네흘류도프를 분개시켰던 온갖 폭력이 저절로 소멸될 뿐만 아니라, 인류가 얻을 수 있는 최상의 행복인 지상천국을 누리게 될 수 있는 것이다. [중략] 그날 밤부터 네흘류도프에게는 전혀 새로운 삶이 시작되었다.[32]

톨스토이의 부활은 그가 마주하고 있는 일상을 다시 성찰하고, 그리스도의 산상수훈의 가르침을 자신의 삶에서 실천해 나가는 것에서 출발했다. 그것이 실행되기만 하면 인류는 '부활의 새 하늘과 새 땅'을 구현할 수 있는 것이다. 개인의 종교 신념을 사회문제 해결과 별개로 보지 않는 것, 그래서 근본*radix*을 지향하는 것은 그 자체로 가장 급진적radical인 것이다. 더 나아가 사회적 재고로 이어지지 않는 개인적인 결단은 부활에 대한 바른 이해가 아니다. 부활은 사회적 사건이어야 한다. 교회와 목회자들이 사회적 고민을 비껴가는 방식으로 손쉽게 제시하는 '교회의 방식은 달라야 한다'는 태도는 타협과 회피의 다른 표현일 경우가 많다. 부활은 전복하는 힘이다. 스스로의 타성을 넘어서야만 성취할 수 있는 것이다. 그것은 자신과 사회 내의 관성적인 질서를 허문다는 점에서 혁명이다. 해석이 과격한 것이 아니라, 부활 자체가 과격한 것이다.

부활, 기억하는 것

부활은 인간에 대한 재인식이며, 나아가 기성 질서에 대한 혁명적인 전복이다. 그러나 그것만으로는 부활을 충분하게 설명할 수 없다. 부활은 망각된 것으로부터 기억해 내는 사건이다. 역사의 기록은 불가피하게 기록자의 주관과 편견이 들어간 선택적인 기억을 재생해 낸다. 기억과 기록의 뒷면은 망각과 외면이다. 세상에는 잊혀야 할 과거도 있지만, 잊어서는 안 될 과거도 존재한다. 그러한 과거는 동일한 과오를 미래에 반복하지 않기 위해 기억해야 할 과거이다. 그런데 잊지 말아야 할 과거는 직면하기 괴로운 과거일 경우가 많다.

한국전쟁 당시 미군이 일으킨 것으로 알려진 '노근리 학살 사건'에 대한 진상이 1990년대 AP통신과 한겨레신문사 등 여러 언론의 탐사 보도를 통해 밝혀졌다. 오랫동안 망각 속에 있던 사건이 실질적으로 역사 가운데로 소환되었다. 한겨레신문사가 그 공을 인정받았음은 당연하다. 하지만 이후 한겨레신문사는 전쟁으로 인한 유사한 비극적 사건을 고발함으로써 큰 곤욕을 경험하였다. 1999년 9월호 〈한겨레21〉은 베트남 전쟁 당시 한국 군인들이 저지른 참사에 대한 고발기사를 내었다.[33] 그 기사에 대해 사회적으로 큰 반발이 제기되었다. 당시 한국사를 전공한 학자들은 한국이 베트남전 당시 행했던 아픈 과거에 대해 인정할 때 한국 사회가 진일보할 것이라고 했다. 얼마 전 문재인 대통령이 베트남에 대해 마음의 빚을 지고 있다는 유감을 표했다. 사건이 발생한 지 반세기가 훌쩍 지나고, 공론화된 지 20년 가까이 지나서야 현실화되었다. 기억하고 직면함으로써 한 발 나아가는 데 참으로 오랜 시간이 걸린 셈이다.

노근리 사건이나 베트남전뿐 아니라 우리 사회를 둘러싼 강요된 망각의 사례는 허다하다. 이러한 망각에서 구원해 내는 사건이 부활이다. 그저 문학적 수사가 아니다. 직면하는 순간 소환되는 것은 그 한 가지 사건만이 아니다. 사건을 둘러싼 시대 전체가 소환되는 것이다. 그러기에 직면하는 용기가 필요하다. 불행한 과거를 직면하는 것은 그리 유쾌하지 않다. 그리고 반문하게 된다. 그것이 오늘 우리의 현실과 무슨 관계가 있는가?

망각으로부터 부활된 기억은 우리가 선택할 수 있는 것만은 아니다. 영화 〈이터널 선샤인〉에는 너무나 아파서 견딜 수 없는 추억을 지워 주는 프로그램이 존재하지만 현실은 그렇지 않다. 불편하고 아픈 것을 지워 버리기보다 끄집어내어 직면하고 기억해야 하는 가장 단순한 이유는 우리 모두 망각과 배제와 혐오의 피해자가 될 수 있기 때문이다.

우리에게 4월은 유난히 슬픈 역사의 흔적들이 많다. 제주 4·3부터 4·19혁명과 4·16 세월호까지. 하지만 의식 있는 지성이라면 모두 인정하는 바, 망각에서 기억으로 전환되긴 했지만 그 기억이 완전하게 역사 속에 부활하였다고는 할 수 없다. 잊지 않는 것으로는 부족하다. 잊혀진 과거에 대한 개개인의 기억이 결코 잊혀지지

69 —

않을 집단 기억으로 승화되는 것이 온전한 부활의 성취이다.

그 몫을 누가 담당할 것인가? 기독교는 잊혀진 것을 부활해 내는 종교이다. 목회는, 설교는, 잊혀진 자들을 살려내어 사회적 경험으로, 집단 기억으로 승화시키는 작업이어야 한다. 더불어 우리 사회 속에 분명 존재함에도 존재하지 않는 것처럼 배제되는 이들의 편에 서야 한다. 배제된 존재가 드러날 때 생성되는 혐오의 반응에 교회가 맞서야 한다. 망각된 자들을 구원해 영원한 부활을 이끌어 내는 것이 교회의 존재 이유이다. 교회는 결코 편리한 선택적 기억과 망각의 주술에 빠져서는 안 된다.

현실에서 구현되는 부활

21세기 역사학이 거둔 최고의 성과는 역사를 영웅이나 권력자를 중심으로 읽어 내는 것이 아니라, 잊혀진 작은 사람들, 낮은 사람들, 소외된 사람들을 재발견해 읽어 나간 것에 있다.[34] 한 작은 사건을 마치 현미경으로 들여다보듯 깊고 두텁게 읽어 나가는 과정을 통해 일상에서 망각해 왔던 것을 기억해 내고 역사로 구성해 내었다. 부활은 망각으로부터의 구원의 사건이자 치열한 현재적 사건이다.

부활은 기성 질서의 전복이다. 당연하게 받아들였던 것에 대한 재고이다. 그렇지 않을 때 다시 죽음과도 같은 긴 동면의 시간을 보내게 된다. 역사는 거저 얻어지는 것이 아니다. 우리는 부활을 지나치게 종교적으로, 협소하게, 추상적으로 혹은 사사로운 것으로 다루어 왔다. 부활은 개인적·종교적 차원뿐 아니라, 어쩌면 사회적·정치적·현실적 사건이어야 한다. 그렇지 않고 부활의 기대를 내세에 두는 한 우리는 현실 속에서 잊혀지고 매몰된 것들을 끄집어낼 용기를 가질 수 없다. 부활은 현재적인 사건으로 직면할 때에만 경험할 수 있는 신비일 수 있다.

어떠한 사건을 역사적 사건이라고 표현할 때, 더 이상 과거의 것이 아닌 가장 현세적이며 동시에 가장 종교적인 이슈가 된다. 만약 종교가 이를 외면한다면, 그러한 종교는 이 땅에서 설 자리를 잃어 간다. 역사의 부활을 위해 여전히 종교가 해야 할 몫이 적지 않다. 때로 잊고 싶고, 묻어 두고 싶은 과거일 수 있다. 하지만 이제 그것을 오롯하게 부활시킴으로써 새 지평이 열리는 부활의 힘을 증명해야 한다. 그것이 역사를 잊고 죽어 가는 한국 기독교가 부활에 다가서는 작지만 중요한 한 걸음이 될 것이다. 익숙한 지평을 넘어서 잊혀진 것을 다시 발견하고, 기성의 관점을 전복하고 기억하는 것, 이것이 부활의 새 하늘과 새 땅을 준비하는 길이다.

| 면벌부는 살아 있다 |

면벌부란 무엇인가

  종교개혁 500주년을 떠들썩하게 기념했지만 한국 교회 전반을 감싸고 있는 암울한 분위기는 걷힐 기미가 보이지 않는다. 중세 교회의 말기적인 현상을 대표하는 상징은 아마 '면벌부의 남용'일 것이다. 어쩌면 면벌부란 '과거' '거기' '그들'의 이야기가 아니라, '오늘' '여기' '우리들' 사이에서도 여전히 살아남아 반복되는 현상일 수 있다. 마주하기 고통스럽더라도 오늘 한국 교회의 상황과 우리 안의 욕망을 면벌부에 연결해 들여다보자.

  일반적으로, 중세 말 면벌부는 가톨릭교회 타락의 결정체로서 마르틴 루터의 종교개혁을 촉발한 것으로 알려져 있다. 여기서 간단한 질문 하나를 생각해 보자. 면벌부 제도가 종교개혁 시기까지 약 400년 넘게 존속되었고 그 이론적 구조가 오늘까지 유효하다면, 면벌부에 대해 한두 마디로 간단히 규정해 버리는 것이 타당할까? 이제 종교개혁 연구의 주류를 차지한 수정주의 역사학자들은 면벌부를 둘러싼 문제가 중세 말 가톨릭 타락의 현저한 요소가 아닐 수 있다고 본다.[35] 루터 외에는 종교개혁가들 중에 누구도 면벌부 문제를 개혁의 핵심으로 내세우지 않았다. 그렇다고 이것이 중세 말 면벌부의 오남용 현실을 부정하는 것은 아니다. 오히려 논지의 핵심은 '연보궤에 땡그랑 돈 떨어지는 소리가 나자 연옥에 있던 영혼이 천국으로 뿅 올라간다'는 희화화된 현상에 휩쓸리기보다는, 면벌부가 당대 가톨릭교회 구조 내에서 파생될 수밖에 없었던 예상 가능한 기제였음을 냉정하게 인식하자는 것이다.

동방교회의 맥락에서 벗어나 독자적인 정체성을 갖게 되는 중세 가톨릭교회는 광범위하게 유포된 대중의 신앙 행위들을 전통이라는 이름으로 수용하는 토착화에 적극적이었다. 이 특징을 가장 잘 대변하는 것이 동방교회에서는 볼 수 없는 '면벌 교리'나 '연옥 교리'이다. 면벌부는 중세 교회가 규범화한 구원에 이르기 위한 '칠성사'에는 포함되지 않는다. 그러나 대중은 교회의 성사를 지키면서도, 죽음과 구원, 심판에 대한 두려움을 늘 안고 살고 있었다.

가톨릭교회에 따르면, 한 사람이 죄를 고백할 경우 그가 범한 죄는 신의 은총과 사제의 권한에 의해 용서받지만 죄로 인해 생긴 후유증은 남게 된다. 이를 참회자가 해결해야 할 '잠벌暫罰, temporal punishment'이라고 한다. 잠벌은 고해 사제가 죄의 경중에 따라 명하는 금식, 기도문 암송, 성지순례, 지정된 교회 순례, 자선 행위 등을 통해 줄어든다. 나머지 잠벌은 연옥에서 정화하는 시간 을 걸쳐 소멸된다. 면벌부는 이 내세의 잠벌을 해결해 주는 증서 이다. 죄를 사하여 주는 증서가 아닌, 잠벌을 없애 주는 것인 만큼 면죄부보다는 면벌부가 더 정확한 용어이다.[36] 가톨릭에서는 '대 사부 大赦符'라고 부른다. 물론 그 어떤 단어도 '면죄부'만큼 입에 착 달라붙지는 않는다!

면벌부의 사회사

최초의 면벌부는 예루살렘을 탈환하러 가는 십자군들을 위해 교황이 처음 발행했다고 알려져 있다. 참회 고행에 버금가는 행위 인 성지순례나 십자군 원정 등 어렵고 위험한 종교적 행위에 동 참하는 이들의 안전한 천국행을 위한 것이었다. 십자군 원정 이후 에도 면벌부는 대중의 죽음에 대한 공포와 구원에 대한 열망을 업고 확대 재생산되었다. 학자들은 이 대중적인 흐름을 신학적으 로 추인하는 작업을 했다. 대중들의 실질적인 삶과 내세의 고민을 '천국문을 여닫는' 교회의 권위가 적극적으로 수용했다는 점에서 면벌부의 도입과 이론적 정립은 대중 종교의 집단 심성이 표현된 것이다. 그러므로 면벌부 시행은 교회가 대중에게 부과했던 일방적인 은전으로 보기보다는 수요와 공급의 '쌍방향 관점'에서 봐야 한다. 다시 말해, 교회 권위라는 위로부터의 부과와 대중의 구원이라는 아래로부터의 욕구가 결합하여 생성된 것으로 보는 것이 타당하다.

애초 면벌부는 금전으로 매매되는 것이 아니었다. 십자군 원정이 끝난 13세기 이후에 다른 참회의 고행 대신 금전으로 구매할 수 있게 되었다. 면벌부의 대중화는 화폐 경제의 발달과 밀접하게 연결된다. 굳이 비유하자면, 연보할 돈이 없어 '날연보'나 '성미' 등으로 자신의 정성을 표현했던 한국 교회 초기 그리스도인들이 어느 순간 '화폐'로 헌금하는 일이 자연스럽게 된 경우와 비슷하다. 더 나아가, 십자군뿐 아니라 학문을 장려하기 위해 학생들을 후원하는 일, 교회·병원·도로 및 교량 건설 등 공공의 선, 사회 안전망 확대를 위한 재원 마련에 면벌부가 판매되었다. 그래서 학자들은 면벌부를 교회가 발행한 '천국 약속 어음'이라고 부른다.

면벌부가 학문의 장에서 공론화되었을 즈음에는 기본적으로 면벌부의 유용성과 유효성에 대한 합의는 이미 이루어진 상태였다. 면벌부에 대한 학자들의 논의는 교황과 주교들을 통해 이루어지는 관행을 분석하고 해석하여 학문적인 용어로 이론화하는 것이었다. 연옥이라는 명사를 처음 고안한 것으로 알려진 성가대장 피에르Petrus Cantor, ?-1197는 면벌부가 적법하게 수여될 수 있는 조건을 '교회의 권위', '성도의 교통', '참회의 노력과 헌신'이라는 세

가지로 규정하였다.[37]

첫째, '교회의 권위'는 마태복음 16장 18절에 나온 대로, 그리스도를 대리하여 지상교회를 이끌 권위를 베드로와 그 후계자들에게 맡겼다는 이른바 '사도전승'을 의미한다. 초기에는 수도원장들도 면벌부를 발부하는 관행이 있었으나, 13세기 초 교황과 주교들만 발행권을 갖는 것으로 정리되었다. 교황은 모든 잠벌을 면제하는 전대사와 부분적으로 면제하는 한대사를 발행할 수 있으며, 주교들은 오직 한대사만 수여할 수 있게 되었다. 둘째, '성도의 교통'은 개신교와는 다소 이해가 다른 개념이다. 가톨릭에서 말하는 성도의 교통은 '공로의 보고treasury of merits'라는 개념과 연결된다. 쉽게 설명해 보겠다. 구원을 얻는 기준을 100으로 놓고 볼 때, 연약하고 죄악 된 인간은 그 기준을 충족하지 못한다. 그러나 그리스도, 그리고 인간의 연약함을 넘어선 성인들은 그 기준을 능가하는 공로를 쌓았다. 그렇게 획득한 잉여의 공로를 '공로의 보고'에 쌓아 두고, 그 공로를 구매할 수 있게 했다. 성인들의 공로를 현세의 대중이 혜택으로 누릴 수 있다는 점에서 상호 교통이 이루어지는 것이다. 마지막으로, 면벌부는 '참회의 노력과 헌신'을 요구하며, 그 참회의 노력을 통해 면벌은 완성된다.

1350년을 희년으로 지킬 것을 선포하는 교서에서 교황은 희년과 면벌부에 대한 성경적 기초를 주장했다. 매 50년마다 모든 부채가 탕감될 수 있다고 가르치는 모세의 관용에 대한 율법이 교회를 통해 확대될 수 있다고 보았다. 이 관점에서 보자면, 면벌부는 실질적으로 재물을 통해 가난한 자들과 교통하는, 사회 약자들에 대한 관용과 배려의 도구였다.

공포와 욕망, 하나의 유럽을 무너뜨리다

부인할 수 없는 사회적 효용에도 불구하고 면벌부는 태생 자체부터 교회 권위와 대중 욕망의 만남이라는 불안이 내포되어 있었다. 12세기 파리대학의 교사 피에르 아벨라르Pierre Abélard, 1079-1142는 당시 주교들이 성당 건축 기부를 받고 잠벌의 3분의 1 혹은 4분의 1을 면제해 주던 관행을 비판했다. 15세기 초반의 한 참회고행 지침서에는 로마를 순례하여 사도신경을 다섯 차례 암송하고 피에타상 앞에서 주기도문을 암송하면, 연옥에서 33,000년 동안 받아야 할 벌을 면제받을 수 있다고 기록되어 있다.[38]

중세 말 '망자亡者를 위한 면벌부'의 등장은 면벌부의 오남용에 직접적인 단초를 제공하였다. 본래 면벌부는 오직 살아 있는 자들의 잠벌을 면제하는 것이었는데, 15세기 이후 망자의 영혼을 위해 가족이나 친척이 면벌부를 구입하는 것이 교회에서 수용되었다. 망자를 위한 면벌부는 가장 오랫동안 신학적으로 논쟁이 제기되었다. 이와 관련하여 가톨릭교회는 일관된 입장을 보이지는 않았다. 비엔나공의회(1311)에서는 망자를 위한 면벌부를 홍보하는 면벌수사들을 탄핵했다. 그로부터 약 150년 후인 1476년, 교황

식스투스 4세는 면벌부가 죽은 자들에게까지 효력을 미친다고 공식 인정했다.[39] 다시 그 후 40년 만에 루터는 면벌부를 비판하고 종교개혁을 시작했다.

면벌부 오남용의 직접적 책임은 교회에 있었지만, 면벌 교리는 대중의 욕망과 함께 부풀어 올랐다. 어느 때고 삶과 죽음의 무게가 무겁지 않은 적은 없었다. 14세기 유럽을 초토화한 흑사병을 시작으로 종교개혁 전야, 압박해 들어오는 오스만투르크의 침공을 마주하는 유럽인들은 심리적 공황에 노출되어 있었다. 면벌부의 일탈은 진노의 날을 면하고자 하는 대중의 두려움과 이를 악용한 교회의 이해관계에서 비롯된 소산이다. 면벌부는 보화를 하늘에 쌓아 두는 가장 구체적이고 안전한 자선 행위이자, 연옥의 고통을 획기적으로 줄여 줄 가장 높은 배당이 보장된 펀드였다. 손뼉은 마주쳐야 소리가 난다. 면벌부 판매자들에 대한 비판 제기와 함께, 구입하려고 열광한 이들의 종교적 욕망도 무작정 긍정할 수만은 없다. 이것이 바로 면벌부가 초기 자본주의 형성에 기여했다는 사회사적 평가가 나오는 이유이다. 화폐경제의 발전은 면벌부 구매를 원하는 인간의 욕망을 자극했다.

절제되지 않은 인간의 욕망은 모든 관습적 도덕과 윤리의 경계를 무너뜨린다. 그 무너진 경계로 무엇이 쏟아져 들어올지도 모른 채 말이다. 논란이 가시지 않았음에도 망자를 위한 면벌부는 '대박 상품'이었다. 욕망을 매개로 대중의 요구와 자본 시장의 힘이 작동한 결과이다. 마르틴 루터가 망자를 위한 면벌부에 문제제기를 했을 때, 교황 레오 10세는 도미니크회와 아우구스티누스회 간의 해묵은 신학적 갈등으로 판단했다. 그가 놓쳤던 것은 종교의 외피를 입은 자본과 욕망의 힘이다. 루터가 살던 작센 지역에서 판매한 면벌부 수익으로 성베드로 대성당을 짓던 레오 10세는 자신의 욕망이 천 년을 지탱하던 하나의 가톨릭교회를 무너뜨렸다는 것을 언감생심 상상이나 했을까?

종교적 금욕과 자본의 욕망

중세 가톨릭이 천국 열쇠를 쥔 교회의 권위가 죽음과 구원에 대한 공포를 해결할 수 있다고 주장한 것을 볼 때, 면벌부는 교회가 고안할 수밖에 없었던 결과적 산물이라고 보아도 무방하다. 루터가 면벌부를 통해 비판한 것은 당대 교회의 오남용이었지만, 인지했든 못했든 그는 결과적으로 중세 신학의 '불안한 고리'를 끊었다.[40] 그 고리를 끊고 유럽을 나눈 것은 면벌부 자체가 아니라 면벌부를 둘러싼 교회와 대중의 욕망이었다. 만시지탄이었겠지만, 가톨릭은 면벌부 신학에 도사린 욕망을 인식했고 종교개혁 이후 면벌부를 돈으로 매매하는 것을 금지했다. 그렇지만 면벌부가 가톨릭 신학의 결과적 산물이라는 점은 변함이 없다. 개신교인들에게는 대단히 낯선 행위이지만, 언뜻 기억나는 것만 해도 직전 교황 베네딕투스 16세가 즉위 후 바티칸 광장에서 첫 미사를 집전할 때 참석한 이들에게 전대사를 선포했다. 10년 전쯤인가, 사도 바울 탄생 2,000주년을 기념하여 열린 가톨릭 청년 집회에서도 전대사가 선포되었다.

금욕禁慾은 욕망 없음이 아니다. 이 땅에서 그리스도인으로 살아가는 삶 역시 그렇지 않을까? 주어진 삶에서 하나님의 뜻을 행하고 두렵고 떨림으로 구원을 향해 나아가고자 하는 욕망이 우리의 삶을 지탱한다. 핵심은 그 욕망을 개인이 통제할 수 있는가 하는 점이다. 아니, 공교회가 그 욕망을 경고하고 자신을 지켜 주는가 하는 점이다. 적어도 오늘의 가톨릭에서 면벌부와 자본은 상관이 없다. 욕망을 종교적 어휘로 가장한 면벌부는 중단되었다.

자, 곰곰이 생각해 보자. 실제로 면벌부가 용서한 것은 내세의 잠벌이 아니라 현세의 인간 욕망이었다. 교회가 면벌부 판매의 소구점으로 삼은 것 역시 내세에 대한 공포를 매개로 하는 인간의 현재적 욕망 자극이었다. 뒤집어 말하면, 종교적 공포라는 기제와 그에 덧댄 인간 욕망의 표현이라는 점에서 면벌부는 아직 끝나지 않았다. 더욱이 화폐경제의 발달과 더불어 면벌부가 기하급수적으로 확대되었다는 사실은, 금욕의 종교와 욕망의 자본이 긴장 없이 만날 때면 언제 어디서든 유사한 괴물이 탄생할 수 있음을 보여 준다.

우리 개신교를 한번 차근히 돌아보자. 종교개혁은 구원을 이끄는 주체로서 가톨릭교회와 성직자들의 권위가 무너진 사건이었다. 종교개혁가들은 무너진 권위 위에 새로운 권위를 세워야 했다. 성경의 권위이든 성경을 해석하는 목회자의 권위이든 간에 새 것을 세운다는 것은 지난한 작업이었다. 그 어려움이 어찌 목회자들에게만 있었겠는가? 자신이 속한 지역이 갑자기 개신교 지역이 되면서 졸지에 개신교도가 된 이들이 겪었을 종교적 혼란을 상상해 보라!

중세 말 일반적인 귀족의 예를 들어 보자. 죽을 때 가톨릭교회에 기부를 하고 연옥에 있을 자신을 위해 정기적으로 기도해 달라고 유언장을 남겼는데 어느 날 갑자기 개신교인이 되었다. 이때 개신교 틀에 맞게 유언장을 바꾸고 인식을 전환하는 일이 빠르게 일어났을까? (따라서 개신교 지역에 개신교의 심성이 얼마나 정착되었는지를 알아보려면 당시의 유언장을 연구하는 것도 한 방법이다.)[41]

당연한 말이지만, 개신교가 형성되었다고 해서 인간의 현재와 내세에 대한 욕망과 공포가 사라진 것은 아니다. 개신교가 답을 내려 주지 않는다면 대중의 불안은 확장될 수밖에 없었다. 직설적으로 표현해, 가톨릭과 다르게 개신교가 더 확실하게 보장해 줄 수 있는 것은 무엇이었을까? 중세 천 년을 지배한 가톨릭 신학을 넘어 개신교 신학이 신교 지역에 빠르게 뿌리내릴 근거는 무엇이었을까? 당연히 신학적인 층위를 비롯하여 여러 층위에서 살펴볼 수 있다. 사회사 관점에서 개신교가 뿌리내리게 된 것은 근대 국가 형성과 자본주의 확대와 무관하지 않다. 개신교 설교 강단에서는 가톨릭 사제처럼 구원을 선포할 수는 없었다. 자연히 삶과 구원에 대한 두려움이 생길 수밖에 없는 지점이다. 개신교 설교자는, 하나님 앞에 단독자로 서서 그리스도를 통해 얻을 수 있다는 구원에 대한 개인의 책임을 강조하고 속된 세상을 사는 구원받은 자의 도리를 반복했다. 중세에 면벌부를 구매함으로써 심판에 대한 두려움을 떨쳐내게 됐듯, 이 땅에서의 성실하고 금욕적인 삶과 그에 따른 성취는 심판에 대한 두려움을 극복하게 했다.

또한 구원받은 자로서의 정체성을 확인받기 위해서 더욱 열심히 주어진 소명을 감당했다. 칼뱅의 본래 의도는 차치하고라도, 금욕적으로 직업적 소명을 다하는 것이 구원받은 자의 삶이라는 정신은 성실의 열매로 얻어지는 자본을 긍정적으로 수용하게 만들었다. 종교적 금욕과 자본의 욕망은 동전의 양면이었다. 중세 말 면벌부가 자본과 결합하면서 확대되었듯, 개신교도 자본주의와 사이좋게 발전했다. 획기적인 차이라면, 중세 말의 면벌부는 죽기 전에는 권리 행사가 불가능한 생명보험이지만, 근대 개신교인들에게는 현세의 복락이라는 현금화될 수 있는 전환 사채가 주어졌다는 점이다. 구원은 내세에 약속되는 것일 뿐 아니라 현세에서 확인할 수 있는 물질적인 것이 되었다.

면벌부의 심성이나 예정론의 심성은 그것이 오용될 때 한 끗 차이도 없다. 신의 예정을 받은 자로 살아간다는 것이 자본에 대한 개인의 욕망을 정당화해 주는 면벌부로 작용할 가능성은 차고 넘친다. 이 땅의 성취를 곧 신의 소명을 완성하는 것으로 보기에, 현세적 성취와 자본의 소유는 모든 문제를 정당화해 주는 면벌부 역할을 한다.

논리를 거칠게 확대해 보면, 어쩌면 대형 교회는 종교적 심판 및 구원에 대한 교회의 권위와 현실적 구원에 대한 개인의 욕망이 극적으로 만나는 장소가 아닌가 싶다. 대형 교회 목회자와 그 핵심 자리를 차지한 이들은 이미 성공을 통해 세상에서 신의 우호적인 판단을 받았다고 생각하는 자들이다. 그러므로 그들의 말을 듣고 그들의 삶을 본받는 것을 신의 호의를 얻는 좋은 방편으로 여긴다.

이렇듯 대형 교회 담임목사를 비롯한 '성공한' 내부자들의 '공로의 보고', 계좌 잔고의 자릿수는 헤아리는 이들의 탄성을 자아낸다. 그들이야말로 죄인들에게 공로를 나눠 줄 수 있는 적임자들이다. 곧 그들의 말은 범접할 수 없는 권위가 된다. 이른바 '성취한 자'들의 간증은 종교적 경외감을 준다. 심지어 그들은 자신들의 종교적 성취를 근거로 사회법이나 사회의 통상적 관념을 간단하게 무시해 버릴 수도 있다. 그 공동체 속의 무리들은 세속의 관념과 가치를 뛰어넘은 지고한 종교적 가치에 도취되어 외부의 목소리에 무신경하다. 자신들이 쌓아 올렸다고 자부하는 종교적 성취에 매몰되어 사회적 감수성을 상실해 버린 일부 대형 교회의 종교적·사회적 일탈은 이미 사회현상이 되어 버렸다.

이쯤 되면 '대형 교회 자체가 면벌부'라는 지적은 더 이상 은유나 비유가 아닌 엄연한 현실이다. 그 대형 교회가 약속하는 종교적 숭고는 대중의 욕망을 부추긴다. 정말 고민해야 할 지점은 여기에 있다. 항상 대중이 옳을 수 있을까? 대중이 면벌부를 파는 면벌수사를 경계하고, 면벌부를 욕망하는 자신을 돌아보기보다 면벌수사의 인격과 능력에 집중하는 것은 초점을 회피하는 것이다. 이는 이른바 대형 교회에 다니거나 욕망하는 대중이 던져야 할 질문이다. 반사회적 행위로 법적인 단죄와 사회적 지탄을 받은 목회자임에도 불구하고 그가 자신들의 종교적 욕구를 충족시켜 준다는 이유로 영혼을 저당 잡혀 준 이들은 더 이상 자유의지를 지닌 시민이 아니다.

자각이 있는 시민들은 항상 옳다. 자각하지 않는 대중은 항상 틀릴 수도 있다. 근대 자본주의와 개신교가 절묘하게 포착한 것은 대중의 발견이다. 근대 교회사에서 교회의 운동이 진지하게 민중을 향하고 조직화한 대표적인 사례로 존 웨슬리의 메소디스트운동을 들 수 있다. 감리교는 민중 의식을 가진 이들을 교회에 끌어들였다. 교회 내에서조차 계급의식이 투철했던 유럽에서 이 운동은 혁명이었다. 이는 미국의 대각성운동이라는 종교적 대중운동으로 진화되었다. 하지만 종교적 색채를 빼고 담백하게 그려 본다면, 이것은 대중의 자본 욕망과 뒤엉켜 상승작용을 일으킨 운동으로 변질되었다.

　길지 않은 한국 개신교의 경험에서도 유사한 사례를 찾을 수 있다. 1960-1970년대 여의도순복음교회가 조직해 낸 소외되고 가난한 대중은 적어도 현세에서 구원의 축복을 누렸다. 그러나 어느 순간 집단적으로 축복에 빠져 긴장을 놓쳤을 때 집합적인 의미에서 그 교회는 건전한 시민의식을 형성하는 데 실패했다.[42] 그들은 자신들의 문법으로 구성한 우중이 모인 사회 속에서 스스로 발부한 '면벌부'를 쥐고 있다.

　대중은 왜 사회적 문법에 맞지 않는 대형 교회와 그 목회자들에게 종속될까? 그들과 같은 차원으로 올라서고자 하는 자각하지 못하는 욕망이 있는 것은 아닐까? 그렇다면 대형 교회 현상은 종교사회학뿐 아니라 정신분석학의 대상이다. 내세와 종교를 가장한 현세의 욕망의 표현은 자신을 객관적으로 성찰하지 못하게 한다. 점차 그 대상의 권위에 무한 종속된다. 종교적 자유인으로 시작했지만 자유의지로 노예가 될 수 있다.

　이러한 차원에서 성찰 없는 신앙과 사이비 종교에 몰입하는 현상은 큰 차이가 없을 듯하다. 핵심은 이론체계가 아니라, 신앙을 성찰하고 사유할 힘이 개개인에게 있느냐 하는 것이다. '긴장성 부동화tonic immobility'라는 개념이 있다. 본래 곤충, 파충류, 포유류 등 다양한 종이 자신의 포식자를 만났을 때 몸이 굳는 현상을 의미했다. 그런데 성폭행을 당한 피해자가 가해자 앞에서 저항의 흔적을 보이지 못한 이유를 의학적으로 설명하는 데 이 개념이 적용된다고 한다. 당연히 저항할 것 같은 상황임에도 압도하는 공포로 인해 몸이 굳어 움직이지 못한다는 것이다. 어쩌면 이러한 병리가 엄연한 부정과 문제를 알고 있으면서도 현실을 냉정하게 직시하지 못하고 벗어나지 못하게 만드는 원인 중 하나가 아닐까.[43]

현세와 다음 생에 대한 메시지를 전하는 목회자 한 사람의 입에 수천수만의 눈과 귀가 몰입하는 압도의 현장에 적응한 이들에게 긴장성 부동화가 없다면 그게 오히려 이상한 일일 것이다. 면벌부, 대형 교회, 권위와 욕망 그 자체가 문제될 것이 아니다. 신앙 자체가 하나님께 대한 갈망이고 욕망일 수 있다. 그러나 욕망이 잘못된 권위에 의해 오도될 때 욕망하는 자를 삼켜 버릴 수 있다.

하나님의 종이라는 목회자의 권위, 이미 주의 종의 인도와 발자취를 따라 성취했다고 주장하는 자들과의 교통, 그리고 그런 성취를 이루기 위해 절제하고 노력하는 삶, 그것이 우리의 신앙생활을 이끄는 힘이라면 우리는 이미 면벌부의 필요충분조건은 다 갖춘 셈이다. 우리가 마주하는 삶의 불확실성과 두려움은 하나님의 은총으로 직면해 나가는 것이지, 제도 교회가 약속하는 면벌부로 이겨 낼 수 있는 것이 아니다. 우리의 욕망을 신의 은총이라는 종교적 외피로 가리는 것 역시 21세기의 면벌부와 다름없다.

이제는 두려움 대신 믿음을 갖고 조금은 더 주체적이 되어야 한다. 더불어 내면의 욕망을 직시하고 성찰하는 힘을 길러야 한다. 그것이 손쉬운 성취를 약속하며 다가오는 면벌부의 유혹을 이겨 내는 힘이다.

다시 출발점에 서며

유럽인들에게 종교개혁 500주년은 기념할 만한 '과거'의 사건
이다. 루터에 대한 그들의 관심은 해가 지나면 다시 역사 속으로
사라지는 것이다. 그러나 한국의 상황은 다르다. 누구나 다 인정
하듯 한국 사회에서는 기독교의 위기가 진행형이기 때문이다.

개인적으로는 지난 종교개혁 500주년이 사람들에게 종교개혁
에 대한 잘못된 이해를 강화하는 데 일조했다는 아쉬움이 있다.
16세기 유럽이라는 지형도에서 펼쳐진 유럽사의 사건을 비텐베
르크의 한 사람의 행위로 환원하는 것은 종교개혁 발생뿐 아니라
그 이후 전개된 종교 지형의 특성을 왜곡시킨다. 종교개혁이 일어

나게 된 혹은 일어날 수밖에 없었던 콘텍스트를 읽지 못하면 종교개혁이 성취한 것에 대해서도 잘못된 이해를 낳는다.[44]

종교개혁 500주년을 지나오면서 이런저런 아쉬움이 있지만, 교회개혁에 대한 관심이 이벤트로 끝나서는 안 된다는 조급함이 더 크다. 시간이 지나면 언제 그랬냐는 듯 루터는 관심 밖으로 사라질 것이기 때문이다. 그럼 어떻게 출발해야 할까? 이제는 루터를 떠나보내고 다시 그림을 그려야 한다. 종교개혁이라는 사건의 현재적 의미를 더 분명하게 알려면 종교개혁 당시 유럽의 서사 구조를 살펴야 한다. 종교개혁이 주는 함의는 제2, 제3의 불행한 루터를 만들지 말고 교회가 스스로 개혁해 나갈 토대를 마련하자는 역설이다. 그렇지 않고 영웅 한 사람에 기대어 역사를 해석하는 것은 루터를 기억하는 참된 방식이 아니다.[45] 루터 너머의 것을 읽지 못한다면 여전히 면벌부 팔던 시절의 가톨릭을 소환해 오늘 우리 실상에 대한 정당성의 근거를 찾는 시대착오를 극복할 수 없다.

근대, 교회와 국가의 관계 재설정

16세기 종교개혁을 가져온 핵심 중의 하나는 국민국가의 등장과 민족의식의 성장이다. 이것이 루터나 칼뱅, 츠빙글리의 종교개혁뿐 아니라, 뜬금없이 벌어진 듯한 헨리 8세의 종교개혁의 이유를 설명해 준다. 모국어로 성경이 번역되고 모국어 경건서적들이 늘어나면서 하나의 가톨릭이 다양한 성격으로 분화된다.

'백년전쟁'으로 알려진 프랑스와 잉글랜드의 전쟁이 프랑스와 잉글랜드라는 민족의식을 자각하게 만들었다. 잉글랜드 왕조는 1066년 프랑스에서 건너간 노르망디 공작 윌리엄이 세운 왕조이다. 초기 잉글랜드 왕들은 프랑스에 영토를 소유하고 그곳에 살았다. 잉글랜드에 실제로 살다 죽은 최초의 왕은 대헌장으로 유명한 존 왕이다. 왕실이나 귀족은 프랑스어를 사용했다. 15세기까지 잉글랜드의 왕실 문서나 재판 문서는 라틴어와 프랑스어로 되어 있었다. 그런 와중에 백년전쟁을 치르면서 민족의식이 자라났다고 알려진다.

1309년부터 1377년까지 로마 교황청은 프랑스 왕의 압력에 의해 프랑스 아비뇽으로 교황청을 옮기게 된다. 최초의 인문주의자라고 불리는 페트라르카Francesco Petrarca, 1304-1374는 이를 두고 '교회의 바벨론 유수'라고 했다. 그리고 1378년 이후 로마와 프랑스 아비뇽에 교황이 각각 세워진다. 급기야는 동시에 3인의 교황이 나타나기도 했다. 1414년 이를 해결하기 위해 콘스탄츠공의회 (1414-1418)가 열린다. 하지만 이 공의회에서 주목할 것은 따로 있다. 공의회에서 대립하는 교황들을 폐위하고 새로운 교황을 선출하는 방법이었다. 보통 교황은 추기경단이 '콘클라베'라는 방식으로 선출한다. 그런데 이때는 달랐다. 추기경단이 이탈리아와 프랑스 양 국가의 성직자들로 대부분 구성되어 있다 보니 유럽 전체의 의사를 왜곡할 수 있었다. 그래서 추기경단 대신 '국민단nation' 이라고 불리는 각 국가의 대표가 교황 선출에 참여했다. 그 결과, 이탈리아인 교황 마르티누스 5세가 선출되었다.

이 공의회는 교황이 유럽 세계의 최상위 지배권을 상실했다는 확정판결이었다. 이후부터 교황은 유럽 세계의 통치자가 아닌 이탈리아 반도의 군주로서 세속적 지위를 강화하고자 노력한다. 그 후 율리우스 2세처럼 전쟁에 참여한 뒤 로마 황제의 개선식을 한 교황이 있었는가 하면, 가톨릭교회와 맞지 않아 보이는 세속 예술의 르네상스를 적극 지원하는 이른바 '르네상스 6인'이라 불리는 교황들이 등장한다.

이탈리아 반도의 통치자라는 자의식은 어디에서 증명될까? 마르티누스 5세 이후 종교개혁기 전후로 에스파냐와 네덜란드 출신 교황 두 명을 제외하고는 무려 455년간 이탈리아 사람만 교황으로 선출되었다. 1978년에 와서야 폴란드 출신의 요한 바오로 2세가 선출된 후 잇따라 독일과 아르헨티나 태생의 교황이 탄생했다. 이는 제2차 바티칸공의회(1962-1965) 이후 가톨릭 변화의 상징과 같다. 우리가 오늘날 보는 가톨릭은 가톨릭 역사에서 유례가 없는, 전혀 다른 종교라고 해도 지나치지 않다.

종교개혁 100년 전에 이미 가톨릭교회가 국가를 지배하던 역할이 끝나고 개별 국가가 종교문제를 주도하는 시기로 접어들었다. 루터를 기준으로 시대가 변한 것이 아니라는 것이다. 종교의 관점에서 볼 때 종교개혁의 영향으로 가톨릭과 개신교로 분열되었다는 것은 틀린 말은 아니지만, 그렇게 보면 해석되지 않는 부분이 많다. 분화되지 않은 가톨릭은 여전히 교황이 중세 때와 같은 세력을 유지했을까? 그렇지 않다. 어쩌면 종교개혁의 핵심은 가톨릭과 개신교의 분열이 아니다. 핵심은 근대사회가 열리면서 생긴 '교회'와 '국가' 사이의 관계 재정립이다. 가톨릭과 개신교 모두 새로운 근대 세계 속에서 국가 세력과의 관계에 대해 동일한 고민을 떠안게 되었다. 우리가 흔히 생각하는 가톨릭과 개신교의 대립 구도를 넘어선다. 이 구도에서 보자면, 루터가 가톨릭 교황과 결별한 것은 상징적 사건에 불과할 수 있다.

위로부터의 개혁, 가톨릭을 다시 보자

종교개혁과 함께 유럽의 지형도에서 교황 중심제는 막을 내렸다. 보름스회의(1520)에 루터를 소환했던 신성로마제국 카를로스 5세는 독실한 가톨릭교도였다. 하지만 그는 자신에게 대적했던 교황 클레멘스 7세에게 보복하기 위해 1527년 로마 라테란 교황 궁전에 침입하여 궁전을 마구간으로 사용했다. 로마 가톨릭 교황의 위상은 군림하는 군주가 아니라 입헌군주제의 군주쯤으로 전락했다.

일반적으로 알려진 신화는, 개신교는 개혁을 했고 가톨릭은 반동적이었다는 것이다. 하지만 실제 가톨릭과 개신교는 개혁의 경쟁자였다. 가톨릭은 내부 개혁을 했다. 중세부터 위기의 시기마다 위로부터의 개혁*reformatio in capite et in membris*에 성공했다. 예수회가 등장하고 트리엔트공의회(1545-1563)가 개최되면서 가톨릭은 효율적으로 체제 유지에 성공한다. 개신교에서 자극받은 '반동-종교개혁'이라고 부르건 '가톨릭 종교개혁'이라고 부르건, 분명한 것은 가톨릭이 세계사에 또 다른 전환을 가져왔다는 것이다. 가톨릭 지역은 안에서 잃은 것을 밖에서 회복할 수 있었다. 잉카 문명을 파괴한 정복자 피사로Francisco Pizarro, 1475-1541 같은 자도 가톨릭을 전파했지만, 영화 〈미션〉에 그려진 것처럼 남미 대륙에서 포르투갈의 제국주의에 대항하는 스페인 예수회 선교사의 모습도 역사적인 사실이다. 1648년, 독일의 신구교 사이에 '30년 전쟁'이라는 종교전쟁이 끝나고 베스트팔렌조약이 체결되었을 때 놀랍게도 유럽에는 개신교 지역보다 가톨릭 지역이 더 많았다. 종교개혁이 지고의 선이라면, 1648년의 종교 지형도는 쉽게 납득하기 어렵다. 근대 세계의 가톨릭 에스파냐, 가톨릭 프랑스의 발전을 뭉뚱그려 무시하는 것이 적절한 것일까?[46]

물론 일정 정도 내부 단속을 위해 외부의 적을 상정하는 전략은 불가피하다. 루터는 말할 것도 없고, 모든 개신교 국가에서는 교황에 대한 반감을 표출했다. 칼뱅 같은 경우는 제네바 성경의 난외주marginal note를 강한 반가톨릭적인 내용으로 채웠다. 내부적인 신학적 체계를 다지기 위한 목적도 있는 반면, 스위스 산악 지대의 가톨릭 칸톤canton(스위스의 지역을 나눈 주)을 대상으로 한 프로파간다이기도 하다. 잉글랜드 내에서도 종교개혁 이후 명쾌하게 개신교 노선을 걷지 않는 국왕들 때문에 개신교도들은 강력하게 반교황주의의 색깔을 드러냈다. 특히 잉글랜드 같은 경우는 에스파냐의 무적함대와 해상 주도권을 놓고 다투고 있던 터라 '가톨릭 에스파냐'는 외부의 적과 싸우기 위해 국민의식을 하나로 묶는 데 효과적이었다. 에스파냐 무적함대와의 승리를 잉글랜드 개신교의 프로파간다의 승리라고 부르는 것도 이러한 이유 때문이다.[47]

지금도 한국 개신교에서는 교단 총회 때마다 가톨릭을 이단이나 이교로 지정하느니 마느니 하며 다툰다. 가톨릭은 긍정적 의미이건 부정적 의미이건 역사 속에서 끊임없이 탈바꿈했다. 그런데 개신교는 여전히 면벌부 판매하던 시절의 가톨릭을 그려 놓고 적으로 상정하며 적대감을 부추기고 있다. 가톨릭을 타락의 상징이자 구원이 없는 종교로 전락시켜 왔다. 루터의 가톨릭에 대한 대응이 진리여야 했고, 칼뱅은 모두 옳아야 했다. 이는 여전히 대부분의 한국 교회가 지속하고 있는 프로파간다이다. 이쯤 되면, 우리가 지금 이해하고 있는 종교개혁 구도가 얼마나 역사적 정당성이 미약한 진영 논리인지 알 수 있다. 루터를 통해 확대하고 강화해 가는 이러한 식의 관념은 개신교의 건전성에 전혀 도움을 주지 못한다. 한국 개신교의 존재 의미는 적대적 공생관계 같은 느낌이 든다. 가톨릭, 자유주의 신학, 친북좌파, 페미니즘, 이슬람, 동성애 등등 시기마다 새로운 적들을 등장시킨다. 그리고 그 정당성의 근거로 종교개혁의 가치를 지켜 낸다는 명분을 끌어들인다. 이처럼 진지한 고민 없이 가상의 적을 만들어 자신의 존재 의미를 확인하고자 하는 것은 부끄러운 일이다.

국가교회, 정치의 신성화

국민국가가 형성되면서 교회와 국가의 관계는 재정립되어야만 했다. 이것이 왜 중요할까? 종교개혁자들은 종교의 가르침이 국가의 지도 이념이 되는 교회국가를 꿈꾸었다. 칼뱅이 제네바에서 모범으로 제시했던 것이고, 잉글랜드의 청교도가 국왕을 죽이면서 성취하고자 했던 목표이다. 하지만 근대 세계는 국가가 종교를 결정하는 국가교회로 탈바꿈했다. 가톨릭과 개신교 지역 모두는 국민국가라는 절대상수 앞에서, 국가에 부속하는 종속변수로 자리 잡아 갔다.

중세 천 년이 종교 지배의 시대였다고 한다면 종교개혁 이후 2세기는 그 시계추가 국왕이 절대적인 권한을 행사하는 것으로 크게 회전하게 된다. 이 과정에서 국가의 종교 지배를 정당화해 주는 이데올로기들이 생겨났다. 파시즘을 연구한 이탈리아 역사학자 에밀리오 젠틸레Emilio Gentile는 전통적 종교의 권위가 붕괴한 근대에 세속 군주가 종교적 권위로 떠오르게 되는 정치의 신성화가 일어났다고 보았다. 정치의 신성화는 결국 프랑스혁명 이전에

유럽의 절대왕정을 낳았고, 그 후에는 근대 말의 파시즘으로 변형되었다.[48]

유럽 중세에는 '왕의 안수royal touch'라는 관습이 있었다.[49] 영국과 프랑스에서 주로 행해지던 행위로, 왕의 생일에 거리의 병자들에게 기름을 붓고 손을 대면 병이 낫는다는 것이다. 가톨릭 프랑스 왕도, 국교회 영국 왕도 이를 행했다. 왕의 안수는 근대 절대왕정의 상징적인 사건이 되었다. 심지어 이 관행은 프랑스혁명 전후에도 발견된다. 이는 국왕의 지위가 성직자의 지위로 격상되었음을, 아니 성직자를 대체했음을 보여 준다. 절대왕정 시대에 국왕은 신 외에는 누구에 대해서도 책임을 지지 않았다. 중세의 칠성사에도 성직자 서임식은 들어가 있지만 왕의 대관식은 없었다. 상징적인 변화이다. 자크 루이 다비드Jacques-Louis David, 1748-1825가 그린 〈나폴레옹 1세의 대관식〉은 국가권력이 교회권력을 압도한 극적인 장면을 보여 준다. 제목과 달리 황제의 대관 장면은 나오지 않고 나폴레옹이 왕관을 들어 아내 조세핀에게 씌워 주려고 하고 있다. 이 작품은 본래 나폴레옹이 스스로 왕관을 들어 쓰고, 교황은 그 뒤에서 손을 모으고 조신하게 앉아 있는 모습으로 스케치되어 있었다.

유럽 교회에는 근대 세계에 적응하는 경험이 있었다. 가톨릭과 개신교 모두에게 근대는 낯선 미지의 세계였다. 17, 18세기 형성된 절대왕정에서 교회는 국가와의 관계 속에 때로 수동적일 수밖에 없던 적도 있었다. 여기서 초점은 무엇일까? 아마 절대왕정기의 국가가 교회를 탄압한 사례를 보며, 오늘날 종교인 과세 등도 국가가 교회를 말살하려는 시도라고 주장하고 싶은 이들도 있을 것이다. 교회가 세속사회에 큰 영향력을 지녔던 시기를 그리워하는 사람들의 입장에서 보자면, 충분히 그럴 법도 하다. 하지만 우리는 이란처럼 대통령 뒤에 실세 종교 지도자가 모든 것을 결정하는 사회를 건강한 근대라고 보지 않는다. 근대 교회 역사에서 중요한 점은, 변화된 근대국가의 상황에서 교회가 그 사회가 필요로 하는 문법에 어긋나지 않게 종교적 역할을 감당했다는 것이다. 절대왕정은 붕괴되었지만, 교회는 붕괴되지 않고 근대 세계를 관통했다. 복음의 가르침에 근거한 사회적 역할을 발굴해 냈고 그 역할을 수행했다. 노예무역 금지나 인종차별 금지, 사회 구제 및 선교 등에 앞장선 교회의 모습은 근대의 체제 속에 안착한 종교의 모습이다.

'지적 게으름'을 넘어서

오늘 누구도 종교가 지배하던 중세 유럽을 이상적인 사회라고 보지 않는다. 현대 세속사회 속에서 종교가 특수성만을 앞세우고 사회적 이슈를 비껴가는 것은 바람직하지 않다. 교회 세습에 대해 '세상이 간섭할 수 없는 하나님의 일'이라는 내부자의 논리는 설득력을 가질 수 없다. 우리가 근대 교회, 더 나아가 근대사회를 공부해야 하는 이유도 기독교라는 종교가 21세기에도 한국 사회의 게토가 아니라 당당한 구성원으로 자리매김할 수 있는 통찰을 얻기 위함이다. 한국 사회도 그렇지만 개신교 역시, 근대라는 세계가 던져 준 물질적이고 구조적인 체제에는 쉽게 적응했으나 그 체제가 자리 잡기까지 형성기에 겪었던 고민들은 크게 경험하지 못했다. 여전히 한국 개신교는 자신들이 초대교회로부터 하늘에서 떨어진 신령한 집단이라는 허황된 자기 최면에 걸려 있다. 물론 특수하긴 하다. 과세를 해야 하느냐 세습을 어떻게 막아야 하느냐에 대해서도 고민이 많은데, 하나님의 음성을 직접 듣는 것이 맞느냐 아니냐 역시 논쟁해야 한다. 이것이 되었건 저것이 되었건, 교회 밖 사람들은 쉽게 이해하기 어려운 논의들이 너무도 심각하고 진지하게 이루어지는 것이 현실이다.

내가 고민하는 구도는 명료하다. 21세기에 교회가 한국 사회 문법에 어떻게 적응할 수 있을까 하는 것이다. 냉정하게 보자면, 우리 개신교회는 아직 한국 사회의 일원으로 편입되지 못하고 있다. 이제야 비로소 한국 사회와 어떻게 건전하고 바람직한 상호작용을 할 것인지 고민하는 시점에 있다. 어쩌면 유럽의 교황 주도 가톨릭 체제가 무너진 후 오랜 기간을 거쳐 형성된 국가와 교회의 관계에 대한 고민을 우리는 이제 시작한 셈이다.

대형 교회 세습이나 종교인 과세 문제에 대한 기득권 및 주류 목회자들의 인식 수준은 천박하기 그지없다. 적어도 오늘 이 시점에서 한국 사회에 해악을 끼치는 이들은 친북좌파도 아니요, 친이슬람도 아니요, 친동성애자들도 아닌 바로 기득권에 싸여 있는 종교인들일 수 있다. 그들은 끊임없이 예외를 요구한다. 교회와 사회는 다르다고 한다. 특별대우를 해주지 않으면 교회 탄압이라고 대응한다. 마치 중세 가톨릭이 무너진 후 종교 우위가 사라진 시점에서 16세기 개신교나 가톨릭 모두 당황하며 겪어야 했던 중세 말의 현상을 오늘 한국 교회가 직면한 듯하다.

그렇기 때문에 교회의 역사를 인류사회에 존재했던 한 제도로서 담백하게 바라보고 공부한다면 훨씬 많은 통찰을 얻을 수 있다. 오늘 사회 속에서 교회가 부딪치는 사회적 갈등이 교회를 파괴하는 문제인지, 최소한 교회의 안전성을 담보할 문제인지는 한 걸음 떨어진 시각에서 바라보면 답이 나온다. 우리가 전태일 열사나 박종철 열사의 삶을 기억하고 기념하는 이유는 그들의 삶과 죽음이 영웅적이었기 때문만은 아니다. 그들이 목숨과 바꾸어 이루어 내고자 했던 그 너머의 세계를 우리가 어떻게 실현하고 있는지 돌아보고 성찰하기 위해서이다. 이것이 이제 루터를 내려놓아야 하는 이유이다. 루터에게만 천착하면 당대 에스파냐나 포르투갈의 번영을 이해할 수 없다. 가톨릭의 회복을 읽어 낼 수 없다. 근대사회를 살아 냈던 교회의 수고를 간단하게 건너뛰어 무작정 오늘에 대입하게 된다.

종교개혁 정신을 21세기에 소환해서 모범으로 삼는 것은 편리하고 그럴 듯해 보이나 언론인 김어준의 표현을 빌리면 '게으른' 시각이다. 부지런한 것 같으나 그 너머의 맥락에 무관심한 게으름이다. 문제는 이런 시도가 통한다는 것이다. 예능 프로그램 〈나는 가수다〉가 불편했던 이유는, 사람들이 이미 '눈물 흘릴' 준비를 하고 노래를 기다린다는 데 있다. 김어준은 그 코드를 읽었고, 단 두 번을 제외하고는 모두 1등을 맞추었다고 한다. 우리는 루터에 대해서도 그런 면이 있다. 역사적 맥락과 무관하게 루터에게서 모든 선한 것이 나왔고 충분히 은혜롭다고 선포하면, '아멘'으로 화답할 사람들이 끝없이 늘어서 있다.

지적 게으름은 배움에 대한 열정이 없거나 독서에 대한 실천이 없음을 의미하지 않는다. 주어진 것을 비판적으로 여과하는 능력을 갖추지 않는 것이 게으름이다. 이제 그 너머의 의미를 캐내는 수고를 해야 한다. 인문학적 접근이란 우리의 시각에서 시작하지 말고 외부의 시각에서, 큰 그림에서 다시 좁혀 들어와 보자는 것이다. 한국 교회의 개혁을 위해서 루터에게 집중한다고 해서 답이 나오지는 않는다. 개혁의 '정신'에 집중하는 것도 답이 아니다. 사상을 참조할 수는 있으나 21세기 문법에 맞게 만들어 가는 것은 오롯이 우리가 오늘의 콘텍스트와 씨름하면서 해야 할 일이다.

시대의 문법을 찾아서

불편할 지점일 수 있으나 한번 짚어 보자. 〈JTBC 뉴스룸〉에서 손석희 앵커가 인용한 표현이다.

교회는 그리스로 이동해 철학이 되었고

로마로 옮겨 가서는 제도가 되었다.

그다음에 유럽으로 가서 문화가 되었다.

마침내 미국으로 왔을 때 교회는 기업이 되었다.

… 교회는 한국으로 와서는 대기업이 되었다.

위 인용문의 함의는 교회가 본질을 놓쳤다는 한탄이다. 물론 본질이 철학, 제도, 문화, 기업은 아니다. 하지만 교회가 각각의 콘텍스트에서 각각의 상황에 맞게 자리매김을 했다는 것은 그 시대의 맥락에 부합했다는 것이다. 간단한 말 몇 마디로 한국 대형 교회를 없앨 수는 없다. 그 공이나 과가 어떠하든 한국의 20세기라는 시공간 속에서 활발하게 구현되었기 때문이다. 20세기 맥락에서 대형 교회가 수행한 시대의 역할을 간단하게 부인하고 조소의 대상으로 삼는 것도 바람직하지 않아 보인다.

여기서 던져야 할 질문은 과연 21세기의 한국 교회가 그리스의 철학이 이루었던, 로마의 제도가 성취했던, 유럽의 문화가 꽃피웠던 독자적인 기독교를 20세기 구조의 틀 안에서 만들어 낼 수 있겠느냐는 것이다. 만약 그렇다면 우리가 대형 교회의 구조를 인정하지 못할 이유가 없다. 그렇지 않다면 21세기 대기업으로 남은 한국 교회에 어떠한 아름다운 세대교체는 없다. 건강한 대형 교회도 없다. 사라져야 할 부조리이자 퇴행일 따름이다. 적어도 한국 교회가 안고 있는 문제는 대체로 주류 교회가 시대의 문법을 읽지 못하거나 읽고자 하지 않기 때문에 생긴다. 그 도피처로 제한된 경전 텍스트에 자신을 가두고 붙잡고 씨름한다. 그러나 시대의 콘텍스트에 대한 고민에 기반을 두지 않을 경우, 루터도 칼뱅도, 심지어 성경 텍스트도 해답을 줄 수 없다.

그러기에 꾸준히 적을 만들면서 자신의 존재를 정당화해 온 얇은 역사인식의 한계를 넘어서야 한다. 부끄럽다고 계속 아닌 척할 수는 없다. 이제는 방식을 바꿀 때도 되지 않았는가? 이제 긴 마라톤의 출발점에 서야 한다. 바짝 정신을 다잡고 꼼꼼하게 교회와 사회를 읽어 나가는 작업을 해야 한다. 역사적인 면에서 보면 종교개혁은 교회와 국가, 교회와 사회의 새로운 관계 정립이다. 모든 것을 신앙과 신학의 문제로 환원하지 말아야 할 것이다.

02

한국 교회를 넘어서
보편 교회를 고민하다

프레시디오 모델로 감옥 내부

간수 한 사람이 모든 죄수를 지켜볼 수 있는 파놉티콘의 구조처럼, 설교단에 서면 모든 청중이 한눈에 보이게 설계된 근대 교회의 내부 구조는 담임목회자의 설교를 효율적으로 전달하는 것을 목적으로 한다. 개신교회 설교단은 청중들이 설교자에게게만 집중하도록 만들어져 있다. 109쪽

조르주 퐁피두 국립 예술문화 센터 외관

반면, 프랑스의 퐁피두센터같이 건물의 안과 밖을 뒤집어 놓은 포스트모던 건축은 더이상 파놉티콘과 같은 효율과 구조를 추구하지 않는다. 이것은 각각의 서로 다른 개체가 그 자체로 가치를 지닌다는 사실을 암시한다. 111쪽

한국 교회의 '예외적 정상'

여러 해 동안 명확하지 않고 어중간하게 행동하던 목사 '하나'가 결국 일을 내면서 기독교계뿐 아니라 사회적으로도 크게 이슈가 되었다. '내 그럴 줄 알았다'는 식의 냉소도 불편하지만, 솔직히 지금껏 진행된 대응들이 얼마나 전향적인 결과를 냈는지 모르겠다. 단도직입적으로 물어보자. 명성교회 세습이 예외적 사건인가, 아니면 한국 교회 정서에서 늘 그래 왔던 일반적 사건인가? 물론 등록 교인 10만 명을 넘는다는 그 교회의 규모를 생각할 때 충격의 강도가 큰 것은 이해하지만, 결코 예외적인 사건은 아니다. 불편해도 이 세습은 한국 교회의 '예외적 정상exceptional normal'

— 106

을 보여 주는 사례임이 명백하다.

'예외적 정상'은 에도아르도 그렌디Edoardo Grendi, 1932-1999가 포스트모던 시각으로 역사학을 이해하는 개념으로 상정한 것이다.[1] 매우 예외적이고 비정상적으로 보이는 한 사건이, 실제로는 당대의 보편적 정서와 정신을 가장 잘 나타내는 사건이라는 의미이다. 예를 들자면, 영화 〈택시운전사〉에서 평범한 택시기사 김사복이 목숨을 걸고 광주행을 택한 결정은 분명 예외적인, 따라서 비범한 행동으로 평가될 수 있다. 하지만 김사복의 행동은 적어도 사회정의에 대한 그 시대 보편적인 사람들의 갈망을 대표하는 정서이기도 하다. 그렇기 때문에 그의 행위는 예외적이지만 지극히 정상적인 것이다.

명성교회 세습 역시 예외적으로 보일지 모르나 실은 한국 교회 구조 속에서 일반적으로 늘 일어날 수 있는 사건으로 봐도 무방할 것 같다. 이 사건이 예외적이라면 해결책 역시 명확할 것이다. 하지만 진짜 문제는 김삼환 목사의 아들이 아닌 제3자가 담임으로 온다고 한들 그 교회가 안고 있는 구조는 변함이 없다는 점이다. 물 타기 하려는 얘기가 결코 아니다. 명성교회 세습은 그것대로 비판하고 대응책을 마련해야겠지만, 그와 더불어 이제는 좀 더 근원적인 담론을 공론의 장으로 끌어내야 한다.

자본주의의 효율성에 최적화된 근대 교회

교회는 분명 세속을 초월하는 조직이지만, 결코 세속을 등지고
는 존재할 수 없다. 제도로서의 초대교회·중세 교회·종교개혁기
교회·근현대 교회는 고대 로마와 지중해 세계, 중세 유럽, 근세
유럽과 현대 세계라는 토대에 뿌리를 내렸다. 그리고 그 시대의
산물로서 시대에 부합하는 역할을 했다. 그렇기에 초대교회와 오
늘의 교회가 결코 같을 수 없다. 같아서도 안 된다. 교회는 정신
적·영적으로는 지향하는 이상이 있지만, 제도로 구현되는 것은
오롯이 그 시대의 콘텍스트 내에서다.

그러므로 교회의 구조, 좀 더 세부적으로는 '근대 교회' 자체에
대해 문제제기를 해야 한다. 교회 규모가 어떠하든 오늘의 교회는
근대 체제의 산물이다. 대형 교회는 근대 자본주의의 종교적 결정
체이다. 근대의 자본주의 등장과 발달, 한계와 함께 근대 교회도
생성·발전하고 한계를 맞고 있다. 근대사회를 자본과 진보에 대
한 무한대의 욕망으로 규정해도 무방할 것이다. 근대의 모든 관심
은 이성과 합리를 활용한 효율의 극대화이다.

최대 다수의 최대 행복을 추구한 공리주의자 제레미 벤담Jeremy
Bentham, 1748-1832이 가장 효율적인 죄수 관리를 위해 원형감옥 파
놉티콘을 설계한 것은 결코 우연이 아니다. 미셸 푸코Michel Foucault,
1926-1984가 근대성의 상징으로 상정한 군대·학교·병원의 구조는
효율성을 위한 규율과 통제를 근간으로 한다.[2] 근대 교회는 바로

이러한 군대·학교·병원의 기능을 모두 갖고 있는, 근대에 최적화된 조직이다. 따라서 근대 교회는 가장 효율적인 동시에 자본 집약을 통해 확장할 수 있는 조직이었다.

물론 기독교 내부의 관점에서 볼 때, 이러한 효율성이 위대한 선교의 시대를 열었다는 결과를 부정할 수 없다.[3] 그럼에도 근대 교회의 구조가 효율성에 최적화되어 있다는 사실이 갖는 함의를 간파할 필요가 있다. 담임목회자를 정점으로 하는 뚜렷한 위계질서를 바탕으로 일련의 세부적인 소그룹이 구성되어 효율적으로 교회의 철학과 지향이 공유되는 방식이다. 마치 간수 한 사람이 모든 죄수를 지켜볼 수 있는 파놉티콘의 구조처럼, 설교단에 서면 모든 청중이 한눈에 보이게 설계된 근대 교회의 내부 구조는 담임목회자의 설교를 효율적으로 전달하는 것을 목적으로 한다. 개신교회 설교단은 청중들이 설교자에게만 집중하도록 만들어져 있다. (파놉티콘과 오늘날 교회당 내부 구조는 놀라울 정도로 닮았다.)[4]

이른바 대형 교회가 만들어질 때 담임목회자의 설교와 (카리스마) 리더십이 큰 요인으로 작용한다는 것은 담임목회자를 정점으로 하는 개교회 이데올로기가 형성되기에 충분한 조건이 된다. 이를 단순하게 표현하자면, 하나님의 은혜 가운데 성장한 '우리 교회'를 반대하는 일은 하나님께 대적하는 것이 된다. 그러나 이러한 효율 중심의 수직적 구조는 다원화되고 다양화된 수평적 구조를 지향하는 탈근대와 충돌할 수밖에 없다. 이런 상황에서 우리는 대형 교회 목회자들에게 이 구조를 뛰어넘는 선의를 발휘해 주기를 기대하고, 그 기대를 저버리면 초대교회 정신, 종교개혁 정신을 잃어버렸다거나 물질과 탐욕에 굴복했다면서 정서적으로 호소한다. 그러나 다시 말하지만, 근대 교회는 인간의 욕망을 무한대로 긍정하는 효율적인 자본주의 체제 위에서 나고 자랐음을 잊어서는 안 된다.

'사회적 책임'이 필수인 탈근대의 종교

이제 우리는 조금 더 냉정해져야 한다. 자본은 눈물이 없다. 결코 스스로 절제하거나 선의를 베풀지 않는다. 집요하게 그 체제를 파고들어 공격하고 제어해야 할, 길들여지지 않은 맹수이다. 오늘의 세상은 자본주의를 길들이기 위해 반성적으로 성찰하고 있다. 자본주의를 종교로 삼고 있는 기업도 예외는 아니다. 한 세대 전만 해도 경영학에서는 기업 및 이해관계자의 이윤 추구를 기업의 최고 덕목으로 가르쳤다. 하지만 이제는 그에 못지않게 '기업의 사회적 책임corporate social responsibility'이 강조된다. 사회적 책임을 지지 않는 기업은 소비자의 불매운동 등으로 한순간에 외면을 받게 된다. 이제 기업의 사회적 책임은 선택이 아니라 지속 가능성을 담보하기 위한 필수 요소이다. 하지만 교회는 사회적 책임보다는 소위 '잃어버린 영혼을 구원한다'는 당위로 교회의 반사회적 행위를 정당화하고 있으며, 사실상 이 레토릭으로 교회의 여러 문제를 효과적으로 슬그머니 덮어 버린다.

탈근대의 자본주의가 사회적 책임을 강조한다면, 탈근대의 종교 역시 사회적 책임을 향해 나아가야 한다. 대형 교회 세습은 교회가 담당할 사회적 책임과 공공성은 외면하고 교회 내부의 시선으로만 교회를 바라보기 때문에 생긴다. 그럴수록 교회는 교회가 속한 사회와 분리된다. 교회의 사명인 선교를 위해 가장 효율적일 것 같았던 방식이 어느 순간 가장 획일적이면서 다양성을 거부하는 퇴행으로 드러난다.[5]

구조적으로 볼 때, '하나님나라의 확장'이라는 당면한 사명의 효율성을 위해 교회 안의 개인은 주체가 아니라 객체object로 전락하기 매우 쉽다. 최고의 기능성과 규칙성, 효율성을 추구하는 파놉티콘에서 주체가 사라지는 경우와 다를 바 없다. 이에 대한 반성으로, 잊혀진 개인의 독창성과 다양성을 주체로 한 포스트모던이 등장했다. 예를 들어, 프랑스의 퐁피두센터같이 건물의 안과 밖을 뒤집어 놓은 포스트모던 건축은 더 이상 파놉티콘과 같은 효율과 구조를 추구하지 않는다. 이것은 각각의 서로 다른 개체가 그 자체로 가치를 지닌다는 사실을 암시한다.

이쯤에서 다시 정리해 보자. 근대를 비판하려면 탈근대의 시각으로 풀어 나갈 수밖에 없다. 근대의 역사 읽기 방식은 사회과학적 접근이다. 사회현상을 분석하기 위해서는 전체의 의사를 왜곡하지 않을 일정한 규모의 모집단이 존재해야 했고, 오차 범위를 설정해야 했다. 그런데 포스트모던 역사 읽기의 대표적 시도라고

111 —

할 수 있는 미시사적 접근은 한 가지 사건을 다양한 층위에서 두 텁게 읽고, 작은 데서부터 다른 시각으로 읽어 나가는 방식이다.[6] 명성교회 세습 사건을 한국 교회의 예외적 정상으로 본다면, 분노 와는 별개로 다양한 관점으로 읽어 촘촘하게 엮어 가는 섬세함이 필요하다.

제도 교회의 현실에 무기력한 신학

그렇다면 명성교회 세습 문제는 어떤 층위에서 짚어 봐야 할 까? 무엇보다 먼저, 앞서 언급한 효율과 자본을 기반으로 하는 근 대 제도의 궁극적인 현상이라는 점이 전제되어야 한다. 또 다른 층위로는, 제도 교회의 문제나 일탈을 다루는 과정에서 신학의 효 용과 역할을 고민하고 신학과 교회의 관계를 아프게 점검해야 한 다. 명성교회 문제가 개교회의 일탈을 넘어 근대 교회가 낳은 상 징적인 문제 중 하나라면 신학적·목회적으로 치밀한 분석이 이 루어져야 할 것이다. 그러나 교회 정치 구조를 볼 때, 이 문제가 신학계에서 제대로 논의될 수 있을지 의문이다. 또한 이 문제는 신학이나 목회를 넘어서는 사회적 문제로서 타 학문과의 학제적 인 접근이 필요하다. 하지만 신학과 세속 학문 사이에 어떤 접점 이 있는지 모호하다는 점에서 근본적인 회의가 있다. 외부자의 시 선으로 볼 때 여전히 신학적 분석이나 고찰이 도덕적·추상적·당

— 112

위적이라는 느낌을 지울 수 없다. 교회 세습이 어제오늘의 문제가 아니었음에도, 이 문제가 담고 있을 사회적·정치적·경제적·역사적 층위의 고민이 축적되지 않았다는 사실은 놀라움을 자아낸다.

역설적이지만, 오늘날처럼 신진 신학자들의 최신 신학 담론들이 신학교와 아카데미에서 쏟아진 적도 없다. 하다못해 톰 라이트나 바울에 관한 새 관점 한 자락 정도는 뽑아낼 수 있어야 대화에 낄 수 있을 것 같은 분위기이다. 하지만 이것이 제도 교회의 일탈 현상에 어떠한 의미를 주는가? 신학과 세속 학문 간의 단절로 인해 아무리 높은 차원의 최신 신학 흐름을 소개한다 해도, 세속의 현실에 뿌리박고 있는 제도 교회를 다루는 데는 아무런 영향도 주지 못하는 것 아닌가?

시선을 잠시 종교개혁기로 돌려 보자. 만약 종교개혁이 신학적 사건이라면 왜 종교개혁이 당대 신학의 중심인 파리대학이나 옥스퍼드대학이 아닌 변방의 신생 대학 비텐베르크에서 일어났는지 쉽게 설명되지 않는다. 앞의 주류 대학들이 종교개혁에서 가장 반대의 입장에 섰다는 사실은 또 무엇을 말해 주는가? 종교개혁을 신학적 사건이 아닌 사회적·정치적 사건으로 해석할 때 전모를 더 명확하게 파악할 수 있다. 당대의 주류 신학계는 스콜라학의 전통에 집착하여 제도 교회에 대한 세상의 요구에 정확하게 반응할 수 없었다. 반대로, 거의 예외 없이 종교개혁가들은 스콜라적 전통이 아닌 인문주의에 토대를 두고 있었다.[7] 종교개혁을 이끈 힘은 스콜라학이 아닌 인문주의에서 나왔다. 세상과 사람에

113 —

대한 이해가 교회와 구원에 대한 새로운 전망을 가능하게 한 것이다.

오늘의 교회 현실과 신학 사이의 거리는 종교개혁 당시만큼이나 멀어진 듯이 보인다. 신학이 추구하는 이상은 높은데, 제도 교회의 현실과는 접점을 찾지 못한다. 그러니 허공에 동동거리면서 메아리칠 뿐, 무력하기 그지없어 보인다. 냉정히 보자면 이는 한국 개신교 신학이 여전히 스콜라학의 전통에서 한 치도 벗어나지 못했기 때문이다. 목회자들의 세계에서 토론되는 담론과 일반 성도가 공유하는 고민의 간극이 오늘처럼 큰 적도 없다.

16세기 종교개혁의 물결이 휩쓸고 간 후 구교와 신교는 자체적인 신학적 토대를 마련해야 한다는 요구와 함께 계몽주의로 대표되는 세속 지성의 도전을 받아야 했다. 그래서 여러 형태의 신앙고백서들이 17세기에 등장했지만, 오히려 세속 지성사의 흐름과 신학이 분리되는 결과를 가져왔다. 이 시기 형성된 개신교 신학을 '프로테스탄트 스콜라주의'라고 부른다.[8] 종교개혁이 극복하고자 했던 사변적인 스콜라주의가 한 세기 후 개신교 신학에 뿌리내린 것이다. 마찬가지로 사회의 지성과 분리된 신학, 이것이 오늘의 현주소가 아닌가?

근대의 획일주의와 효율성, 자본의 욕망이 빚어낸 것이 대형 교회이고 세습이 그 속에서 파생된 문제라면, 근대의 획일성과 집단성이 불러온 교회 내의 다름에 대한 차별, 타자에 대한 혐오 등은 같은 맥락에서 교회가 고민해야 할 문제이다. 이러한 관점에서 보자면, 동성애자를 옹호했다는 이유로 임보라 목사에게 이단성 시비를 건 세력에게도 동일한 비판이 제기되어야 한다. 그러나 그러한 움직임은 아쉽게도 태평양 너머 캐나다까지는 들리지 않는다. 탈근대 사회 속에서의 교회의 존재와 역할에 대한 본질적인 고민에 천착하기보다, 현상이 발생할 때마다 즉자적인 고민과 대응을 반복하는 듯 보인다는 점이 아쉽기 그지없다. 만약 김하나 목사가 지금이라도 그 자리에 있기를 거부한다면 한국 교회는 진일보하는 것일까? 비판과 분노는 조금 사그라질지 모르나, 변한 것은 아무것도 없지 않을까.

신학은 교회를 넘어 우리 사회 속에서 어떠한 의미를 가질 수 있을지에 집중해야 한다. 한국 교회는 1987년 민주화 체제 이후, 그 이전 시대에 사회 속에서 작동하던 신학적 역동성이 사라지고 스콜라주의에 경도되었다. 신학은 급속도로 교회를 위한 교회 내 학문으로 좁혀졌다. 이러한 협소함이 세상과 소통하고 교회의 문제를 직시하는 것을 막는 여러 방어기제들을 생산했다. 다시 신학의 지향은 교회를 넘어 세상을 향해야 한다. 양차 대전 속에서 반동적인 흐름을 유지하며 지체되었던 가톨릭교회가 제2차 바티칸 공의회를 통해 극적으로 세상 속으로 들어갔을 때 '신스콜라주의'를 깨트렸다는 평가를 받았듯이,[9] 이제 한국의 개신교 역시 신스콜라주의의 흐름을 극복해야 한다. 그렇지 않을 경우, 신학은 교회 문제에 어떠한 유의미한 기여도 하지 못했다는 평가를 받을 것이다.

'악의 평범성'과 '주체의 상실'

　명성교회 세습 사건에서 또 하나 생각할 층위는 앞선 논의의
결과로 발생하는 '악의 평범성banality of evil'이다. 잠시 생각해 보
자. 왜 명성교회 교인들은 대부분 세습을 받아들였을까? 비판 의
식이 있는 교인 비율이 교회 밖 일반 대중에 비해 현저히 낮았을
까? 그렇지 않을 것이다. 모르긴 해도 세습에 찬성표를 던진 많은
명성교회 교인들도 한국 사회 문제에 대해서는 개혁적이고 비판
적인 목소리를 내고 행동했을 것이다. 그렇다면 이는 그리스도인
들이 갖게 되는 불가피한 '준거의 이중성' 때문일 수 있다. 즉, 사
회적인 이슈에 반응하는 기준과, 교회 내 이슈에 반응하는 기준이
이중적이기 쉽다는 것이다.

　이는 다분히 근대 교회가 행해 온 설교를 통한 교육과 훈육의
결과일 수 있다. 매우 조심스러운 비유이지만, 2차 대전 당시 나
치에 부역했던 많은 독일 관료들은 일반인들보다 더 사악한 마음
을 가진 악인들이 아니었다. 그저 독일인으로서 자신들에게 주어
진 일을 최선을 다해 성실하게 수행해 내는 충실한 관료였다. 독
일 전범 아이히만의 재판을 참관한 철학자 한나 아렌트Hannah
Arendt, 1906-1975는 아이히만이 악에 대해 인식하거나 저항하지 못
하고 아무런 죄의식 없이 악을 행한 것을 보았다. 결국 의식이 깨
어 있어 저항하지 않으면 악은 너무나도 평범한 모습으로 작동한
다는 것이다. 영화 〈더 리더〉로 잘 알려진 베른하르트 슐링크

Bernhard Schlink의 소설 《책 읽어주는 남자》에서 유대인 학살에 부역했던 독일 여성 한나 역시 그러한 인물의 전형을 보여 준다.[10]

교회는 그런 점에서 사람들을 제도 속에 길들여지게 할 수 있는 위험을 원천적으로 안고 있다. 특히, 목회자의 설교에 모든 것이 집중되는 '근대' 교회의 제도는 이를 가중시킨다. 본래 종교개혁기의 개신교는 '책의 종교'라고 불렸다. 라틴어 성경에서 모국어 성경으로 번역이 이루어지면서 사람들이 주체적으로 신앙을 고민하게 된 것이다. 하지만 실제로 오늘의 개신교는 스스로 주체적으로 읽는 종교가 아니라 '듣는 종교'에 머물고 있다. 아쉽게도 대형 교회 교인들은 이러한 습관적인 듣기에 더없이 최적화되어 있다. 그리고 자신들과 같은 교회 내 다수의 대중이 동일한 가치를 공유한다면 그것이 틀리지 않을 것이라는 확신을 확대·강화해 나가기 때문에 내부의 집단성은 외부의 비판적인 시선을 효과적으로 차단한다.

다시 《책 읽어주는 남자》로 돌아가 보자. 실은 한나는 문맹이었다. 거두절미하고 그녀의 인생은 누군가가 읽어 주는 책을 듣다가, 스스로 읽는 법을 깨치는 순간 극적으로 바뀌었다. 스스로 비판적으로 성찰할 능력이 없다는 것은 결국 주체의 상실을 의미한다. 한국 대형 교회 교인들의 성찰 수준이 일반 대중에 미치지 못한다는 것은 그들이 스스로 '성경'과 '사회'를 읽어 내지 못한다는 것과 다름없다.

명성교회 사건은 효율과 자본에 기반을 둔 근대 교회 목회자의 욕망의 발현과, 그러한 현상에 대해 신학적 대답을 하지 못하는 (혹은 하지 않는) 신학적 무력함과, 스스로 신앙적 주체성을 가지고 이 문제를 바라보지 못하게 길들여져 있는 교인들이 빚어 낸 '예외적 정상'에 해당하는 사건이다. 적어도 사람들의 뇌리 속에 종교개혁 500주년 하면 두고두고 남아 있을 상징적 사건이다. 여러 해 전 칼뱅 탄생 500주년에 강남 어딘가에다 '칼빈로'를 만들자던 그 제안만이 또렷하게 기억되듯이 말이다.

현실의 교회, 인간의 죄와 탐욕, 그럼에도 지향하는 초월이나 구원에 대한 논의는 어쩌면 신학적 논쟁이 아니라, 인간의 본성에 대한 인문학적인 고찰일 수 있다. 어떤 신학책보다 도스토옙스키의 《카라마조프가의 형제들》을 읽을 때 죄와 구원의 문제가 밀도 있게 와 닿을 수 있다고 주장한다면 인문학자의 오만일까. 이제라도 긴 호흡으로 우리가 살고 있는 근대와, 인간이란 무엇인가에 대해 차근차근 다시 읽고 공부를 시작해야 한다. 뜬금없게 들리겠지만, 그렇게 하는 것이 교회의 문제를 이해하고 접근하는 데 '새 관점'을 가져다줄지도 모를 일이다.

대중독재, 일상적 파시즘, 그리고 대형 교회

대중과 한국 교회

1987년 군사독재로부터 민주화를 성취한 이후 한 세대가 지났다. 그 30년가량의 기간 동안 한국 사회에 수많은 사건이 있었지만, 누구도 감히 지난 시기가 도도하게 진보를 향해 일관되게 전진했다고는 말할 수 없을 것이다. 기적 혹은 고속성장이라는 단어가 어색하지 않은 빠른 변화만큼이나 급격한 파동이 끊이지 않았다. 영원히 사라지지 않을 것 같았던 지역 갈등이 조금 희미해지자, 이제는 세대 간의 갈등으로 대표되는 또 다른 갈등이 뚜렷하게 자리 잡았다.

전직 대통령 두 명이 부패 혐의로 재판을 받고 있다. 그들은 이른바 독재와 산업화 시대를 상징하는 인물로서 민주사회에서 투표를 통해 선출된 권력이었다. 대다수 국민들이 그들을 대통령으로 선출한 이유는 그들의 아버지가 혹은 아버지 세대가 이룬 경제적 발전을 다시 이루고픈 기대 때문이었을 것이다. 결과적으로 그들은 대중의 기대를 배반했고, 법적 단죄를 기다리고 있지만 말이다. 촛불혁명으로 탄생한 새 정권에 많은 국민이 압도적 지지를 보낸 이유 역시 그간의 비정상 사회를 정상으로 되돌리고 한반도에 번영과 평화를 가져다주기를 바라는 마음 때문이었다.

　민주사회에서는 대중이 주인이다. 선출된 권력은 그 뜻을 따라 정책을 만들고 실행해 간다. 대중은 어떤 존재일까? 오늘날 대중은 과거 10년과는 달리, 조금은 더 나은 미래를 만들기 위해 한 걸음 한 걸음 내딛는 듯 보인다. '미투운동'이 보여 준 바 그동안 차별받던 여성들이나 여타 사회적 소수자들에 대한 관심이 점차 증대되는 것에서 그 단면을 알 수 있다.

　물론 이러한 흐름을 못마땅하게 바라보는 그룹도 존재한다. 한반도의 분단 상황을 정파적인 이익을 위해 악용해 오던 집단은 남북한 대화나 북미 대화 등을 통한 항구적인 평화를 구축하려는 노력에 연일 딴소리를 늘어놓는다. 2018년 지방선거 결과를 보면, 그들의 목소리를 대중이 어떻게 받아들였는지 알 수 있다. 더디지만, 힘겨울 때도 있지만, 그래도 굳건하게 한 걸음 한 걸음 내딛는 모습이 희망을 품게 한다. 사실 그 희망의 근거는 문재인 정권이 기대에 부응하기 때문이라기보다 각성한 대중의 인식 때문이다. 적어도 앞으로는 어떠한 정권이 들어서더라도 이 대중의 인식을 좇아가지 않고는 존립하기 어려울 것이다.

사회에서는 대중 또는 민중, 교회에서는 성도로 표현되는 이들에 대한 새로운 고찰이 필요한 시대이다. 즉, 우리의 비판적 성찰의 대상을 지도자들에게만 둘 것이 아니라 우리 내부에서 찾아야 하는 것이다. 이 논의를 이끌어 가기 위해 '대중독재' 테제를 인용해 보겠다. 이는 한국의 대표적인 서양사학자 임지현 서강대 교수가 2000년대 초반 '87년 민주화' 이후 한국 사회를 분석하며 구성한 테제이다.[11] 아울러 그가 대중독재 테제를 생성한 화두로 제시한 '일상의 파시즘'을 돌아보면서 오늘의 교회를 고민하고자 한다.

대중독재, 그 씁쓸한 형용모순

대중독재에 관해 이야기하기 전에 몇 가지 짚어 보겠다. 우선, 대중독재에 대한 논의가 한국 사회에 던져진 것은 2000년 전후의 일이다. 이미 20년 가까이 지난 흐름이다. 당시 한양대에 재직 중이던 임지현 교수와 지금은 서울시 교육감인 당시 성공회대 조희연 교수 사이의 대중독재 담론에서 대중에 대한 논쟁은 큰 화제를 낳았다. 이 철 지난 논의를 다시 끄집어내는 데는 몇 가지 이유가 있다. 우선 임지현 교수의 주장이 나온 이후 한국 사회는 그가 제기한 바와 같이 대중독재라는 전망대로 흘러갔다는 점이다. 그리고 이제는 이 흐름을 인지하고 극복하는 단계에 와 있다고 할 수 있다. 반면 한국 교회는 아직도 갇힌 상태에서 벗어나지 못하고 있지 않은가 하는 의구심이 든다.

그렇다면 대중독재란 무엇을 의미할까? 용어부터 살펴보자. 대중이 주체인 체제는 민주주의이다. 독재는 1인 지배체제를 의미한다. 대중독재라는 말 자체는 '소리 없는 아우성'이나 '찬란한 슬픔'과 같이 형용모순이다. 대중독재 테제가 제기한 새로운 관점은 독재가 '강압'이 아닌 대중의 '동의'로 지탱되었다는 점이다.[12] 어찌 보면 독재의 책임을 대중에게 떠넘기는 것처럼 보이는 주장이다. 그래서 이 테제가 제시되었을 때, 과연 이 담론이 보수담론인가 진보담론인가 하는 평가가 엇갈렸다. 21세기에 막 접어들어 희망찬 새 시대를 희구하던 때에 대중의 판단을 신뢰하지 못하고 대중에게 책임을 전가하는 듯한 이 주장은 논쟁을 불러올 여지가 충분했다.

한 걸음 떨어져 생각해 보면, 이 논쟁은 박정희 정권에서 이루어진 급격한 산업화와 유신체제 등에 대한 극단적 억압과 전투적 저항이라는 이분법적 시각에 성찰을 제공한다. 독재정권이 반대자들에 대해 폭력적인 억압을 할 수 있었던 것은 대중의 침묵이나 묵시적인 동의가 있었기 때문이라는 것이다. 저항하는 소수에 비해 다수의 대중은 산업화, 근대화라는 열매를 가져다준 정권에 우호적일 수 있다는 것이다. 이 논쟁이 불편했던 지점은, 그렇다면 대중이 독재의 '공범'이냐 하는 것이었다. 일상을 살아가는 대중이 비저항적이라고 해서 독재에 우호적이라고 일반화할 수 있을까.

그러나 이 논의에서 중요한 점은, 임지현 교수의 표현대로 '사악한 그들'과 '죄 없는 우리'라는 이분법이 적용될 수 없으며, 근대의 독재는 강압의 내면화를 통해 대중이 독재체제에 자발적으로 순응하도록 만들었다는 것이다. 그 결과, 독재는 '위로부터' 부과되는 것일 뿐 아니라 대중에 의해 '아래로부터' 만들어지는 양방향의 것이기도 하다. 물론 강압의 내면화라는 과정이 전제된다. 권력과 권위에 의한 공포와 강압이 대중의 내면에 스며든다. 권력에 의한 강압은 그에 순응할 때 주어지는 가시적인 보상이 있기에 단순히 공포로 인식되지 않을 수 있다. 결과적으로 대중이 권력에 의해 학습되고 내면화된 공포를 인식하기 전까지는 독재에 저항하기보다는 순응하는 공범이 될 수 있다는 사실을 부인할 수 없게 된다.[13]

그래서 가장 평범하고 순박한 장삼이사가 가장 전투적으로 독재를 옹호할 수 있다. 그저 이념적으로만 내면화된 것이 아니라, 실제 삶 속에서 보상받았다고 느끼기 때문에 더욱 강하게 지지하게 된다. 이 현상은 산업화의 상징인 사업가라는 이유로, 근대화를 이룩한 박정희의 딸이라는 이유로 그들을 대통령의 자리에 뽑아 준 대중들에게서 정점에 이른다. 아직까지도 이 대중독재의 주술에서 벗어나지 못하고 있는 이들을 우리는 광장 한편에서 만날 수 있다.

123 —

엎치락뒤치락하는 과정에서 광장의 촛불은 대중독재의 패러다임에서 벗어나고자 발버둥 치는 의식화된 대중들의 몸짓이었다. 하지만 현실은 그리 녹록하지 않다. 일례로 2018년 페미니즘 서울시장을 꿈꾸는 어느 서울시장 후보의 포스터가 끊임없이 훼손되는 상황이 발생했다. 혐오라는 것이 여전히 정치적·종교적 주장 아래 정당화되는 현실이다. 하지만 긴 안목에서 이제는 대중 스스로가 권력의 속성을 알아 그 흐름을 단순히 추종하는 것이 문제가 됨을 점차 인식해 나가고 있다.

그럼에도 이 한국 사회 속에서 한국 교회를 바라보는 마음은 사실 복잡하다. 조직되지 않은 다수의 그리스도인이 자발적으로 이 사회적 변화의 위대한 행렬에 동참했고, 기성 그리스도인들의 엄격한 교리 중심의 관념과는 달리 포용적인 모습을 보여 준 모습이 고무적이다. 하지만 이러한 흐름만 있는 것은 아니다.

최근 들어 한국 교회에는 예년에는 드러나지 않던 모습들이 도드라지게 나타나고 있다. 이전에 한국 사회에 드러난 한국 교회의 부정적인 모습은 목회자의 성적 타락이나 교회 세습 등과 같은 개별적인 일탈이 주를 이루었다면, 이제는 그 흐름이 좀 더 구조적으로 고착화되어 가는 듯하다. 몇 가지 예를 들어 보겠다. 기독교 정신으로 설립되었다는 한동대는 페미니즘과 동성애 관련 논란으로 교수와 학생들에게 징계를 내렸다. 장신대는 무지개 색상 옷을 입고 예배에 참석한 학생들을 징계하고, 동성애를 찬성하는 학생들의 입학을 금지하는 것을 제도화했다. 예장통합 총회재판부는 명성교회 세습 관련 판결을 제대로 내리지 않고 있다. 사랑의교회 오정현 목사의 목사 자격에 대한 법원의 판단에 대해서도 목회자들과 직분자들이 오정현 목사 지지 성명을 냈다.

굳이 반복적인 현상을 열거한 이유는 조금 다른 데 있다. 이 현상 앞에서 조금 색다른 질문을 던져 보기 위함이다. 사회 변화에는 아랑곳없이 주류 교단 신학교나 대형 교회들이 이렇게 사회 흐름과 대척점에 서는 목소리를 거리낌 없이 내는 근거에 대해서 말이다. 요점을 말하자면, 사회의 발전적인 변화 속에서 왜 교회는 제자리걸음도 아닌 퇴보를 거듭하는 걸까. 이 흐름은 그저 우연히 동시다발적으로 생겨난 것이 아니다. 그러니 바로 오늘 대중독재 패러다임이 교회 속에서 자연스럽게 구현되는 현실을 직시해야 한다. 대형 교회를 중심으로 터져 나오는 스캔들, 심지어 사회법과 사회 인식을 거스르는 행위들, 이 모든 것의 근거는 무엇일까? 바로 교인들의 자발적 동의를 공통 기반으로 한 대중독재의 사례이다.

교회에 드리워진 일상적 파시즘

대중독재의 패러다임은 독재에 저항하는 이들을 타자화한다. 거시적인 대형 교회의 구조 속에서 살아가는 이들에게는 그 구조가 생성하는 논리가 인식을 지배한다. 이 인식의 흐름을 일상화된

125 —

파시즘, 일상적 파시즘이라고 부를 수 있다. 일상적 파시즘이란 눈에 보이게 폭력을 행하고 강제로 사람들을 규율하기보다, 보이지 않지만 권력화된 장치를 통해 일상생활의 미세한 부분을 규정하고 통제하는 것을 의미한다. 일상적 파시즘은 가시적인 악으로 등장하지 않는다.[14]

예를 하나 들어 보겠다. 한국 창조과학을 강력하게 지지하는 대형 교회의 한 목회자는 태양계가 우주의 중심으로 밝혀졌다면서, 성경을 문자적으로 받아들여 진화론은 신앙과 양립 불가능하다는 설교를 했다. 이것이 올바른 신앙과 진리라고 교회 강단에서 규정하고, 다수의 교인이 아멘으로 화답하는 상황에서 다름의 목소리는 들릴 수 없다. 대중독재의 규정을 살짝 비틀어 볼 때, 목회자가 강단에서 강제하는 신앙의 진리 외의 다른 목소리를 인정하지 못하는 현실에서는 그 목소리가 교인들에게 신적인 강제성을 띠게 되고 점차 내면화된다. 어느 순간 내면화된 강압은 신앙의 이름으로 자발적인 동의를 낳는다. 이 흐름에 속하지 않는 이들은 겉돌 수밖에 없고 그 조직에서 살아남을 수 없다. 이렇게 다양성이 흐려지고 하나의 지고한 담론만이 반복 재생산되는 상황에서는 자연히 타자에 대한 이해가 흐려질 수밖에 없다.

이 일상적 파시즘을 가장 크게 경험할 수 있는 공동체 중 하나가 대형 교회라는 사실은 냉정한 현실이다.[15] 교회가 사회와 구별되는 특이한 정체성을 가지고 있음은 부정할 수 없다. 때로 그 정체성이 사회의 흐름과 대척점에 서게 만들 수도 있다. 표면적으로는 교인들의 자유로운 의사 결정에 따라 목회자를 받아들인 것이니 왈가왈부할 수 없다는 주장, 즉 대중이 원하기에 사회적으로 부적절한 행위를 할 수 있다는 무모함은 그 내부에 대중독재의 패러다임이 작동한 결과이다. 대형 교회에서는 더 이상 대중이 신앙의 주체가 되지 못한다. 그 메커니즘에서는 자각할 수 있는 능력을 상실한 우중愚衆이 되기 쉽다. 교회를 안전하게 보호하기 위한 몸부림일 수도 있고 위기의식의 표출일 수도 있겠으나, 이는 교회가 타자에게 일상적으로 획일성을 강조하는 방식이다. 그 타자화가 일상화된 파시즘의 얼굴로 나타난다. 그 정당성을 담보하기 위하여 교회를 벗어나 사회에서도 이것을 구현하려는 시도가 이어진다. 그 결과로, 지방선거 같은 데서 보수 기독교계 표를 의식해 반동성애를 구호로 외치는 후보들이 나오는 것이다.

공포와 강압의 모습이 아닌 일상의 모습으로 등장하는 파시즘, 신앙의 모습으로 등장하는 파시즘, 이 보통의 얼굴을 한 파시즘이 우리 속에 있는 다름을 크게 훼손하고 있다. 21세기 한국 교회가 두려워해야 하는 것은, 줄어드는 교인이 아니라 대중독재의 주술에 사로잡힌 교회에서 드러나는 일상화된 파시즘의 목소리이다. 지금도 대형 교회를 중심으로 퍼지는 모든 종류의 혐오는 일상화된 파시즘과 다름없다. 신앙을 수호하기 위한 명목으로 여과 없이 제기되는 반이슬람, 반동성애, 창조과학, 맹목적인 이스라엘 칭송…. 오늘 다수의 한국 대형 교회가 이 모든 것을 주도하는 현실을 우리는 불편하더라도 직시해야 한다.

이제는 대형 교회에 대해 새로 정의해야 한다. 오늘날 한국의 대형 교회는 그저 많은 숫자가 모이는 교회가 아닌, 자신만만한 다수의 목소리로 차이를 억압하는 기제가 생성되는 곳이다. 다수가 동의한다면서 정당성을 주장하는 그들의 목소리는 여타 작은 교회에서 제기되는 목소리에 비할 바 아니다. 더 나아가 그저 통칭하여 대형 교회, 몇몇 대형 교회 목회자들이라는 식으로 책임을 묻는 데 그치기보다는, 불편하더라도 이제 그 구성원 한 사람 한 사람에게 책임 있는 성찰을 요구해야 한다. 신적인 강제와 자발적 동의가 혼재된 채 내부의 논리로 전체를 확대해 바라보는 오류를 그 구성원들이 같이 공유하고 있기 때문이다. 더불어 거기에 동의하지 않는 타자에 대한 배제를 다수의 이름으로 선포하고 있기 때문이다. 자신들이 구현하고 있는 일상적 파시즘에 대해 인식하지 못하고 저항하지 못하는 교회와 신학에서 언어유희 외에 무슨 의미를 찾을 수 있을까?

한국 교회가 지향할 제3의 길

맹목을 가능케 하는 것은 대형 교회 구성원들 스스로 역사의 주체라는 선민의식과 주류의식에 사로잡혀 있기 때문이다. 숫자의 우상에 사로잡혀 자신들이 하나님의 역사를 담보해 내는 주체인 척하는 허위의식에 매몰되어 있다. 불법으로 예배당을 짓고도 신적 섭리를 주장하는 그 무모함은 교회 구성원들 마음속에 하나님의 역사는 자신들을 중심으로 이루어진다는 의식이 짙기 때문에 발생한다. 그래서 자신들이 하는 일은 모든 것이 용납되는 것이다.

우리 사회는 지난 한 세대 동안 우리를 둘러싼 집단성의 주술에서 벗어나기 위해 값비싼 대가를 치러야 했다. 이제 주술에서 깨어난 대중이 사회 변화를 지속하고자 시도하고 있다. 그에 비해 여전히 교회는 신적인 강제하에 타자에 대한 혐오를 두려움 없이 행하고 있다. 지금 한국 사회에서 일상적 파시즘이나 대중독재적 성향이 도전 없이 유일하게 남아 있는 곳을 꼽는다면 주류 교회, 그중에서도 대형 교회들이라고 할 수 있다. 대형 교회에 대해 비판하면 그들은 시기와 질투 때문이라고 평가절하한다. 하지만 대형 교회를 비판적으로 주목해야 하는 이유는 대중, 즉 교인들이 동의한다는 명목하에 집단적으로 반사회적이고 부정적인 형태로 영향력을 구현하려고 하기 때문이다. 이제 대형 교회를 중심으로 진행되는 대중독재, 일상적 파시즘의 속성들을 경계해야 한다. 그들이 한국 교회를 대표하는 유일한 목소리가 되지 않도록 하기 위해, 더 나아가 한국 교회의 건전한 발전을 위해서도 이것이 반드시 필요하다. 그 길을 어디에서 찾을 수 있을까? 주류의식에서 벗어날 때 가능하다.

초대교회 교인들은 스스로를 새로운 인종, 헬라인과 유대인과 다른 제3의 인종*tertium genus*이라고 불렀다.[16] 그들의 정체성은 헬라인과 유대인으로 대표되는 배타성과 전체주의 속성을 극복하는 것이었다. 초대교회가 성장하고 확산될 수 있었던 핵심은 인종과 민족, 문화와 언어를 둘러싼 이데올로기를 넘어서서 제3의 길을 추구한 것에서 찾을 수 있다. 오늘날 수없이 회자되는 교회 위기의 근본 원인은 포스트모더니즘 시대의 정서나 신학적 혼란이기보다는, 교회가 타자에 대한 감수성을 잃어버리고 기독교의 외피를 입은 일상적 파시즘을 구현하기 때문이라고 보아도 무방하지 않을까?

이제 교회는 주류의식을 벗고 세상의 가치와 모든 벽을 넘어서는 제3의 가치, 제3의 길을 모색해야 한다. 그럴 때만이 점진적으로 변화하는 한국 사회 속에서 교회가 여전히 존재 의미를 지니고 살아갈 이유를 찾을 수 있다. 물론 지금의 구도 속에서 그 길을 만드는 것이 과연 가능할지 심히 의문스러운 게 현실이다. 하지만 그 길이 회복의 길이라면, 오늘 우리는 열매를 얻을 때까지 포기하지 않고 울며 씨를 뿌려야 한다. 그 출발은 대중독재의 패러다임과 일상화된 파시즘에 갇혀 있는 현실을 겸허하게 인정하는 것이다.

광장에 선 '구국'의 기독교

해마다 벌어지는 일이니 굳이 새삼스러울 것도 없지만, 삼일절마다 광장에 모여 태극기와 성조기를 같이 흔들며 애국과 반북, 반정권, 친미를 부르짖는 목회자들과 개신교인들의 추태는 유독 심해지고 있다. 그저 설 자리를 잃어버린 수구 세력의 몸부림으로 측은히 바라보기에는 신앙의 이름으로 여과 없이 내뱉는 어휘들이 지나치게 섬뜩하다. 행여 기독교에 애정과 관심을 거두지 않고 있는 이들이 그런 모습을 보고 완전히 등을 돌리지나 않을까 두려울 뿐이다.

131 —   인류 역사에 유례없는 잔혹성을 보인 사건으로 기억되는 십자

군 원정을 위해 참가자들을 모집할 당시, 교황 우르바누스 2세가 십자군의 정당성을 설파하는 설교를 마치자마자 청중들은 전의에 불타올라 "신의 뜻이다! 신의 뜻이다!"라고 한목소리로 외쳤다고 한다. 광장에서 구국을 외치는 이들의 모습에서 그때의 모습이 연상되는 건 왜일까?

삼일절 집회 주관단체 중 하나였던 한국기독교총연합회(한기총)는 국익에 도움이 된다는 이유로 과거 한국의 이라크 파병을 찬성했었다. 그들은 교회가 국가의 존재와 국익을 위해 봉사하고 국가의 목적과 이익에 대해 동일한 방향을 지향하는 것이 상호이익이라는 관점을 지니고 있다. 이 때문에 국가와 교회가 상호의존적인 모습을 보일 때가 많았다. 한국 기독교는 해방 후 한국전쟁을 거치면서 공산주의에 맞선 자유민주주의 수호의 상징이 되었다. 2001년에도 한기총은 '한국의 특수한 안보 상황에 대한 고려' 때문에 양심에 따른 병역거부자의 대체복무 입법을 반대했었다. 많은 그리스도인들 역시 휴전 상태에 있는 한반도의 특수 상황을 이유로 병역거부를 반국가적 행위로 폄하하고 이를 인정하지 않는다. 교회의 이해와 국가의 이해가 일치한다는 데 대체적인 합의가 있기 때문에 이런 주장이 나오는 것이다.

오늘 교회와 국가의 관계는 어떠해야 하며, 교회는 국가를 어떻게 보아야 할까? 교회 하면 자칭 '애국보수'가 떠오르는 국가주의 이데올로기에 사로잡힌 교회는 어디에서 시작된 걸까? 불편할지 모르지만, 그 뿌리를 찾아갈 때 우리는 오늘 기독교가 고민하고 돌이켜야 할 지점이 어디인지 깨닫게 될 것이다. 그리스도인들이 국가에 적대적이어야 한다는 것이 아니다. 국가라 해도 궁극의 가치가 되어서는 안 된다는 의미이다. 개별 국가가 요구하는 가치가 인류 보편의 가치와 충돌할 때 그리스도인들은 후자를 선택해야 한다. 국가 이데올로기를 넘어선 가치라 할지라도 그리스도인이기에 연대하여 실천하는 것이 요구되기도 한다. 이제 콘스탄티누스 황제의 기독교 공인에서부터 현재까지 국가 이념에 경도된 교회에 대해 한 번쯤은 의문을 던져 봐야 한다.

로마제국이 기독교를 박해한 이유

로마제국이 확장되면서 황제는 스스로 신의 아들이라고 주장하며 우주적인 지배권을 확립해 나갔다. 로마에 복속시킨 넓은 지역의 다양한 민족들을 통일하여 다스릴 로마 황제의 권위를 확립하기 위해 황제가 종교의 제사장 역할을 하고, 이를 통해 다양한 민족들을 하나의 공동체로 통합하고자 했다. 그랬기에 로마는 피지배국의 종교에 관용적이었고, 피정복지의 종교와 언어, 문화를 인정하는 정책을 취했다. 그런데 이러한 로마의 정책과 기독교회는 출발 당시부터 불편한 관계였다. 왜 로마가 그리스도인들을 박해하기 시작하였을까?

그 이전에 먼저 짚어야 할 것이 있다. 기독교 박해를 낳은 배경으로서 종교에 대한 로마인들의 인식을 이해할 필요가 있다. 로마인들에게 종교란 개개인의 신앙심을 고취하기 위한 신념체계이기보다는, 로마제국이 지향하는 사회 통합과 제국의 일체성을 위한 도구였다. 로마인들이 종교를 지칭하는 단어 중에 '피에타스 *pietas*'가 있다. 이 단어는 흔히 종교에 적용되는 '경건'이라는 의미와 더불어 '충성'이라는 의미가 있다. 그래서 키케로는 "피에타스에서 로마적 의미를 뺀다면 사회 일체성과 정의는 무너질 것"이라고 했다.[17] 결국, 기독교회는 제국의 일체성을 해치는 집단으로 인식되어 공개적인 탄압을 받은 것이다.

같은 이유로 로마인들은 기독교를 미신이라고 불렀다. 기독교는 국가의 일체성을 해치는 미신으로 몰려 박해를 당했다. 제국의 통합을 위해 로마는 제국을 지배할 정신적인 지배담론을 원했다. 그 결과, 제국은 그 자체로 하나의 종교가 되었다. 이 종교를 유지하기 위해 여러 피정복국의 신들을 받아들였고, 이러한 방식은 로마가 거대한 제국을 효율적으로 통치하는 데 기여하였다.[18]

기독교는 그 출발부터, 로마가 지니고 있던 제국의 일치를 위한 보편주의라는 이데올로기를 위협할 가능성이 있었다. 기독교 사상은 바로 로마제국이 피지배 민족에게 행사하려는 제국 이데올로기와 충돌하였다. 기독교는 삶과 신앙이 분리되는 종교를 지향하기보다, 삶의 전 영역에서 종교의 가르침을 적용하고자 하였다. 기독교의 교리와 가르침이 삶의 절대적인 기준이 되었다. 이러한 기준은 로마가 지향하는 정복주의적인 세계관과 조화될 수 없었다.

자신의 신을 믿으면서도 로마 황제를 또 다른 신으로 인정하여 숭배함으로써 안정을 유지할 수 있었던 타종교와 달리 기독교는 제국 이데올로기와 지속적인 마찰을 일으켰다. 다시 말하자면, 초기 그리스도인들이 탄압을 받은 이유는 종교가 제국의 가치를 넘어서는 인류 보편의 가치를 지향했기 때문이다. 본래 초기 기독교는 국가주의, 제국주의 이데올로기에 맞서고 저항하여 박해를 당하면서도 성장하였다.

콘스탄티누스 이후의 기독교

313년 로마가 기독교를 공인한 이후, 교회는 걷잡을 수 없는 변화의 소용돌이를 경험했다. 우선 종교의 자유가 보장되었고, 단지 그리스도인이라서 국가권력으로부터 핍박을 받게 되는 극단적인 상황에서 벗어났다. 그러나 이는 동시에 교회가 타락할 수 있는 위험에 직면하게 되었다는 의미이기도 했다. 역사가 가이사랴의 유세비우스는 콘스탄티누스를 열세 번째 사도라고 칭송하며, 이제 지상에 신의 나라가 도래했다고 서술했다.[19] 교회는 이 제국을 떠받드는 중요한 역할을 했다. 그런데 이것은 제국의 가치를 종교의 가치보다 앞세우게 되는 치명적인 결과를 낳았다.

기독교가 공인되고 나서 박해 시대에는 나타나지 않았던 교회 내부 분열과 갈등을 오히려 겪게 되었다. 기독교가 국교가 아니었을 때는 내부 분파의 존재와 갈등이 크게 문제되지 않았지만, 기독교가 공인되고 국가의 중요한 종교가 되면서 교회의 힘도 비례해서 강력해졌고 국가주의는 강화되었다. 교회와 국가의 관심이 일치할 때, 위로부터 이루어지는 지배는 일반적인 현상이다.

종교개혁 역시 이런 흐름은 거스르지 못했다. 루터가 비텐베르크대학에서 시작한 종교개혁 역시 세속 군주인 작센 선제후의 보호 때문에 지속될 수 있었다. 츠빙글리가 취리히에서 종교개혁을 단행했을 때도 시의회가 지지하고 뒷받침했기 때문에 가능했다. 가톨릭뿐 아니라, 국가와 종교가 일치된 시스템 아래에서는 종교가 위로부터 부과되는 상황이 일어날 수밖에 없었다. 왕이 특정 종교로 개종하면, 백성이 모두 개종해야 하는 상황이 일어났던 것이다. 잉글랜드의 종교개혁이 가장 희극적인 사례이다. 잉글랜드 국왕이었던 헨리 8세는 자신의 이혼문제로 가톨릭교회와 대립이 생기자 로마가톨릭과 결별하고 국교회를 수립했다. 헨리 8세가 죽고 가톨릭교도인 메리 여왕이 즉위하여 신교 주교 몇 명을 제거하자, 많은 성직자가 처자식을 버리고 가톨릭으로 복귀했다.

그렇다고 종교개혁기에 모두가 국가주의에 부합하는 개혁을 추구한 것은 아니다. 이른바 재세례파Anabaptist라고 불리는 분파는 종교와 국가 사이의 관계를 근본적으로 재고했다. 그들이 원한 것은 313년 국가주의 교회 형성 이전의 기독교로 돌아가는 것이었다. 재세례파는 태어나면서부터 자신의 의사와 관계없이 누구나 국가 교회에 속하게 되는 것에 반대했다. 그들은 신앙이란 자발적인 의지 가운데 개인이 선택하는 것으로 보았다. 이런 재세례파 사상은 위정자들 시각에서 볼 때 국가의 존재를 부정하는 것이나 다를 바 없었다. 그 때문에 그들은 가톨릭과 프로테스탄트 양쪽으로부터 탄압을 받았다.

현재 전 세계에 100만 명이 넘는 재세례파 교인들이 있다. 그들은 국가를 부정하는 불순한 사람들이기보다 국가라는 경계를 넘어 평화를 실천하는 삶을 추구하는 사람들이다. 그들은 자신들의 교회관, 국가와 교회의 관계에 대한 관점 때문에 심한 박해를 받았다. 역사 속에서 그들은 반국가적이라고 비판받았다. 국가 입장에서는 이들이 철없는 이상주의자들처럼 보일 것이다. 그러나 인류 보편의 역사를 생각할 때 이들은 국가와 종교 사이의 관계를 다시금 생각하게 하고, 둘 사이의 균형을 잡아 주는 역할을 하고 있다고 볼 수 있다. 재세례파의 존재는 국가주의와 국가 이익이 절대선으로 상정되는 시대의 맥락에서 우리를 되돌아보게 한다. 2003년 이라크 반전 평화 활동을 위해 이라크 바그다드로 떠났던 유은하 씨는 장로교회 교인이었다. 하지만 그녀의 활동을 주류 교단에서는 지원하지 않았다. 결국 유은하 씨를 파송한 단체는 한국아나뱁티스트센터KAC였다.[20]

우리는 오늘날 교회와 국가의 관계를 어떻게 봐야 하며, 그 속에서 어떻게 서야 하는지 고민이 필요하다. 한국 교회가 걸어온 길 역시 국가주의에 편승하며 기득권을 누리고 충실하게 국가의 이해를 대변하는 경우가 많았다. 그러나 근대에 종교가 모두 이런 퇴행의 모습만 보인 것은 아니다. 토니 블레어 정부가 이라크 전쟁에 대한 명분을 쌓아 나갈 당시 영국은 이라크 전쟁의 정당성에 대한 논쟁이 극심했다. 이와 관련된 논쟁이 한창이던 2003년 2월 성공회 수장인 로완 윌리엄스 캔터베리 대주교와 가톨릭 웨스트민스터 대성당 교구장인 코맥 머피오코너Cormac Murphy-O'Connor, 1932-2017 추기경이 공동으로 이라크 전쟁 반대 기자회견을 열었다. 이 두 종교의 수장이 한 카메라 앵글 앞에 서서 공동으로 성명을 발표한 것은 처음 있는 일이라고 한다. 토니 블레어 정부의 정책에 당대 교회가 정면으로 맞선 것이다. 미국에서 빌리 그레이엄 목사가 '성전'에 참여하는 미군들을 위해 기도해 주고 한 기총이 국익을 위해 이라크 파병을 해야 한다고 성명서를 발표한 것과 대비되는 모습이다.

그렇다. 종교는 국가라는 거대 이데올로기나 애국이라는 허상을 통해 정당성을 추구할 것이 아니라, 아파하는 작은 자 한 사람과 구체적으로 함께하는 일에서 존재 의미를 찾아야 한다. 초대교회는 반제국주의를 실천하여 박해를 받았지만, 그것이 제국을 넘어 지평을 확대해 갈 수 있는 힘이 되었다. 교회가 위기에 처했던 때는 박해받을 때가 아니라, 새로운 세상이 도래하던 때였다. 국가의 공인과 지원하에 교회는 독자적인 힘을 키워 가기보다 가장 기생적인 조직이 되었다. 교회는 자신들에게 주어진 기득권을 내려놓고 개혁에 앞장서는 역할을 해내지 못했다. 국가교회가 되면

서부터, 사회 기득권과 권력의 시스템에 합류하면서부터 그 악순
환을 벗어나지 못했다.

이런 경향은 알게 모르게 우리의 사고에도 남아 있다. 이는 콘
스탄티누스 황제가 기독교를 공인하고 황제의 주도로 교회 문제
를 해결하고자 한 일 등을 통해 오늘까지 이어진 역사의 부채라
고 할 수 있다. 기독교 공인 이후부터 제국과 기독교는 서로 분리
할 수 없이 밀접하게 연결되었다. 과연 정치신학이라는 이데올로
기에 근거한 기독교의 국가 종교화는 오늘의 교회에 어떠한 유산
을 남겼을까? 국가와 교회의 가치를 동일시하고, 국가 지도자를
신이 세운 지도자로 추앙하여 절대화하는 전근대적인 현상은 생
각 이상으로 그 뿌리가 깊다. 그 핵심은 세속 국가와 교회 모두에
깊이 뿌리내린 승리 이데올로기가 아닐까?

국가주의 신화를 넘어서

광장에 선 개신교인들이 내세우는 애국이란 국가가 이데올로
기로 변형된 사례이다. 교회와 국가권력의 긴장 관계가 사라진 후
교회는 늘 선택의 기로에 서야 했다. 국가주의에 봉사할 것인지,
인간의 본원적인 존엄성을 지켜 나갈 것인지 택해야 했다. 국가주
의는 유한하다. 기독교는 신이 부여한 인간의 존엄과 가치를 지키
기 위해 국가권력에 맞섰다. 그것이 유한한 국가권력보다 더 중요

139 —

한 가치였기 때문이다. 교회가 과도하게 국가주의에 편승하는 것은 콘스탄티누스 황제의 기독교 공인 이래 내려온 신화의 구성물일 뿐이다.[21]

원형극장이라는 광장으로 내몰린 초대교회 그리스도인들은 제국을 저주하지 않았다. 그 대신 맹수로 표현되는 제국의 폭력 앞에서 죽음의 순간까지도 여성과 아이를 보호하고자 했다. 광장의 야수 앞에 선 그들의 태도는 로마인들에게 깊은 울림을 주었다. 그런데 오늘날은 광장에서 외치는 개신교인들이 바로 그 야수들이 아닌가 싶을 정도이다. 세상과 대비되는 다른 가치를 추구했던 교회가 이제는 가장 충실히 세상 논리를 추종하고 있다. 그들의 옳고 그름은 광장을 바라보는 대중이 준엄하게 판단할 것이다.

원형극장에 갇힌 그리스도인들을 보며 당대의 로마인들은 감동을 받았지만, 오늘 한국 사회의 광장에 갇힌 저들을 보며 대중은 무슨 생각을 할까? 그리스도인들이 외치는 말보다 삶의 자세가 사람들을 감화시킬 때 기독교는 퍼져 나갔다. 광장에 갇힌 그들에게서 극단적으로 국가와 종교를 동일시하는 로마인들의 모습을 본다. 예루살렘에서 잔혹한 학살을 하고 유럽 내 유대인을 가혹하게 대했던 십자군의 모습을 본다. 재세례파를 박해한 가톨릭과 종교개혁 주류의 모습을 본다. 과연 그들뿐일까? 그들에게서 제주 4·3의 학살을 자행했던 서북청년단의 모습을 본다. 군부독재에 아부하던 개신교 목회자들의 모습을 본다. 국익을 위해 이라크 파병을 찬성하고, 애국을 위해 대체복무제를 반대하는 기독교의 모습을 본다.

다소 차이는 있지만, 그 모두를 관통하는 한 가지 핵심은 과도한 국가주의 이데올로기이다. 저들에게서 초대교회 그리스도인들처럼 지역이나 국가의 가치가 아닌 인류 보편의 가치를 추구하는 모습을 볼 수는 없을까? 국가를 대표한다는 명분으로 올림픽 개인전에서조차 다른 선수의 금메달을 위해 전략적으로 희생당하는 일이 용인되는 슬픈 현실을 어떻게 봐야 할까? 예수께서는 가장 작은 자 한 사람에게 보이는 태도가 하나님께 대한 자세라고 했다. 개개인을 향한 삶의 포용과 관용의 태도가 궁극적으로는 그 무엇보다 국가를 위하는 길이다.

한국의 주류 기독교는 근대사의 고비고비마다 애국주의에 편승하여 권력에 밀착하는 아쉬운 과거사를 보여 왔다. 특히 박정희 정권의 3선 개헌에 찬성하고, 10월 유신을 노골적으로 지지하였다. 국가조찬기도회를 조직하여 정치와 종교가 한없이 유착하는 모습을 보였다. 이는 12·12로 집권한 전두환 정권에서도 지속되었다. 이 모든 치욕의 과거를 한마디로 아우르는 용어가 '국가주의'이다.[22]

국가주의란 정교유착의 형태로만 제시되는 것이 아니다. 세월호 침몰사고가 발생한 후 유독 많은 개신교 목회자들이 부적절한 발언으로 구설에 휘말렸다. 그들은 유가족이나 사고 수습을 지원하는 관계자들에게 정치적인 프레임을 뒤집어씌웠다. 국가주의라는 추상의 가치를 내세우는 그들 앞에서 존엄시되어야 할 인권은

뒷전으로 밀렸다.[23] 신앙의 이름으로, 신의 뜻이라는 이름으로, 설교단에서 아픈 현실을 부정하고 역사를 통째로 망각의 늪으로 던져 넣으려는 시도는 수없이 지속되어 왔고 앞으로도 그럴 것이다. 이 모든 것 역시 개인보다 국가를 앞세우는 변형된 국가주의의 부산물이다.

그러기에 그리스도인들에게는 이 역사 앞에서 분명한 의무가 있다. 첫째는, 우리가 마주하는 개별적 역사적 사건을 잊지 않고 기억하는 것이다. 둘째는, 개개인의 기억을 사회적 기억으로 승화하는 일이다. 마지막으로, 그 사회적 기억을 세대 간의 기억으로 전승하는 것이다. 그럴 때 더 이상 역사의 수레바퀴를 되돌리고자 하는 어떠한 반동적인 시도도 통하지 않게 된다. 한 사건이 세대 간의 기억으로 이어지기 전까지는 역사는 정리된 것이 아니다. 교회가 국가주의 이데올로기를 벗고 보편적인 인류애를 실천하기까지는 그리스도인들의 깨어 있는 노력이 요구된다.

광장에 서서 애국을 외치는 자칭 그리스도인들의 모습 어디에서도 예수께서 실천하신 이웃에 대한 배려와 사랑, 긍휼의 마음을 찾을 수 없다. 그들 주장의 역사적 정당성을 찾을 수 없다. 오히려 종교의 외피를 입은 광기만이 보인다. 이제 그들을 보며 우리가 외쳐야 한다.

"그것은 기독교가 아니다. 그것은 하나님의 뜻이 아니다."

우리가 외치지 않으면 저 길가의 돌들이 소리칠 것이다.

목회를 성직이라 믿는 이들에게

성직주의와 권력 이데올로기

1789년의 프랑스혁명은 '앙시앙 레짐'(구체제)으로 불리는 절대왕정을 폐지하고, 자유·평등·박애를 기치로 근대 민주주의를 열었다. 또한 프랑스혁명은 당대의 가톨릭에 대한 대중의 반감이 폭력적으로 표현된 사건이기도 하다. 근대 세속화의 길에서 발생한 이러한 반종교의 흐름을 '반성직주의anti-clericalism'라고 한다. 근대 반성직주의의 출현은 세속주의의 확산과 연관되어 있지만, 이에 대해서는 좀 더 고민이 필요하다. 계몽주의와 과학주의로 대표되는 근대의 발전과 변화에 반동적으로 대응한 가톨릭교회와 성직자는 특권층의 지위를 유지하였으며, 역설적으로 이러한 지위로 인해 가장 세속화된 집단이 되어 버렸다. 그 결과, 유럽을 뒤흔든 극적인 지각 변동이 생겨났다. 프랑스혁명은 유럽의 후기 그리스도교 시대를 열었다.

엄밀히 보자면, 개신교 신학에서는 성인, 성전, 성직, 성지, 성모 등과 같이 신분이나 자격을 가지고 구별하는 용어는 존재할 수 없다. 루터가 가톨릭 성직주의에 반대하여 '만인사제설'을 주장하였기 때문이다. 그렇다면 개신교에는 성직주의가 존재하지 않을까? 오히려 더 급진적으로 변용된 성직주의가 있다. 가톨릭교회가 신의 뜻이 교회 제도를 통해 구현된다고 하는 교권의 특수성을 주장한다면, 개신교회는 다분히 목회자의 특수성을 강조함으로써 성직주의를 드러낸다. 예컨대 '큰 종', '기름 부음 받은 종', '하나님이 세우신 종을 거스르는 죄' 등과 같이 구약의 제사장에게나 적용될 법한 어휘들을 사용한다.

성직주의는 종교가 이데올로기로 변한 것이다. 이데올로기는 특정한 목적을 위하여 개인이나 사회를 규정하는 것이다. 대부분의 이데올로기는 공포를 조장하여 체계를 유지한다. 종교가 이데올로기가 될 때 공포는 극대화된다. 극단적인 예를 들자면, 천부교, 통일교, JMS, 신천지 등 종교 이데올로기에 빠져 가족과 재산을 버리고 반사회적인 행태를 보이는 집단은 시대의 변화에도 불구하고 여전히 존재한다. 그들의 공통점은 무엇일까? 특정한 능력을 인정받은 개인이 신적 지위를 가진다는 것이다. 이 집단 내에서는 육신을 입고 등장한 신에게 몸과 정신과 영혼을 바치는 것은 구원의 필수 요건이다.

에리히 프롬Erich Pinchas Fromm, 1900-1980은 종교가 바로 '마조히
즘'(피학대음란증)의 형태를 띨 수 있음을 경고한다.[24] 인간이란 자
신보다 우월하고 강력한 존재에게 복종함으로써 인간으로서 견
딜 수 없는 고독과 허무를 극복하려는 경향을 갖고 있기 때문이
다.[25] 자연히 카리스마를 갖춘 종교의 교주는 '사디즘'(가학대음란
증)을 보인다. 이 구도 속에서 이단이나 사이비 종교에서 성추문
이 만연한 것은 전혀 낯선 현상이 아니다. 고민할 점은 정통 그리
스도교 내에서도 동일한 위험성이 존재한다는 점이다. 가톨릭의
제도 교회 권위에 대한 주장이건 개신교의 제사장 유비이건 간에
초월적인 권위를 강조하는 성직주의는 사디즘과 마조히즘으로
변형될 수 있다. 인간의 무력함을 악용하는 이데올로기는 권력에
의한 억압체계로 작동한다.

사회적 합의에 근거한 목회직

이데올로기는 권력의 악함을 용인하는 또 다른 이데올로기를
재생산한다. 교회에는 성례의 효력에 대한 오래된 논쟁이 있다.
이는 로마제국의 박해를 받고 배교했던 주교가 베푼 성례가 효력
이 있는지에 의문을 제기하면서 출발했다. '사효론事效論, ex opere
operato'이란 성직자 개인의 윤리적 특성과는 무관하게 성례가 바르

145 —

게 행해지기만 하면 효력이 있다고 보는 견해이다. 반대로, '인효론人效論, *ex opere operantis*'은 타락한 성직자의 성례는 효력이 없다는 주장이다.

어느 것이 맞을까? 제도 교회는 어느 주장을 인정해 왔을까? 민감한 논쟁으로 보이지만 이 논쟁의 답은 뻔하다. 사효론과 인효론은 효력에 대한 논쟁 같아 보이나 실제는 기성의 제도를 따르는 주류와 그 제도에 도전하는 세력이 각기 주장하던 것이다. 당연히 제도 교회로서 가톨릭과 개신교는 모두 사효론을 고수한다. 가톨릭교회가 중세 유럽에서 제도화의 길을 걸어가면서 확립해 온 사효론이 바로 성직주의이다. 성직자가 되는 것 자체를, 이 세상의 윤리와 논리를 넘어서는 신적인 자아의 탄생이라고 보는 것이다.

가톨릭 성직주의는 1215년 제4차 라테란공의회에서 완성되었다. 이 공의회에서 '화체설化體說, transubstantiation'이 가톨릭의 공식적인 성찬론이 되었다. 화체설은 빵과 포도주에 사제가 축성하면 그 외형은 그대로이지만 빵과 포도주의 본질은 그리스도의 몸과 피로 변한다는 것이다. 신자들은 성찬의 현장에서 그리스도가 임재하는 기적을 목도하는 것이다. 이제 성직자는 신을 만드는 자 God-maker의 권능을 갖게 되었다. 술 취한 사제가 포도주 저장고에 들어가 축성하는 바람에 농민들이 포도주를 다 파묻어야 했다는 기록이 있을 정도로 사제의 권한은 절대시되었다. 성직자로서의 개인 능력 여부와 무관하게 무소불위의 권력을 사제들에게 안겨 주었고, 권력 남용은 교회 타락의 빌미가 되었다.

종교개혁의 새벽별이라고 불리는 존 위클리프 John Wycliffe, 1320?-1384는 혼탁한 교회를 바라보며, 타락한 성직자가 베푸는 성례의 효력에 문제를 제기한다. 그는 화체설을 반대하였고 인효론을 논쟁적으로 주창하였다. 위클리프 사상의 계승자들로 알려진 롤라드파는 능력을 갖춘 이들에게 성찬식을 행하고 설교를 할 수 있는 권리를 부여하였다.[26] 존 폭스 John Foxe, 1516? - 1587가 남긴 《순교사》에는 롤라드파 내의 여성 사제와 여성 설교자들에 대한 기록이 많이 등장한다.[27]

중세 말 사제권에 대한 과장된 강조가 반성직주의라는 일관된 흐름을 만들어 내었다. 종교개혁기의 큰 논쟁 중 하나인 성찬논쟁 역시 시야를 돌려 생각해 보면 성직자의 권위에 대한 논쟁과 무관하지 않다. 교회가 위기 상황에 처했을 때 기존 제도에 대한 도전으로 반성직주의나 인효론의 주장이 등장했다. 사제들은 자신들에게 신적 권위가 부여되었다고 주장하겠지만 사효론은 성직자들에게 일정한 자격을 부여한 사회적 합의 그 이상은 아닌 셈이다.

침술사 구당 김남수 옹을 둘러싼 논쟁으로 비유하면 이해가 쉽겠다. 저명한 정치인, 연예인 등에게 침술을 행하여 불치병을 고친 것으로 유명한 그를 둘러싼 논쟁의 핵심은 그가 행한 침술의 효력에 대한 것이 아니었다. 그가 유죄 판결을 받은 핵심 이유는 의료법 위반, 즉 제도가 인정하는 침구사 자격을 취득하였음을 증명하지 못했다는 것이다. 이 차원에서 볼 때 반성직주의의 도전이란 신이 세운 성직 질서에 대한 도전이 아니라 사회제도 속에서

순기능을 하지 못하는 이데올로기화된 제도에 대한 반감의 표출이다. 그러나 반성직주의에 대한 제도 교회의 대응은 하나님이 세운 신적 권위에 대한 반대라고 판단하고 반응하는 경우가 대부분이었다. 진단이 틀리니 처방은 더욱 엇나갔다. 교회의 대응은 그 자체로 반사회적인 모습을 띨 수밖에 없었다.

진지하지만 진부한, 목회로의 '부르심'

신적 소명이라는 신앙고백과는 별개로, 예나 오늘이나 사회 속에서 가톨릭 사제나 개신교 목회자의 지위는 신이 부과한 것이 아니라 사회가 합의하여 부여한 목회 전문가로서의 자격이다. 직업 전문성을 토대로 한 것이 만인사제 인식의 진정한 출발점이어야 한다. 전문 직업군으로서의 목회자에 대한 비판을 신적 부르심을 주장하며 회피할 것이 아니라 전문성을 강화하는 방식으로 극복해 가야 한다. 여성 목사 안수의 문제도 마찬가지이다. 여성 목사의 인정 여부에 대한 근거를 그저 성경 문구에서만 찾을 것이 아니라 사회의 요구 속에서 찾아가야 한다. 갈수록 복잡해지는 사회구조 속에서 교회는 사회가 필요로 하는 요구에 대해 종교 전문가로서의 서비스를 제공해 나갈 때 존속할 수 있다. 그 전문가 집단에 여성이 원천적으로 배제된다는 논리는 성립될 수 없다. 여성 안수를 반대하는 집단의 이데올로기는 사회학적 연구의 진지한 대상이 됨 직하다. 왜냐하면 그러한 인식을 하는 집단은 여성 안수 문제뿐 아니라 여성과 관련된 대부분의 사회현상에 대해 유사한 대응을 할 것이기 때문이다.

낯설게 들리겠지만, 교회는 특수하지 않다. 교회가 사회에서 특수성을 지나치게 강조하면 교회는 반사회적이 될 가능성이 높다. 이미 우리 사회는 모든 복잡다단한 사회문제에 대해 '성경의 권위'를 해법으로 들이미는 집단에 대해 파악하고 있다. 보편적 지성을 갖춘 그리스도인들은 '성경적', '복음적', '기독교적'이라는 수식어가 들어간 말은 한 번쯤 의심하고 들여다보는 안타까운 지경이 되었다.

목회자로의 부르심을 강조하는 것 역시 분명 진지하지만 진부한 것일 수 있다. 이미 걷잡을 수 없는 흐름이 되어 버린 신학대학원 입시 경쟁률 하락은 앞으로도 지속될 것이다. 또한 목회자로 생활하다가 전직하는 이들의 숫자도 늘 수밖에 없다. 이 구조적 현상을 그저 부르심과만 연결시켜서 볼 것인가? 목회자 개인의 능력 탓으로만 볼 것인가? 한국 가톨릭교회는 이미 한 세대 전부터 구조적 한계로 인한 어려움을 마주했다. 1992-1996년 가톨릭대 신학부 입학생이 290명이었다. 6년간의 과정을 마친 뒤 성직자 청원서를 내고 사제의 길에 들어선 졸업생은 189명으로 101명은 중도 탈락하였다. 중도 탈락 비율이 35퍼센트에 달한다.[28] 현재 한국의 극한 직업군에 부목사와 강도사, 전도사는 반드시 들어갈 것이라는 우스개가 있다. 코끼리를 냉장고에 넣으려면 전도사에게 시키면 된다거나, 교회 여성의 계급 서열이 담임목사 사모-권사-집사-성도 그리고 부목사 사모라는 웃어넘기기에는 슬픈 현실이 교회에 엄연히 존재한다. 이 현상의 구조를 외면한 채 모든 것을 부르심과 연결시켜 감내해야 한다거나, 목회자 개인의 능력으로 환원시키는 것은 악한 행위이다.

개개인의 목회자가 무엇인가를 하기에는 이미 구조 자체가 너무 견고하다. 이 구조 문제를 외면하게 만드는 이데올로기가 곧 성직주의라고 보아도 지나치지 않다. 성직주의는 기성 제도에 신적인 권위를 부여하여 옹호하는 이데올로기이다. 하나님이 세우신 종이기 때문에 비록 그 목회자가 성범죄 전력이 있거나 교회를 세습하는 등 도덕적·윤리적으로 결함이 있다 한들 크게 문제 삼지 못한다는 것이다. 그 중심에는 가톨릭의 화체설에 버금갈 정도로 목회자와 설교에 신적 권위를 부여하는 맹신이 자리한다. 이 이데올로기 속에서 목회자는 설교로, 말씀의 능력으로 인정받아야 한다는 강박을 끊임없이 제기하게 된다. 미안한 이야기이지만, 이 때문에 수많은 신학 서적에 삼킨 바 된 목회자들이 생겨나고 있다. 책은 구원이 아니다. 화체설의 오용이 가톨릭 성직주의의 뿌리를 건드렸듯이, 개신교를 곤란한 지경에 이르게 한 데에는 설교자의 능력에 대한 강박도 한몫했을 것이다.

말씀이 우상이 되어 교회에 갇히다

사도 요한은 성육신의 사건을 말씀(로고스)이 육신을 입고 우리와 함께하는 것이라고 표현했다. 말씀이 육신을 입고 우리와 함께한다는 것은, 텍스트가 변화하는 한계적인 몸, 즉 콘텍스트 속에 들어오는 것으로 이해할 수 있지 않을까. 말씀의 올바른 해석 혹은 바람직한 설교에 대한 필요가 교회에 줄곧 강조된다. 그렇다면 말씀에 대한 바른 해석(존재한다면)은 언어 자체의 정확한 의미를 기반으로 하는 것일까? 원어의 뉘앙스나 용례를 적확하게 찾아내는 것이 전부는 아닐 듯싶다. 아마도 사도 바울이 다시 온다 하더라도 자신의 서신에 대해 모두가 만족할 만한 해석을 주지는 못할 것이다.

핵심은 언어의 의미나 뉘앙스를 넘어서는 것이다. 말씀이 육신을 입을 때만, 즉 몸이라는 연약하고 한계적인 공간에서 연약하고 한계적인 사람들과 함께할 때만 의미가 있다. 그래서였던가. 바울도 저잣거리의 사람들이 이해할 수 있는 언어로 편지를 썼다지 않은가! 로고스는 대중에게 들려지고 대중이 처한 상황에 공명할 때에야 비로소 의미를 갖는다. 설교란 나의 언어와 사유로 텍스트와 콘텍스트를 연결하는 것으로, 그저 천상에 울려 퍼지는 천사의 말을 낭독하는 것이 아니다. 거기 머물 때 언어가 허위의식이 되고 땅에 발을 딛지 못한다. 말씀이 현재의 삶과 의식을 반영하지 못하면 문자 자체에 머물 뿐이다. 어쩌면 진정한 위기는 말씀에 대한 지식 부족이 아니라 말씀(텍스트)이 사람들의 삶의 문맥(콘텍스트)에 연결되지 못함에서 오는 것일 수 있다.

역설적이게도 텍스트의 경전성을 과도하게 강조할수록 오늘 현실의 언어로 우리와 함께하는 로고스를 제한할 수 있다. 텍스트에 집착할수록 성경과 사람, 사회를 협소하게 바라보기 쉽기 때문이다. 의도치 않더라도 성경의 권위에 기대어 종교가 혐오를 재생산하는 근거로 작동하게 된다. 대중의 언어생활과 유리된 채 교회에서만 통용되는 설교단의 언어가 되어 버린 현실에서 성경은 창조과학이나, 차별과 배제를 정당화하는 수준의 말씀을 퍼트리는 출처로 전락하기도 한다. 이에 동조하지 않으면 '성경을 믿지 않는다'는 혐의를 덧씌운다.

유감스럽지만 성경은 그렇게 믿으라고 주어진 책이 아니다. 그런 성경이라면 믿지 않는 것이 유익하다. 그건 이미 우상이다. 인간에 대한 예의와 존엄이 무시되고 사회의 상식이 말씀의 권위에 의해 외면당한다면, 말씀이 우상이 되어 교회 속에 갇혀 버린 것이다. 우상이 되어 교회 밖으로 한 발짝도 나오지 못하는 말씀, 신성 속에 갇힌 말씀은 사람들과 함께할 수 없다. 오늘도 여기저기에서 성경의 권위로, 신앙의 이름으로 진행되는 폭력과 같은 소식들이 우울하게 들려온다. 성경을 통해 자신의 독선과 배타성을 정당화할 기제를 마련하는 것은 성경의 권위를 존중하는 행위가 아니다. 오히려 텍스트를 읽어 나가지 못하고 텍스트에 삼켜진 것이다. 그럴 바엔 차라리 이제 잠시 성경을 덮자. 구약의 참 선지자들은 문자의 뜻이 아닌, 시대를 읽는 자들이 아니었던가.

불완전하기 때문에 가능한 변화

정상적이지 않은 구도 속에서 정상으로 살아가는 것은 거의 불
가능하다. 비정상적 구도 속에서 그것을 극복하기 위해 살아가다
보면 비난했던 이들의 모습과 동일한 모습으로 변한 자신을 보든
가, 아니면 정신적인 질병을 앓을 가능성이 높다. 극단적 상황은
사람을 극단으로 몰고 간다. 목회자들이 빠지는 성직주의는 불안
증에 취약한 현대의 신자들에게 잘못된 형태의 종교에 휩쓸릴 가
능성을 열어 준다는 점에서 치명적이다. "심판은 하나님의 고유
권한이다. 금이 간 목사가 더 좋지 않느냐!" 이단 교주의 궤변이
아니라 성범죄 전력으로 유죄 판결을 받은 정통 교회 목회자가
설교 시간에 했다는 말이다. 이런 말을 듣고도 넋 놓고 '아멘' 한
다면 이미 그 목회자와 신자들의 관계는 권력 관계로 왜곡된 것
이다. 마조히즘에 빠진 사람들은 자신을 지배할 신을 찾아다닌다.
상처를 받아도 또 다른 구원자를 향해 나아간다. 문제는 그 구원
자가 항상 성육신한 사람일 경우가 많다는 점이다. 교회를 돌며
구원자를 찾는 그들은 스스로를 진실한 구도자라고 부르고 싶겠
지만 객관적으로는 정신질환자에 가까울 수 있다. 이들이 구원받
기 위해서는 교회가 아닌 정신과 치료가 필요하다. 자아를 사회의

153 —

맥락 속에서 제대로 인지할 수 있게 하는 치료를 받아야만 궁극적인 구원의 길을 향해서도 나아갈 수 있다.

목회자들 역시 마찬가지이다. 목회자가 성직주의의 부작용을 예방하고 목회의 길에서 탈진하지 않고 건전한 목회를 해나가기 위해서는 목회 준비 시기나 초기부터 정서 관리가 중요하다. 이를 위해 정신과 의사의 정기적인 조력을 받는 것은 전혀 부끄러운 일이 아니다. 오히려 적극 권장해야 할 일이다. 목회는 성직이 아니다. 목회자는 더 특별한 신분이 아니다. 교회는 신성불가침의 영역이 아니다. 한국 사회 속에서 교회가 제자리를 찾기 위해서는 목회자나 일반 신자 모두 이 사실을 담백하게 받아들이고, 성직주의 이데올로기를 벗겨 내야 한다. 이 이데올로기에 집착하는 한 외부에서 제기하는 반성직주의의 도전에 맞설 재간이 없다. 교회가 사회로부터 특별하다고 인정받을 수 있는 길은 특별함을 고집하지 않고 변화를 수용하는 것이다. 이러한 인식으로부터 서서히 구조 변화에 대한 고민을 발전시켜야 한다. 그것이 여럿이 함께 사는 길이다.

성직주의는 깨어지는 것이 맞다. 제도 교회나 목회자 제도는 인간이 합의한 시대적 산물이다. 그러나 여기에 가능성의 역설이 존재한다. 이 인간의 제도가 불완전하므로 다시 개혁하면 된다. 성직주의의 구도를 깨는 것이 원천적으로 불가능했다면 루터의 종교개혁은 일어날 수 없었을 것이다. 마찬가지로 현 제도를 그대로 두고서는 성령께서도 어떻게 하실 수 없다. — 154

한국 사회, 교회의 죄 용서와 구원에 대해 묻다

2018년 한국 사회는 성희롱이나 성폭력을 고발하는 이른바 '미투운동'이 뜨거웠다. 현직 여검사가 검찰의 고위직 검사에게 당한 성폭력을 뉴스 인터뷰에서 고발하면서 촉발되었다. 그런데 그 가해자로 지목된 전직검사가 한 대형 교회에서 세례를 받고 공개적으로 간증한 것이 논란을 증폭시켰다. JTBC 뉴스룸을 진행하는 손석희 앵커는 앵커브리핑을 통해 피해자에게 직접적으로 사과하지 않고 대형 교회의 회개와 간증이라는 방식을 택한 것을 보며 진정성에 의구심을 나타냈다. 이러한 현상을 일부 한국 대형 교회의 참담함이라고 표현하면서, 신앙인들이 느끼는 자괴

감과 절망감을 대변하였다. 마치 3분 설교와 같은 그의 브리핑은 목회자, 신학자, 성도들이 끙끙거리며 풀어야 할 숙제를 안겨 주었다. 이제 교회는 구원을 베푸는 곳은커녕 구원을 받을 수 있는지 진지하게 고민해야 할 상황이다. 아마 목회자나 신학자들은 죄 용서와 구원을 신과 관련한 종교 담론으로 여기겠지만, 실제 그렇지만은 않다. 이제 용서와 구원에 대해 조금 다르게 질문해 보자. 한국 대형 교회는 용서받고 구원받을 수 있을까? 종교적으로 용서와 구원의 주체는 신이겠지만, 역사에서 제도 교회가 살아남거나 사라진 것은 오롯이 대중의 선택이었다. 즉, 제도 교회의 죄 용서와 구원, 혹은 심판의 주체는 대중이다.

가톨릭교회는 어떻게 구원받아 왔는가

중세 가톨릭교회는 '대중 종교'라고 불린다. 성직 중심의 가톨릭이 어떻게 이렇게 불리게 되었을까? 뜬금없겠지만, 지금껏 가톨릭교회가 유지되는 비결은 대중의 뜻을 받들어 위로부터의 개혁을 줄곧 해온 데 있다. 대중의 뜻은 공의회를 통해 공식적으로 추인되었다. 제4차 라테란공의회를 기점으로 유럽의 교황권은 절정에 이른다. 뒤집어 말하면, 교회의 권력과 부가 무한대로 확장되었다는 것이다. 이때 등장한 것이 아시시의 프란치스코가 설립한 작은형제회라 불리는 '프란치스코회'이다. 그들은 교회가 사도적 청빈을 실천할 것을 주장하며 교회개혁운동을 이끌었다. 제도 교회가 감당하기 어려운 요구였지만, 대중의 요구를 무조건 외면할 수는 없었다. 가톨릭교회는 고육지책으로 분리 대응을 했다. 그들은 프란치스코회 중에 온건파는 수용했지만 성 프란치스코의 가르침을 극단적으로 준수하고자 한 엄수파는 이단으로 정죄하였다.[29] 움베르트 에코의 소설《장미의 이름》에 나오는, 쫓겨서 수도원에 숨어 있는 프란치스코 수사들이 바로 이 엄수파들이다. 가톨릭교회 입장에서는 모든 소유를 버리고 사도들과 같은 청빈한 삶을 요구하는 프란치스코회가 부담스러웠다. 수많은 교황 중에 프란치스코라는 이름을 사용한 교황은 현 교황이 유일하다는 것이 그 반증이다.

그렇게 300년이 흐른 후, 가톨릭교회의 타락에 대해 루터가 반기를 들면서 가톨릭교회는 큰 위기에 봉착했다. 이번에는 결국 유럽이 가톨릭과 개신교 진영으로 분리되는 결과를 낳았다. 흥미롭게도 유럽의 국민국가들의 경계가 마련된 30년 전쟁(1618-1648)의 결과, 유럽에서 가톨릭이 차지한 지역이 개신교 지역보다 컸다. 시대 변화에 지체하던 가톨릭이 극적으로 살아났다. 예수회와 트리엔트공의회를 통해 가톨릭교회의 개혁 작업이 성공했기 때문이다. 이 개혁은 기존의 가톨릭교회 교리에 대한 개혁은 아니었다. 칠성사와 면벌부를 포함한 가톨릭 교리는 여전히 유지되었지만, 더욱 엄격하게 성직자들의 윤리와 도덕 개혁을 추구했다. 성직자의 혼인을 허용한 개신교 진영과는 달리, 공공연히 혼인 생활을 하던 가톨릭 성직자들의 독신주의를 엄격하게 적용한 것이 그 한 예이다.

다시 250년이 흘렀다. 1789년 프랑스대혁명으로 가톨릭이 부 딪친 위기는 그 규모와 결과 면에서 전무후무했다. 민중의 타도 대상 제1계급이 성직자회였다. 결과는 무참했다. 프랑스 전역의 수백 개 교회가 불탔으며, 유럽에서 가장 큰 교회였던 클루니수도 회 건물이 무너지고 그 잔해는 도시 재건용 건축 자재로 사용되 었다. 교회는 더 이상 구원받을 수 없는 존재였다. 이 충격은 길고 도 컸다.[30] 가톨릭교회의 혼란 수습 조치가 나오기까지 70여 년이 소요되었다. 계몽주의, 프랑스혁명, 자유주의, 사회주의의 공세에 가톨릭교회는 결국 '이성'을 상실했다. 교회의 대응은 극단의 초 월성을 강조하는 것이었다. 1866년 개최된 제1차 바티칸공의회 에서는 교황무오설, 마리아 무흠잉태설 등과 같은 초자연적인 교 리들을 확정하였다. 전 세계가 경험한 급속한 변화에 대한 교회 의 응답은 초월적인 천국으로 홀로 숨어 버리는 것이었다. 세상 의 흐름을 읽어 내지 못한 교회의 추락은 끝이 보이지 않았다.[31] 이 속에서 교황은 벌거벗은 임금님이 되어 버렸다. 그 결과, 유럽 의 가톨릭교회는 양차 대전을 거치며 파시즘과 나치즘의 준동에 가장 적극적으로 부역하였다. 성찰 없는 종교가 갈 수 있는 극한 을 여실히 보여 주었다. 이제 가톨릭교회는 구원받을 길이 없어 보였다.

이 나락의 끝에서 가톨릭교회는 코페르니쿠스적인 전환을 시도한다. 그 핵심은, 구원은 교리로 얻는 것이 아니고 가톨릭교회가 구원을 줄 수 있는 것도 아니며, 교회의 구원은 전적으로 대중에게 달려 있다는 실존적 자각이다. 쇄신이라는 명제를 걸고 시작한 제2차 바티칸공의회는 가톨릭교회 내부로부터의 혁명이었다.[32] 이 공의회는 그 이전에 있었던 20여 차례의 공의회와는 다르게 이단에 대한 파문이나 새로운 교리규정이 없었다. 세상의 변화 속에 교회가 어떻게 적용할 것인지를 고민한 이 공의회에서는 교회의 존립 목적이 인간의 존엄과 공공선의 증진을 추구하는 것임을 선언하였다. 전통에 대한 집착 때문에 세상의 변화에 폐쇄적이던 모습을 전향적으로 바꾼 것이다. 불의하고 불평등한 세상에서 교회가 어떻게 공공의 가치를 대변할 것인지에 지침을 마련해 주었다.

이러한 고민의 결과, 암울한 독재정치하에 있던 중남미와 한국 등에서 가톨릭교회는 대중의 버팀목이 되었다. 한국은 제2차 바티칸공의회의 결정을 구현한 극적인 실험 사례였다. 민주화 투쟁 시기 김수환 추기경과 명동성당은 제2차 바티칸공의회가 추구하는 새로운 가톨릭, 그 자체였다. 결국 가톨릭을 구원한 것은 교리도 교회도 아니었다. 변화한 세상 속에 가톨릭이 쇄신의 모습을 보여 주고자 하자 대중이 반응한 것이다. 앞으로 어찌될지는 모르지만, 적어도 오늘의 가톨릭은 대중에 의해 구원을 받았다.

159 —

제1차 바티칸공의회로 대표되듯, 근대 세계의 도전에 가톨릭교
회가 대응한 방식은 초월로 도피하는 것이었다. 이는 전체주의의
광기가 휩쓸 때 교회가 앞서 동조하는 것으로 끝이 났다. 이 역사
는 한국 대형 교회가 위기에 대응하는 방식과 여러모로 흡사하다.
다 아는 처지이니 대놓고 얘기해 보자. 사랑의교회, 명성교회, 온
누리교회 등이 일반 사회가 제기하는 문제에 대응하는 방식을 생
각해 보자. 공통적으로 교회의 초월적인 성격을 강조한다. 사회법
과 교회법을 어긴 것에 대해서도 신의 섭리의 역사를 강조한다.
소형 교회들의 대형 교회에 대한 비판은 질투 때문이며 교회를
무너뜨리려는 세력들에 놀아나는 것이라고 주장한다. 종교인 과
세 역시 같은 맥락에서 보고 있다. 세상의 논리를 교회에 적용하
지 말라는 것이다. 종교의 초월성에 대한 강조는 온누리교회의 창
조과학운동, 신사도운동, 이스라엘 회복운동 등에 대한 후원과 연
결된다. 이 맥락에서 모든 세상의 변화는 자신들에 대한 위협으로
간주한다.

근대 세계의 도전 앞에 반동적인 모습을 보였던 제1차 바티칸
공의회 당시의 가톨릭과 오늘 대형 교회의 모습이 유사하다면, 대
형 교회도 결국 가톨릭교회가 걸어갔던 길과 다르지 않은 길을
갈 것이라고 충분히 예측할 수 있다. 한국 교회의 미래를 위해 우
리는 굳이 신령한 예언자의 예언이 필요치 않다. 역사를 조금만

반추해 보아도 답은 명확하다. 더불어 가톨릭이 맞닥뜨린 위기의 순간에 극적으로 그들을 구원해 준 것은 교리가 아니었음을 함께 기억해야 한다. 스스로 낮춰 세상의 변화에 긍정적으로 적응하고 세상의 공공선을 찾아가는 노력이 그들을 구원했다. 이 점에서 제1차 바티칸공의회의 퇴행은 대형 교회가 고민해야 할 반면교사이며, 제2차 바티칸공의회는 교회가 세상에서 구원받을 길을 알려 준 모범 사례이다.

이제 우리의 고민은 벌거벗은 임금님이 되어 버린 이 대형 교회를 어떻게 해야 하는가이다. 앞서 언급한 한 검사의 세례와 간증 사건은 교회가 말하는 죄 용서와 구원이 무엇인지에 대해 핵심적인 물음을 안겼다. 물론 그가 세례를 결심하기 전까지 겪었을 고민의 무게와 깊이를 무시해서는 안 된다. 그의 신앙의 고뇌의 진실성은 세례식장이 아닌 앞으로의 삶에서 나타날 것이다. 다만 이 시대 보편적인 정서가 묻는 질문은 이것이다. 정말 그가 죄 용서를 받았을까? 신앙고백이 그를 구원해 줄까? 구원이란 그런 것일까? 그것이 의심스럽다면, 우리는 당연히 그렇게 죄 용서를 하는 신학의 논리 구조에 대해 문제제기를 해야 한다. 이렇게 구원을 값없는 것으로 만들어 버린 그 메커니즘을 구원이라고 명명하는 교회의 신학에 대해 물음표를 던져야 한다.

죄 용서와 구원은 피해자의 아픔을 외면한 채 혼자 쟁취할 수 있는 것이 아니다. 어떤 면에서 구원은 사회 공동체의 문제이다. 하지만 그 대형 교회는 이런 사회적 감수성이 없었을 뿐 아니라,

문제가 불거진 후에도 별 고민의 흔적을 보이지 않았다. 이 문제는 개인의 종교적 경험의 진실성 문제가 아니다. 교회가 죄 용서와 구원을 하나님께서 개인에게 주신 개별적인 것으로 축소시킨 데 있다. 내가 그의 세례에서 던지는 질문은 이것이다. 약자와 피해자의 아픔을 돌아보지 않고 대형 교회가 스스로 선포하는 죄 사함과 구원이 무슨 의미가 있을까? 약자가 되어 보지 않은 사람들에게 구원은 종교적 수사이지만, 이 땅에서 약자, 피해자로 살아가는 이에게 구원은 삶과 죽음의 절대적인 문제이다.

교회 내부에서 용서와 구원의 사회적 맥락에 대한 고민이 없었다는 면에서 이 사건은 대형 교회의 벌거벗은 수준을 보여 준다. 교회에서는 회개하고 세례를 받으면 죄 용서를 받고 구원을 받았다고 할 것이다. 이를 인정한다면, 종교의 구원 역시 대부분 이 세상의 가진 자의 몫이 될 수 있다. 그들은 이 세상을 가졌을 뿐 아니라, 저 세상의 몫까지도 가졌노라고 한다. 결과적으로 가해자는 구원을 받았는데 피해자는 구원을 받지 못한다. 그것을 용서와 구원이라고 가르치는 것은 피해자에 대한 2차 폭력이다. 가해자가 구원받고 세례받았다고 공표하는 것은 죄 용서와 구원은 가진 자, 승리자의 쟁취물이며, 그 결과 천국이 보장된다는 중세 말 타락한 면벌부의 약속과 다름없다.

이 세상에서 얻어야 할 구원

"I believe in life ( ) death." 이 안에 들어갈 전치사는 무엇일까? 십수 년 전 한 영국 중학교 교실에서 발견한 이 문제의 답은 'after'가 아니라 'before'였다. 우리가 소중하게 믿어야 할 삶은 죽음 이후가 아니라, 죽음 '이전'이다. 우리가 이 땅에서 신앙이라는 이름으로 살아가는 목적은 죽음 이후를 위한 것이 아니다. 이 땅의 삶을 위한 것이어야 한다. 구원은 죽어서 받는 것이 아니다. 이 땅에서 추구하고 이루어 가는 것이다.

교회 문제를 해결하는 데 걸림돌 중 하나는 용서, 구원 등 교회가 고민할 주제들을 신학적 사건으로 환원시키는 것이다. 대형 교회의 행태는 아쉽지만 그 신학은 정당하다고 한다면 모순이다. 그러는 사이 이 세상을 점거한 자들이 천국마저 점거하고자 할 것이다. 살아서도 구원을 받지 못하는 자들에게 죽어서의 구원까지도 제한하는 것, 이것이 신학의 이름으로 이루어진다. 살아서 구원을 누리는 자들이 죽어서의 구원까지도 거머쥐고 떵떵거리는 것은 종교가 썩었다는 것이다. 그들은 살아서 구원 못 받은 자들의 삶에 무관심하다. 이는 구원일 수 없다. 그것을 구원이라고 믿는 것은 마르크스가 말한 대로 종교가 '뽕'으로 전락한 것이다.

손석희 앵커가 교회에 던진 숙제가 의미 있는 것이라는 데 모두 동의할까? 그렇다고 전제해 보자. 모르긴 몰라도 그가 바르트, 불트만, 톰 라이트를 읽지는 않았을 것이다. 그렇다면 우리가 그

숙제를 풀어 나가는 방식도 신학적 경계를 넘어 보편의 인식과 관점을 반영해야 한다. 교회는 '영적'인 구원을 얘기하지만, 그는 세상에서 교회가 어떻게 외면당하지 않고 구원받을 수 있을지를 얘기한다. 우리는 어떻게 구원을 받고 구원할 수 있을까? 이 세상 속에서 어떻게 대형 교회를 구원할 수 있을까? 여기에서 우리가 용서와 구원이라는 단어의 내세적 의미에 집착한다면 시대의 문맥을 읽지 못하는 것이다. 사회의 목소리를 담아 내지 못하는 교리는 도그마일 뿐이다. 외부의 시선으로 볼 때 그게 용서이고 구원일까? 사회 속에서 시대정신에 부합하지 않음으로 외면당하는 것이 심판이다. 그것을 손쉽게 회피하는 방식이 종교의 초월성 뒤로 숨는 것이다. 그러면서 하나님의 뜻을 내세우는 것은 최소한의 정당성도 확보하지 못했다는 자인이다.

이 세상에서 구원받지 못하는 집단이 내세의 구원을 약속한다면 설득력이 있을까? 구원은 죽어서 받는 것이 아니다. 심판은 죽음 이후 임하는 것이 아니다. 심판은 이 땅에서 하나님의 뜻을 나타내는 작은 자들, 대중의 외침에서 이미 선고된다. 대형 교회는 구원받을 수 있을까? 이제 질문을 바꿀 차례이다. 이 사회가 대형 교회를 용서하고 구원할 수 있을까? 대중으로부터 심판받기 전에 이제 의식 있는 그리스도인들이 교회의 구원을 위해 나서야 한다. 교회가 구원받는 길은 인간의 존엄과 사회의 공공선을 앞장서서 추구하는 것이다.

17세기 유럽 교회와 21세기 한국 교회의 평행이론

창조 논쟁에 대한 예비적 고찰

요즘 들어 창조론을 둘러싼 논쟁이 많이 제기되고 있다. 창조이냐 진화이냐를 놓고 주로 과학자들과 신학자들이 벌이는 논쟁이다. 학자들의 아카데믹한 논쟁의 기초는 오류의 가능성에 대한 개방성과 열린 결론을 추구한다. 새로운 사실이 발견되면 겸손히 받아들일 수 있는 태도가 학문을 하는 기본자세이다. 어떤 과학의 문제에 접근할 때 수용할 수 없는 선을 미리 설정해 놓고 토론을 하면 의미 있는 논의를 끌어낼 수 없다. 한국 기독교의 맥락에서 보자면, 주로 창조과학계와 보수 개혁주의신학 진영에는 타협 불가능한 엄격한 경계가 있다. 서로 상대에게 말을 하지만 이는 대화는 아니다. 이 점이 창조론과 진화론을 둘러싼 논쟁에 회의적인 시각을 가질 수밖에 없는 이유이다.

기독교는 보편적인 과학 발전에 대해서는 민감하게 반응하거나 반과학적 태도를 취하지 않는다. 유독 기원의 문제, 창조의 문제에 대해서만 지나치게 비합리적으로 대응하는 이유는 기독교 교리체계의 뿌리를 흔들 수 있다는 위기의식 때문일 것이다. 종교가 가진 초월성을 배제한 채 이성적인 논리로 종교를 비판하는 것은 현실적이지 않다. 하지만 창조와 진화를 둘러싸고 생겨난 논쟁은 흥미롭게도, 종교가 초월의 자리에서 내려와 이성적으로 하나님의 초월적인 창조를 설명할 수 있다고 주장한다.

한국 교회의 창조-진화 관련 논쟁은 성경해석 방법이나 신학 혹은 과학과 관련된 문제가 아니라, 권위와 권력과 관계된 문제이다. 교회나 신학계에서 창조-진화 논쟁을 제기하는 데에는 신학의 권위에 대한 위기의식과 더불어 신적인 교회의 권력을 유지하기 위한 목적이 있다. 주로 권위의 위기를 겪는 보수 신학과 대형 교회를 중심으로 진화론을 반박하고 창조과학을 묵인하거나 옹호하는 데서 그 성격이 잘 드러난다.

여기서 창조-진화를 둘러싼 신학과 과학 사이의 논쟁을 거들 생각은 없다. 다만 역사적으로 종교와 과학은 어떻게 연결되어 왔는지 한 걸음 떨어져서 생각해 보는 것이 필요할 듯하다. 역사 속에서 종교와 과학이 걸어 온 길과 대화의 가능성을 한번 따져 보자.

메노키오와 갈릴레오

일반적으로 그리스도인들이 종교개혁 시기로 기억하는 유럽의 16세기는 근대국가의 출현과 더불어 근대로의 이행이 일어났던 때이다. 근대를 연 가장 중요한 사건은 르네상스나 종교개혁이 아니라 '과학혁명'이다. 과학혁명은 기독교 사관에 대한 연구로도 잘 알려진 영국 역사학자 허버트 버터필드가 《근대 과학의 기원》에서 언급한 용어로서 코페르니쿠스(1473-1543)부터 뉴턴(1643-1727)에 이르는 150년 동안의 과학 발전을 가리킨다.[33]

'지구가 우주의 중심이 아니며 지구는 태양 주위를 돈다'는 지동설은 지구가 우주의 중심이라고 생각하던 교회에 큰 도전이었다. 지구가 태양계의 중심이라는 세계관은 곧 교회를 중심으로 세상이 돌아간다는 세계관의 반영이기도 했기 때문이다. 종교개혁 전후 교회는 전에 없던 권위의 위기에 부딪치게 되었다. 과학의 발전은 가톨릭교회와 프로테스탄트 모두에게 이른바 교의학에 대한 근본적인 재검토를 요구하는 사건이었다. 때문에 종교개혁은 단순히 교회의 분열로 끝나지 않고 근대 세계 속에서 종교의 권위와 종교적 가르침이 과연 적절한지에 대한 문제제기로 연결되었다.

1582년 이탈리아의 프리울리 지역에서 작은 방앗간을 운영하던 메노키오는 이단 혐의로 고발되었다. 고발 당시 51세였던 그는 삼위일체와 그리스도의 신성, 교황과 교회의 권위를 부정하였다. 흙, 공기, 물, 불이 뒤섞인 혼돈의 상황에서 마치 치즈에서 구더기가 나오듯이 물질이 생성되었다는 우주론과 창조론을 주장했다. 그는 독학으로 글을 깨치고 몇 권의 책을 읽었다지만, 사상적으로 누구에게 영향을 받았는지는 명확하지 않다. 종교재판에 회부되어 이단 심문관에게 고문을 당하면서 그는 결국 자신의 주장을 철회하여 얼마간 옥살이를 한 후 석방되었다.

하지만 메노키오는 자신의 이전 생각을 버리지 않았다. 결국 십수 년이 지난 1599년 추기경 산타 세베리나는 메노키오를 '무신론자이자 상습범'으로 규정하고 재조사를 명했다. 세베리나는 메노키오의 사안이 심각하고 중대하므로 엄중하게 처벌해 본보기를 삼아야 한다는 것이 교황의 확고한 의지라고 밝혔다.

남아 있는 재판 기록에 따르면, 당시 교황 클레멘스 8세도 메노키오 사건을 인지해 엄중하게 처리하라고 명령했다. 결국 메노키오는 16세기 끝자락인 1599년 11월과 12월 사이 어느 날, 이단 혐의로 처형되었다. 그는 고문을 당하며 그의 사상에 영향을 준 배후를 묻는 질문에 끝끝내 "오직 저 스스로 읽었을 뿐입니다"라고 답했다.[34] 이탈리아 역사학자 카를로 진즈부르그Carlo Ginzburg는 1976년 이 재판에 대한 기록을 《치즈와 구더기》라는 책으로 남겨 그의 삶을 역사 속에서 복원하였다.

메노키오보다 약 30년 후에 프리울리로부터 직선거리로 약 460킬로미터 남짓 떨어진 피사에서 갈릴레오(1564-1642)가 출생했다. 그는 가톨릭교회가 전통적으로 주장하던 아리스토텔레스의 우주관, 즉 '지구를 중심으로 우주가 순환한다'는 천동설을 배격했다. 태양계의 중심이 지구가 아니라 태양이며, 태양을 따라 지구가 순환한다는 지동설을 주장한 것이다. 그는 이 때문에 가톨릭교회와의 논쟁의 중심에 서게 된다. 1615년 교황청 종교재판소는 갈릴레오의 주장이 트리엔트공의회의 주장에 배치되며 프로테스탄트주의의 주장과 유사하다는 혐의를 씌운다. 흥미롭게도 이는 메노키오 재판에 적용된 혐의와 동일하다. 1616년 교황 바오로 5세는 갈릴레오에 대한 조사를 담당했던 추기경 벨라르미네에게 갈릴레오의 지동설 주장을 철회하도록 명령한다.

그 후 10여 년 넘게 갈릴레오는 이에 관련된 논란에서 비껴나 평온한 일상의 삶을 누린다. 그러나 1630년 《두 가지 주요 태양계 구조설에 관한 대화*Dialogue Concerning the Two Chief World Systems*》를 저술하여 다시 한 번 천동설을 비판하고 지동설을 옹호했다. 그 결과, 1633년 교황청은 다시 갈릴레오를 이단 혐의로 종교재판에 회부한다. 갈릴레오는 유죄 판결을 받았지만 고령에다 거의 눈이 보이지 않을 정도로 건강이 좋지 않아 옥살이는 면하고 가택연금된 채 일생을 보냈다. 이 재판 후 갈릴레오가 "그래도 지구는 돈다"라고 했다고 전해진다. 하지만 갈릴레오 사후 그의 추종자들이 이 말을 지어냈다는 것이 일반적인 견해이다. 1992년 교황 요한 바오로 2세는 이 재판에 대해 사과하고 갈릴레오를 공식적으로 복권하였다.[35]

약 30년의 간격을 두고 종교개혁과 과학혁명의 시대를 관통하며 살았던 두 이탈리아인의 삶, 한 번도 주목받지 못했던 민중과 당대 엘리트 과학자라는 큰 차이에도 불구하고 유사한 요소가 적지 않다. 그렇다고 어설프게 평행이론을 논하자는 것은 아니다. 이 두 사람의 사상과 재판기록을 단순히 한 개인의 특이한 삶이라는 관점에서 접근하면 흥미로울 수는 있으나 충분하지는 않다. 신분이나 사회적 명성 등에 비추어 볼 때, 동시대 같은 공간에 살았다 하더라도 동선이 겹치기 쉽지 않았을 이들을 하나로 엮어 주는 공간은 바로 종교재판소이다. 그리고 그 공통된 내용은 당대 르네상스와 종교개혁을 거치면서 생성된 새로운 사상과 과학의 주장에 대한 교회의 탄압이다. 갈릴레오는 그렇다 처도 일개 지방의 방앗간지기에 불과한 메노키오의 주장에 대해 교황청이 직접 개입했다는 사실은, 그들의 삶과 주장이 단순히 개인의 돌출적인 주장이 아니라 변화하는 시대정신을 대표하는 것일 수 있음을 보여 준다.

종교개혁을 통해 독점적인 지위를 상실한 가톨릭교회는 새로운 사고와 과학 발전의 도전으로 권위의 위기를 겪는다. 그 결과, 가톨릭교회는 제도 교회의 전통뿐 아니라 성경의 권위를 재해석한다. 흔히 보수 프로테스탄트가 독점한 것으로 비쳐지는 성경 영감설에 대한 본격적인 신학적 담론이 다름 아닌 이 시기 가톨릭교회로부터 비롯되었다.

위 두 사건이 벌어진 것과 비슷한 시기에 에스파냐의 도미니크회 수사 멜키오르 카노Melchior Cano, 1509-1560는 성경의 축자영감설 혹은 완전영감설을 주장했다. 그는 성경의 모든 단어뿐 아니라 일점일획이 모두 성령의 감동으로 작성되었으며, 어떠한 오류도 들어 있지 않다고 주장했다. 역시 도미니크회 수사인 도밍고 바네즈Domingo Banez, 1528-1604도 성령께서 성경의 모든 내용에 영감을 주셨을 뿐 아니라, 글자 한 자 한 자까지도 말씀하시고 암시하셨다고 주장했다.[36] 16세기 들어 등장한 완전영감설은 과학 발전과 새로운 사상의 도전에 대해 제도 교회가 신앙의 신비와 초월을 강조하여 반동적으로 대응한 사례이다.

청교도와 머튼 테제

이탈리아의 메노키오나 갈릴레오의 사례를 볼 때, 과학혁명과 가톨릭교회는 그리 생산적인 관계는 아니었던 것 같다. 그렇다면 시기를 약간 뒤로 옮겨 잉글랜드의 사례를 살펴보자. 잉글랜드 내전(1642-1651)은 왕당파와 의회파의 갈등 끝에 국왕 찰스 1세를 처형(1649)하고 호국경 올리버 크롬웰Oliver Cromwell, 1599-1658을 권좌에 올려놓는다. 이는 잉글랜드에 장로회의 정치 이념을 이식하고자 시도했다는 점에서 흔히 '청교도혁명'이라고도 부른다. 내전 기간 동안 의회는 왕권을 견제하기 위해 웨스트민스터 총회를 개최하여 장로회 정치에 기반을 둔 예배 및 신앙규범, 교리문답서 등을 제정한다. 국왕의 처형도 이 총회가 한창 진행되던 시기에 일어났다.

　교리문답의 중요성을 강조하는 어떤 책에서는 종교개혁의 완성이 웨스트민스터 총회에서 이루어졌다는 평가를 내렸다. 하지만 잉글랜드가 정치·사회적으로 불안정한 내전 상태에서 웨스트민스터 총회 자체가 진행되었기 때문에 잉글랜드 내에서의 유산은 초라하다.

　크롬웰 부자의 독재정치 이후 1660년 왕정복고가 이루어졌다. 그 결과, 웨스트민스터 신앙고백서는 잉글랜드에서 한 번도 제대로 활용되지 못한 비운의 고백서가 되었다. 청교도들은 칼뱅의 가르침과 장로교 정치체제를 도입하여 잉글랜드를 모범적인 프로테스탄트 국가로 만들고자 했지만, 대중의 지지를 받지 못했다. 지금도 잉글랜드 내에는 칼뱅의 이념을 따르는 개혁교회는 아주 소수나마 존재하지만 교회 정치 제도로서의 장로교회는 존재하지 않는다.

　잉글랜드 내전 후 정치 시스템과 종교 의식은 국교회를 중심으로 재편되었다. 장로교인, 침례교인, 칼뱅주의자, 퀘이커교도, 유니테리언 등은 비국교도로 분류되어 공립학교 및 옥스퍼드대학과 케임브리지대학 입학이 금지되었고, 국교회 성찬에 참여하지 않는 이들의 공직 진출을 허용하지 않았다. 이 차별은 청교도들에게 의도하지 않은 역할을 맡겼다. 내전 이후 청교도들이 과학 분야에서 두드러진 공헌을 하게 된 것이다.

　역사는 때로 아이러니를 통해 형성된다. 그 중심에는 1660년 — 172

에 설립된 '로열소사이어티'(자연 지식의 향상을 위한 런던 왕립학회. 줄여서 '왕립학회'라고도 함)가 있다. 로열소사이어티는 청교도에 의해, 청교도를 위해 만들어진 기관은 아니다. 비국교도의 대학 입학 제한으로 인해 청교도들이 불가피하게 로열소사이어티에 들어가게 된 것이다. 그러나 과학자들의 공식적인 단체로서 로열소사이어티의 성립은 새로운 지식에 대한 갈망과 더불어 당시 대표적인 고등교육기관이었던 옥스퍼드대학과 케임브리지대학의 침체기와 맞물려 상승 작용을 했다. 교육받은 성직자 양성이라는 '옥스브리지'의 주요 기능은 종교개혁 이후에도 변함없이 유지되었고 신학의 학문적 우위는 여전히 지속되었다.[37]

물론 인문주의의 유입과 자연철학에 대한 관심 확산은 대학에서도 나타난 현상이었으나, 신학을 중심으로 한 지식의 통합이라는 중세적 관점이 여전히 유지되었다. 신학 외의 모든 학문은 신학 공부를 위한 준비 과정 정도로 여겨졌고, 자연철학은 스콜라철학의 기반이 되는 아리스토텔레스주의의 틀에 머물고 있었다. 실험적 지식의 중요성을 강조하는 소위 베이컨주의는 당시의 대학에서는 수용되지 못했다. 통합적인 학문으로서의 신학의 지위를 위협한다고 여겨졌기 때문이다.

이 로열소사이어티의 가장 큰 특징은 두 가지를 들 수 있다. 첫째, 모든 종류의 신학과 종교적 토론을 금한 것이다. 둘째, 자연철학과 과학에 대한 집중이다. 이러한 시각은 분명 잉글랜드 청교도들이 추구했던 것과는 다소 차이가 있다. 로열소사이어티가 자리를 잡아 가면서 점차 영국 내에서 개신교는 합리적인 종교로 자리매김하기 시작했다.

잉글랜드의 청교도는 가장 급진적으로 성경 중심의 국가를 추구하던 집단이었다. 좀 더 정밀하게 신앙을 규정하고 성경의 가르침을 해석하고자 했지만, 실제로 더 큰 충돌이 내부에서 빚어졌다. 이에 대한 반성의 과정에서 성경 해석 너머에 있는 보편적 이성에 대한 추구가 등장했다. 곧 중세 기독교 유럽의 도래 이후 지속되어 오던 교회 중심의 세계관 해체가 내부로부터 이루어지게 된 것이다.

그렇다면 청교도들은 시대 상황에 따라 불가피하게 수동적 선택을 한 걸까? 아니면, 칼뱅주의 이념 자체에 과학 발전의 토대가 들어 있었던 걸까? 미국의 사회학자 로버트 머튼Robert King Merton, 1910-2003은 청교도 사상 자체에 과학 발전을 이끌어 온 친연성親緣性이 내재되어 있다고 주장했다. 이를 가리켜 '머튼 테제'라고 한다.[38] 독일의 사회학자 막스 베버Max Weber, 1864-1920는 직업의 소명에 따라 충실하게 살아가는 프로테스탄트 윤리가 자본주의 발달에 기여했다는 '베버 테제'를 주장한 바 있다. 쉽게 표현하면, 머튼의 주장은 이 베버 테제의 과학 버전이라고 할 수 있다.

청교도가 과학혁명을 이끌었음을 주장하는 머튼 테제는 기독교와 과학의 선순환을 그린다. 그는 가치와 이상을 중요시하는 '청교도 에토스'가 17세기 잉글랜드의 과학 문명을 고양시키는 데에도 기여했다고 보았다. 머튼 테제의 핵심은 두 가지이다. 첫째, 칼뱅주의 에토스는 영적인 세계뿐 아니라 물질적인 세계에도 동등한 가치를 부여한다는 것이다. 둘째, 그에 따라 사회복지와 공공의 이익을 건설적으로 추구했다는 것이다. 이 주장에 대해 로열소사이어티가 청교도만으로 구성된 것은 아니며, 청교도만의 가치라기보다 17세기 잉글랜드 사회 구성원 대다수가 취한 과학에 대한 태도라는 비판을 제기하기도 한다. 어쨌거나 머튼 테제를 따른다면, 근대 과학혁명을 이끈 산실로 평가받는 로열소사이어티는 가장 보수적인 청교도들로부터 비롯되었다는 역설이 나온다.

메노키오나 갈릴레오 사례에서 보듯 17세기 교회는 과학 변화에 수동적으로 반응했다. 앞서 살펴본 바, 이 시기 가톨릭교회에서 기계적 영감설과 같은 성경무오설이 먼저 나왔다는 것도 의미가 있다. 계몽주의와 과학혁명 등 지성 세계의 급작스러운 변화에 맞서 신앙고백을 강화한 교회의 대응은 수세에 몰린 위기의식의 반영이었다.

알리스터 맥그래스는 객관적인 관찰자의 시각으로 볼 때 16, 17세기 교리문답서를 포함하여 정통주의 시대의 신학 발전이 지성사의 관점에서는 반계몽주의적이자 죽어 가는 학문으로 보인다고 냉정하게 평가했다. 이 신앙고백주의confessionalism는 신학의 공통된 토대를 놓으려 하기보다 자신들의 입장을 변호하는 데만 급급하게 만들어졌다고도 했다.[39]

위와 같은 17세기 시대 분위기에서 청교도와 로열소사이어티가 연결된다는 사실은 종교와 과학의 관계를 색다르게 읽을 수 있는 여지를 준다. 적어도 청교도와 로열소사이어티의 연결점은 종교가 과학혁명에, 또한 시대의 지성계에 적극적이고 긍정적인 참여를 한 예외적 사례가 되기에 충분하다. 그리고 이러한 사례가 21세기 소위 말하는 복음주의, 보수 개혁주의 진영에 적용되지 말라는 법은 없다.

고착화된 틀을 넘어 대화로 나아가기

17세기 유럽 교회가 겪었던 권위의 위기를 오롯하게 21세기 한국 교회가 경험하고 있다. 교회 자체적으로 반복되는 윤리적·도덕적 위기와 함께 과학 발전이 던지는 신학의 위기도 있다. 창조와 진화 논쟁, 아담의 역사성 논쟁 등도 한 자리를 차지할 것이다.

이에 대한 교회의 대응은 반지성주의와 유사지성주의로 나타나는 것 같다. 반지성주의는 특정한 신학적·교리적 주장과 다른 학문 분야의 정합성을 추구하는 시도를 포기하고 기존의 신앙고백적 입장만을 강화하는 것이다. 한국 교회에서 성경을 문자적으로 해석하여 진화론을 반대하는 중요한 논거로 사용하는 것은 그저 우연한 반복이 아니다. 유사지성주의는 적극적으로 교리와 과학이 정합성이 있음을 주장하는 것이다. 창조과학이 그 대표적인 사례라고 할 수 있다.

특히, 칼뱅주의 세계관을 따르는 흐름이 여전히 강한 한국 교회

풍토에서는 반지성주의가 효과적으로 수용된다. 반지성주의는 도전받을수록 더 확고한 것에 집착한다. 간편하게 '진리 대 비진리' 구도를 만든다. '창조 대 진화'라는 이 구도는 '신앙 대 불신앙'이라는 구도로 손쉽게 치환된다. 창조과학을 신봉하는 이들은 '젊은 지구론'을 믿지 않으면 성경을 믿지 않는 것이라고 공공연하게 주장한다. 그들은 고민스러운 부분에 대해 논리적인 답을 제시하고, 믿어야 할 바를 과학의 이름으로 일목요연하게 보여 주고자 한다. 하지만 너무 쉬운 것은 답이 아닐 수 있다.

또한 개혁주의신학계에서 주로 제기되는 창조-진화와 관련된 대응 담론 역시 크게 보아 이 구도를 벗어나지 않는다. 잡을 수 없는 것을 잡을 수 있는 것으로, 논리로 모두 설명해 낼 수 없는 신비를 설명할 수 있는 대상으로 가정한다. 신비가 인간의 이해로 모두 설명될 수 있다면 그건 신비가 아니다. 오늘 한국 교회가 당면한 과학의 도전으로 인한 위기를 교리에 대한 강조나 창조과학 신봉으로 도피하는 것은, 진지해 보이긴 하나 외부에서 보기에는 어설픈 대응이다. 메노키오나 갈릴레오에 대한 교황청의 태도는 그 시대 종교의 과학에 대한 생각을 상징적으로 보여 준다. 즉, 종교의 인식 범위 안에서 과학을 수용하겠다는 지극히 편협한 시각을 드러낸 것이다.

교회 내의 검열 문화는 여전하다. 메노키오의 "오직 저 스스로 읽었을 뿐입니다" 또는 갈릴레오의 "그래도 지구는 돈다"라는 혼잣말은 17세기만의 것이 아니다. 21세기 실제 교회 현장에서 창조와 진화와 관련해 다른 목소리를 내면 '성경을 믿지 않는다. 진화론자다'라는 식의 규정이 공공연하게 이루어진다.

개혁주의신학을 하는 이들이나 창조과학을 옹호하는 이들은 진화론을 수용하면 기존의 구원의 틀이 무너진다고 생각한다. 아담의 역사성이 부정되면 원죄 교리와 대속 교리가 영향을 받는다는 것이다. 하지만 조금 더 나아가 살펴보면, 세계 기독교의 다른 한 축인 동방교회에서는 원죄의 유전을 인정하지 않는다. 그러므로 진화론에 수용적인 태도를 보이는 것을, 반反기독교 세계관이라거나 교리와 성경의 무오성에 심각하게 도전하는 것이라고 규정하는 것은 설득력을 지니지 못한다.[40] 그뿐 아니라, 특정한 신학 이념 때문에 보편적으로 합의된 학문적 성과를 외면하는 것은 결코 학문을 하는 태도가 아니다.

더 나아가 이들은 과학의 연구 성과를 신학에 적용하지 못하는 이유를, 과학은 시대에 따라 끊임없이 변화하는 반면 교리는 성령의 인도하심과 성경 해석에 대한 교회의 오랜 전통 가운데 형성되었기 때문이라고 한다. 17세기 근대과학의 공세 앞에 가톨릭교회 역시 성경의 무오설과 교회의 전통이라는 논리로 대응했다. 천동설을 방어하고, 지동설을 주장하는 이들을 이단으로 정죄했다. 21세기 근대과학의 도전 앞에 선 한국 교회 역시 '성경의 무오성'과 '교회의 권위'로 대응한다. 대표적으로 창조-진화 논쟁을 배격하고 젊은 지구론을 주장하는 창조과학을 암묵적으로 묵인하거나 명시적으로 지지하는 것을 들 수 있다. 17세기 가톨릭교회와 21세기 한국 교회의 대응 속에서 지독한 평행이론을 본다.

지난 2018년 5월은 마르크스 탄생 200주년이었다. 모든 것을 경제문제로 환원하는 토대와 상부구조라는 마르크스주의의 핵심 교리는 폐기되었으나 비판적 성찰을 통해 마르크스주의는 다양하게 진화해 21세기에도 필요한 담론을 생성하고 있다. 그에 비하면 신학은 여전히 지나치게 교조화되어 남아 있다. 예컨대 칼뱅 사상의 경우에도, 고등칼뱅주의라는 말은 있어도 그를 발전적으로 극복하고자 하는 후기칼뱅주의라는 말은 들어 보지 못했다.

이제 보수주의 신학도 기존의 틀에 고착되어 있기보다 시대의 맥락 속에서 새롭게 발전하고 해석되어야 할 때이다. 이는 결국 신학자들, 구체적으로는 교의학자들이 해야 할 작업이다. 기성의 틀을 변할 수 없는 유일한 틀로만 붙든다면 신학이 설 자리는 갈수록 없어질 것이다. 이럴 때 창조과학과 같은 유사지성주의 견해가 성경중심주의와 복음주의 세계관이라는 허울 아래 지속될 수밖에 없다. 그것이 정말 '성경과 복음의 진리를 수호'하는 것일까? '오래된 지구론'이나 진화 이론을 수용하면 기독교의 근간이 무너진다고 정색하는 이들의 주장에서 어느 정당의 "나라를 통째로 넘기시겠습니까?"와 같은 공감되지 않는 문구가 연상되는 것은 왜일까?

자신들이 설정한 신학적 틀 안에 갇혀 다른 생각에 대해서는 눈을 막고 귀를 닫는 것은 지적인 오만이자 태만이다. 종교에 초월의 영역이 개입된다고 해서 맹목이 용인될 수 있는 것은 아니다. 교리의 정합성에 대한 최종 판단은 교의학자의 글에서 이루어지는 것이 아니다. 그 교회가 속한 사회의 구성원들이 교회의 가르침의 적실성을 인정할 때 교리의 정합성은 확정된다.

신학자들은 텍스트뿐 아니라 사회의 시각이 무엇인지도 고민해야 한다. 어깨의 힘을 빼고 열린 마음으로 콘텍스트를 읽는 노력이 그 누구보다 필요하다. 우리는 이런 태도를 '학문하는 것'이라고 부른다. 이러한 기반 위에 창조와 진화에 대한 과학과 신학 사이의 진정한 대화가 이루어지길 바란다.

배제와 혐오를 넘어서
포용의 공동체를 향하다

톰킨스 H. 매트슨, 〈마녀 검사〉, 1853

마녀사냥은 일반적으로 엘리트 지배계층이 대중의 신앙을 자신들의 세계관으로 통합하고자 하는 과정에서 발생했다. 즉, 중세의 느슨한 '보편' 교회 전통에 있다가 근대에는 종교의 정체성과 색채가 강화된 교회 전통이 시도된 것이다. 교회와 국가가 새롭게 만들어 가는 이 체제 속에 들어오지 못하거나 그 규율에 어긋나면 배제와 억압의 대상이 되었다. 마녀사냥은 바로 국가 주도의 세계에 편입하지 못하는 주변과 타자에 대한 근대의 처방이었다. 187쪽

'가나안 성도'를 재고한다

가나안 성도, 교회 쇠퇴의 시작?

교회 출석 인구가 크게 줄고 있다는 뉴스가 심심찮게 등장한다. 거기에는 '가나안 성도'라는 표현이 빠지지 않고 나온다. '가나안 성도 수 5년 새 두 배 증가, 현재 가나안 성도 160만 명….' 왜 '가나안' 성도라고 표현했는지 대충 짐작은 된다. 개인적으로 신앙을 가지고 있으나 제도 교회에 실망하여 교회에 출석하지 않는 성도라는 의미일 것이다. 하지만 이 단어 자체는 본질을 외면하는 용어일 수 있다.[1]

그 수가 100만이 넘어간다고 하면 전체 기독교 인구에서 상당 부분을 차지한다. 그런데도 이들을 가나안 '성도'라고 표현하는 것은 그들을 여전히 교회로 돌아올 가능태로 보고 있는 것이다. 과연 그럴까? 제도 교회의 구조와 운영에 가시적이고 획기적인 변화가 전제되지 않는 한, 이들이 다시 교회로 돌아올 가능성은 현실적으로 희박한 듯하다. 일시적인 현상을 넘어 지속되는 흐름이고 그 흐름이 한 세대 동안 이어진다면, 아예 교회 출석 자체를 해 보지 않은 사람이 훨씬 더 늘어날 것이다. 근대 유럽에서 교회가 쇠퇴하면서 보였던 전형적인 흐름이다. 이러한 흐름을 가나안 성도의 영향으로 볼 것이냐, 교회의 쇠퇴로 볼 것이냐에 따라 처방도 달라질 것이다. 이것이 기존 교회와 신학계가 해온 고민이다.

하지만 가나안 성도 문제는 교회와 개별 성도 사이의 관계로만 접근할 문제는 아니다. 좀 다른 시각에서 교회 이탈 문제를 생각해 볼 수 있다. 이 현상을 근대사회 구조 속에 놓는다면 어떤 그림이 그려질까?

엘리트주의와 대중 신앙

앞에서도 잠깐 언급했지만, '16세기 한 방앗간 주인의 우주관'이라는 부제가 붙은 이탈리아 역사학자 카를로 진즈부르그의 책 《치즈와 구더기》는 이탈리아 북부 프리울리 지역에 살았던 메노키오라는 한 방앗간 주인의 재판 기록이다. 메노키오는 우주가 신이 창조한 것이 아니라 마치 치즈에서 구더기가 나오듯이 자연

발생한 것이라고 사람들에게 말하고 다녔다. 그것이 꼬투리가 되어 이단재판을 받고 결국 처형당했다.

기존의 지배계층이 남긴 기록을 중심으로 역사를 기술한 익숙한 방식을 벗어나, 많은 자료가 남아 있지 않은 일반 대중의 세계를 메노키오를 통해 드러낸 이 책은 '아래로부터의 역사학'의 고전이 되었다. 이 책에서 보여 주는 핵심은, 가톨릭이 공식 종교인 이탈리아의 경우에도 성직자 중심의 엘리트 종교와 대중이 가지고 있던 종교 인식에 큰 차이가 있을 수 있다는 것이다. 엘리트 문화와 대중문화의 불일치에서 특히 의미가 있는 것은 메노키오가 자신의 세계관을 스스로의 사고 속에 정립했다는 점이다. 엘리트 종교에서 부과해 온 가르침을 벗어나 신이나 천사조차도 우주의 물질로부터 생성되었다는 범신론에 가까운 주장은 21세기 오늘에서도 의미 있게 논쟁할 만한 주장이었다. 목숨을 잃는 상황에서도 메노키오는 이 주장을 거두지 않았다.

재판 기록에 남아 있는 메노키오의 주장은 도그마화되어 버린 교회의 가르침에 비할 때, 어쩌면 훨씬 생동감 있고 사람들을 설득할 만한 것이었다. 이러한 이유로 《치즈와 구더기》는 전통과 관습이라는 이름으로 진행되는 종교성의 실천을 근본부터 곱씹어 생각하게 하는 매우 중요한 작품이다.[2]

이러한 메노키오의 이야기는 종교개혁을 거치면서 유럽의 단일한 종교적 가르침이 분화되어 다양한 사고가 가능해졌음을 단적으로 보여 준다. 가톨릭 교황제라는 절대적인 권위가 무너진

16세기 이후 근대의 콘텍스트에서 유럽의 종교가 맞닥뜨린 고민스러운 상황이기도 했다. 엘리트 종교와 대중문화 사이의 갈등은 근대에 심화되어, 중세에 다양하게 용인되었던 것들이 근대의 국가교회 중심의 상황에서는 수용되지 못한 면이 많았다. 메노키오의 시대에는 이른바 '마녀사냥'이라는 집단 광기가 횡행했다. 마녀사냥은 일반적으로 엘리트 지배계층이 대중의 신앙을 자신들의 세계관으로 통합하고자 하는 과정에서 발생했다. 즉, 중세의 느슨한 '보편' 교회 전통에 있다가 근대에는 종교의 정체성과 색채가 강화된 교회 전통이 시도된 것이다. 교회와 국가가 새롭게 만들어 가는 이 체제 속에 들어오지 못하거나 그 규율에 어긋나면 배제와 억압의 대상이 되었다. 마녀사냥은 바로 국가 주도의 세계에 편입하지 못하는 주변과 타자에 대한 근대의 처방이었다.

그 억압과 배제의 대상은 주류 엘리트들이 아닌 사회적 약자, 그중에서도 일반적인 대중의 삶과 시선에서 벗어나 있는 독신 여성과 노인, 산파 등이었다. 제도 종교로 국가의 통합을 시도했지만, 결국은 타자를 배제함으로 이상적인 사회를 꿈꾸었던 근대 시스템이 가져온 병리 현상임이 드러났다. 마녀사냥을 다룬 대부분의 책에서는 이 무분별하고 무자비한 마녀사냥에 마지막 펀치를 가한 이가 철학자 데카르트René Descartes, 1596-1650였다고 평가한다.[3] 데카르트는 마녀사냥을, 상식적으로 어긋나는 것을 비판적으로 검토하고 회의하지 못함으로 인해 생긴 비극이라고 했다.

권위의 위기에 처한 지배 엘리트 계층의 종교 교리를 빙자한 반동적인 대응이 엘리트 종교와 대중문화의 단절을 촉진했다. 데카르트와 이후 계몽주의자들을 중심으로 이제 역사에서는 의지적인 무신론자들이 생겨나기 시작했다. 엘리트 종교의 권위를 빌려 국가 중심의 지배체제를 공고히 하고자 나타났던 마녀사냥이라는 사회적 광기는 유럽인들의 심성 속에 신의 존재에 대한 근원적인 회의를 불러일으켰다. 물론 계몽주의가 프랑스, 영국, 독일에 각각 서로 다른 형태로 전개되어 프랑스에서는 적극적인 무신론이 등장한 반면, 영국에서는 이신론理神論이 강화되는 현상을 낳았다. 영국의 경우, 내전 이후 비국교도에게 공직과 대학 교육 기회를 박탈함으로 생겨난 로열소사이어티는 특이하게도 신학 교육을 하지 않고 자연과학과 자연철학만을 가르쳤다. 상당수 학생이 청교도의 후예였음에도 종교 교육이 대단히 약화된 셈이다. 청교도 내의 자체적인 반성 때문이든 국교회의 압박 때문이든 간에 청교도가 자연과학과 이신론 발전에 큰 공헌을 하는 아이러니를 보였다. 약간의 시간적인 공백이 있지만, 여타 유럽 국가와 달리 19세기 이신론적 종교를 강화한 유니테리언이 영국과 신대륙에서 세력을 넓혀 간 것도 이러한 흐름과 무관하지는 않을 듯싶다. 이 유니테리언주의는 초월주의를 낳아 이신론에서 무신론으로 나아가는 흐름이 된다.[4]

"교회에서 청년이 떠날 때 한국 사회에 미래가 있다"

근대 유럽에서 기독교는 엘리트 종교와 대중의 인식에 차이가 생기면서 분화되기 시작했다. 근대에서 종교는 계급 이데올로기의 산물이 되었다. 정통과 새로운 흐름은 단순히 신학적 이슈가 아니라 사회 이데올로기의 싸움이었다. 어느 시점에서는 엘리트 종교 내에서도 이러한 흐름에 대한 반성적인 목소리가 나와 스스로 구축했던 터를 포기하기도 했다. 온갖 종교 이데올로기를 빼고 단순하고 솔직하게 물어보겠다. 탈기독교화 시대의 유럽은 신을 떠난 세속적인 국가가 되었는가, 아니면 인간에 대한 가치가 더 존중받는 곳이 되었는가? 다르게 질문해 보자. 엄청난 속도로 기독교가 확장된 한국은 기독교의 가치와 정신이 구현된 이상적인 사회가 되었는가?

종교의 권위가 세속의 권위와 혼재할 때 군림하는 지배구조를 형성하게 된다. 유럽이 국가 중심 이데올로기의 한계를 느끼게 되면서 그 속에서 교묘하게 같은 길을 걸어갔던 종교 이데올로기가 벗겨지기 시작한다. 즉, 국가의 일방향 수직적 지배구조가 도전받으면서 동일한 성격을 지닌 종교 이데올로기도 힘을 상실해 간 것이다. 근대의 혁명이란 무엇일까? 바로 지배 엘리트에 대한 대중의 반란이다. 그러므로 지배 엘리트의 지배체제를 공고히 해준 종교 이데올로기 역시 혁명과 함께 위축된 것은 너무나 당연한 결과이다.

지나치게 단순화한 구도이지만, 가나안 성도 현상을 엘리트 지배 계층과 대중 사이의 갈등이라는 양상으로 놓고 본다면 많이 다른 해석이 생겨날 수 있다. 기존의 교회가 지배 엘리트의 가치를 공유하고 그 이데올로기를 전파하고 유지하는 데 공헌해 왔다면, 이제 그러한 틀이 새로운 시대 속에서 깨진 것이다.

몇 년 전, 도올 김용옥 선생이 한신대 석좌교수로 임용되어 공개 강연을 할 때 나왔던 한 대목이 생각난다. 질문에 대한 답이었는지 도올 선생이 스스로 꺼낸 질문이었는지는 모호하나 그 내용은 "한국 사회의 미래를 어디에서 찾을 수 있는가?"였다. 선생이 내놓은 답은 "교회에서 청년이 떠날 때 한국 사회에 미래가 있다"는 것이었다. 불쾌하다고 해서 그냥 무시해 버리기에는 의미심장한 말이다. 여기에는 교회라는 집단이 함께 살아가고 있는 사회와 건전한 상호작용을 하지 못한 채 오히려 사회 흐름에 뒤처지고 있다는 비판이 담겨 있다. 그런 집단 속에서 자라나 세계관을 형성해 가는 젊은 세대에게 기대를 갖기 어렵다는 의미이다. 따라서 역설이지만, 교회에서 청년이 사라진다는 것은 기성 교회 구조에 대해 청년들이 문제의식을 가진다는 의미이고, 그것이 결국 사회를 바라보고 교회를 바라보는 새로운 의식을 생성시킨다는 것이다.

영화 〈1987〉과 한국 교회

1987년 6월 항쟁의 배경이 된 박종철 고문치사 사건을 중심으로 민주화를 열망한 대중의 이야기를 담아낸 영화 〈1987〉을 보고, 당대를 살았던 세대뿐 아니라 젊은 세대도 그 시대 속에 자신을 투영시켰다. 영화를 관람한 뒤, 민주열사들의 이름을 한 명씩 목 놓아 부르던 문익환 목사의 처절한 절규에 대해 많은 이들, 특히 개신교인들이 추억했다. 그러나 나는 한국 개신교가 좀 솔직해져야 한다고 생각한다. 그 당시 문익환 목사가 주류 개신교 및 그리스도인들에게 어떤 인물로 인식되었는지 생각하면 지금 그들의 평가는 말 그대로 격세지감이다. 민중의 아픔과 함께하기 위해 피 흘렸던 교회와 그리스도인들이 적지 않았지만, 당시 절대다수의 교회들은 침묵했다. 더 솔직하게 반성해 보자면, 집단으로서 한국 기독교는 국가 근대화 과정에서 국가 이데올로기를 효과적으로 전달하는 통로로 활용되었다. 엘리트 목회자 그룹이 선도하던 이 흐름에 일반 성도들은 제도 종교의 권위와 목회자의 신적 권위 이데올로기에 눌려 변변하게 다른 목소리를 낼 수 없었다.[5]

하지만 민주화 흐름에 절대다수의 교회가 무임승차하고, 오히려 그 열매를 교회가 차지했던 현실은 한 세대 만에 한국 교회에 독으로 되돌아왔다. 최근 10년만 보더라도, 한국 현대사에서 국가 지배 집단과 대형 교회 엘리트 종교인들의 유착으로 인해 생겨난 병폐는 너무도 가슴 아프게 한다. 이 30년의 세월 동안 생겨난 교회 세습, 목회자의 각종 추문, 경직된 신학으로 인한 신학교의 병폐, 문어발처럼 확장된 교회의 기업화는 성찰하지 못한 교회의 끝이 어딘지 가늠조차 할 수 없게 했다.

　이러한 현실을 마주한 일반 성도들은 조금씩, 아주 조금씩, 수직적 지배구조에서 제시받는 종교의 가르침이 과연 그러한지 실존적인 질문을 던지게 되었다. 그 결과, 웬만하면 교회를 떠나지 않고 자리를 채워 주던 이들이 서서히 신성한 종교의 공간을 나와 광장으로 모여들기 시작하였다. 청년들이 교회를 떠남으로 인해 사회의 미래가 열린다는 것을 보여 준 극적인 상징은 탄핵을 이끈 광장의 촛불이다. 이명박 정권부터 박근혜 정권 탄핵 때까지 각성된 그리스도인들이 뭉치는 힘이 획기적으로 커졌다. 지난 10년간 정의롭지 못한 정치체제 및 권위의 폐해와 그 해체를 목도한 그리스도인의 참여는 가시적인 사회 변화를 이끌었다.[6]

　이 지점이 가슴 아픈 모순으로 다가올 수밖에 없다. 개개인의 신앙 문제는 별개로 하고, 변할 것 같지 않은 제도 종교의 구조 속에 각성된 개인이 남아 있어야 할 이유를 찾기 쉽지 않다. 이들은 국가 지배 권력마저 무너뜨린 힘을 체험했다. 가나안 성도가 지난 10년간 확대되어 온 현상이라면, 이러한 사회구조의 변화와 무관하지 않을 것이다. 더불어 탈교회 현상은 특별한 대책이 없는 한 앞으로도 이어질 수밖에 없다. 그러한 현상의 직접적인 피해자는 대형 교회보다는 중소형 교회일 가능성이 더 높다.

　대형 교회는 여러 기제를 사용하여 효과적으로 집안 단속을 하

고 있다. 왜 주로 대형 교회에서 얼토당토않은 창조과학을 적극적
으로 후원하고, '21세기 회심한 바울'이라는 울산의 모 교수를 자
꾸 불러 특강을 들을까? 얼핏 대형 교회 수준이 그 정도밖에 안
되느냐고 반문할지 모르겠지만, 정말 대형 교회가 그들의 실체를
몰라서 그럴까? 그렇지 않을 것이다. 그들은 생각보다 훨씬 교묘
하고 치밀하다. 모든 것을 말씀으로 6일 만에 천지를 창조하셨다
는 문자 그대로의 신앙, 대형 교회를 깨트리는 마귀의 술책을 막
아서야 한다는 당위, 이러한 것들이 그들 스스로 자부심을 높이고
세상의 목소리에 귀를 막는 힘이 된다. 불행히도 그들의 관심은
한국 기독교가 아니라 자신들의 내부 결속이며, 여기에 도움이 되
는 집단이나 개인을 적극적으로 활용한다.

수직 지배구조의 해체

독재 권력과 대형 교회의 공통점은 일방향의 상명하복식 지배
구조하에 있다는 것이다. 박근혜 정부의 위안부 협상이나 개성공
단 폐쇄 등과 같은 중차대한 국가 사안이 치열한 토론 없이 대통
령의 지시만으로 이루어졌다는 것은 무엇을 시사하는가? 실상은
담임목회자의 권위가 하나님과 동기동창쯤으로 여겨지는 대형
교회 역시 의사결정은 같은 구조로 이루어지고 있다.

193 —　한 사람이 교회를 떠나겠다고 결정하는 과정에는 교회의 구조

문제뿐 아니라 개인의 신앙 자세나 가치관 문제 등 복합적인 원인이 작용한다. 그런데 가나안 성도라는 조어가 널리 쓰일 정도로 일련의 지속적인 흐름이 있다면, 그들 개인의 선택이 바르냐 그르냐로 접근하는 것은 그리 건설적인 논의가 되지 못한다. 정당하지 않다고 느끼는 국가권력에 대한 대응이 촛불집회 참여로 나타났듯이, 사회적으로 건강하지 못하며 변화의 여지를 찾을 수 없다고 판단되면 교회를 떠나는 것 역시 충분한 선택지가 된다.

4대강 사업, 세월호 참사, 박근혜 정권 탄핵 등 일련의 사회적 사건 속에서 제도 교회의 수준과 실체가 드러났고, 전통과 권위라는 이데올로기로 사람들을 묶어 놓던 교회는 돌이키기 힘든 피해를 입었다. 가나안 성도 현상을 성도 개개인의 선택에서 출발하기보다, 이러한 사회 구도 속에서 바라보는 것이 더 타당하지 않을까 싶다.[7] 이 구도가 바뀌지 않는다면 가나안 성도들이 다시 교회로 돌아오리라고 기대하기는 어렵다. 그럼에도 100만, 200만이라는 엄청난 숫자를 가나안 성도라고 분류하는 것 자체는 기만일 수 있다. 그 논리라면, 영국은 여전히 상당수가 가나안 성도들인 기독교 국가이다.

이 상황에서 우리는 개별 그리스도인과 공동체로서의 교회라는 두 가지 주제로 수렴해서 생각해 볼 수 있겠다. 첫째는, 제도 교회를 떠난 가나안 성도의 삶과 신앙이 지속 가능하겠는가 하는 점이다. 신앙은 개인적이지만 종교는 사회와 문화 제도의 산물이다. 개인의 신앙이 제도를 완전히 벗어나 존재할 수 있을까? 개인 선택의 진정성과 무관하게 공동체를 떠난 신앙은 지속성을 갖기가 무척 어렵다. 신 앞에 단독자로 살아가는 수도사monk들도 결국은 서로 격려할 공동체를 필요로 했다. 건강한 종교성은 개인의 신비가 아닌 공동체의 신비를 추구한다. 개인이 아닌 공동체를 통해 구현되는 초월과 계시의 영역이 존재하기 때문이다. 그러므로 이제는 가나안 '성도'라는 표현을 조금 더 조심스럽게 사용해야 하지 않나 싶다. 가나안 성도라는 이름 붙이기naming는 교회를 떠나 그리스도인으로 산다는 것을 지나치게 순진하게 생각하게 만들 여지가 있다. 아울러 교회 역시 이 현상의 흐름을 냉철하게 짚어 보고 대처하는 데 뒤처질 수 있다.

둘째는, 교회가 해야 할 고민의 영역이다. 기성의 제도적 권위가 더 이상 무조건적인 순응과 지지를 끌어내지 못한다는 것이 명백한 현실이다. 이제 교회 내에서 성경 텍스트와 사회의 콘텍스트가 자연스럽게 만나고, 이에 대해 고민할 수 있어야 한다. 결국 목회자들의 목회적 관심과 신학의 관심이 일반 신자들의 관심과 차이를 좁혀 가야 한다. 그렇지 않을 때 엘리트 신학과 대중의 관심 사이의 분리는 심화될 수밖에 없다. 목회자들이 은연중 품고 있는 '차이에 대한 인식'은 대중의 시각에서 볼 때는 뿌리 깊은 성직주의일 뿐이다. 광장의 촛불은 권위에 대해 근원적 재고를 하게 하고, 시민의 힘을 자각하게 한 크나큰 경험이었다. 전통의 권위 위에 생존을 이어가는 교회나 목회자는 이 흐름에 큰 위협을 느낄 수밖에 없다.

'작고 건강한 교회'라는 신화

우리는 그리스도에 대한 신앙을 고백하는 '사람들이 모인 사회'가 교회라는 가장 단순한 사실을 놓칠 때가 종종 있다. 교회를 역사적으로 고찰하면 본질적으로 '민족과 계급'이 핵심이다.

몇 가지 질문으로 시작해 보자. 초대교회 로마의 교인들은 무슨 언어로 예배를 드렸을까? 교황청이 있는 중세 로마에는 동방교회가 있었을까? 마찬가지로 콘스탄티노플에는 가톨릭교회가 있었을까? 약 250년까지 로마에서는 라틴어가 아닌 헬라어로 예배를 드렸다. 교회가 이민자들로 구성되었기 때문이다. 지금 남아 있는 초기 교회들의 이름을 생각해 보면 교회는 민족으로 갈렸다. 그리스정교회, 아르메니아정교회, 이집트정교회, 에티오피아정교회 등등. 복음의 본질이 무엇이건 간에 제도 교회에서 종교와 민족은 밀접하게 연결되어 있다.

축구, 야구, 골프, 증기기관, 철교, 의회민주주의 등 수없이 많은 것들이 영국에서 최초로 만들어졌다고 한다. 근대 기독교 교파의 출생지도 바로 영국이다. 흥미로운 것은 이 기독교 교파는 크면 큰 대로, 작으면 작은 대로 자신들이 속한 계급의식을 대변하는 정당으로 발전하였다. 한국이야 교파에 상관없이 모든 교회가 비슷하지만 영국만 해도 교파에 따라 교회 색깔이 아주 다르다. 한국인이 멋모르고 영국 교회를 방문해도 거의 대부분의 교회는 방문자에게 눈길을 주지 않는다. 영국의 교회는 내부자 몇몇이 추 — 196

천해 줘야 입회할 수 있는 폐쇄적인 클럽 같은 분위기이다. 사회적 계급과 백인의 민족의식은 복음의 가르침과는 무관하게 역사적으로 형성되었다. 이런 마당에 교회의 본질, 복음의 본질을 따져 봐야 별 의미가 없다. 교회의 회복은 이상적인 초대교회라는 허공 속의 상상 이미지를 찾는 데서 출발해서는 안 된다. 이런 고찰은 힘을 쓰지 못한다. 오히려 이 세상에 역사적으로 발을 디디고 있는 '땅의 교회'의 현실을 이해하고 분석해야 한다.

요즘 들어 '작고 건강한 교회'에 대한 관심이 늘고 있는데, 큰 교회가 건강한가, 작은 교회가 건강한가 하는 질문은 성립될 수 없다. 인구가 많은 사회가 건강한 사회인가, 적은 사회가 건강한 사회인가 하는 것과 차이가 없다.[8] 그 교회라는 사회가 '어떠한' 사회냐는 것이 중요하다. 사회와 건전한 상호작용을 하고 소통하는 교회라면 큰 교회도 문제가 되지 않는다. 하지만 수만 명이 출석하는 초대형 교회들은 그 속성상 굳이 사회와 교감하지 않고도 안에서 모든 것이 돌아갈 자체 동력을 갖고 있기 때문에 문제가 되는 것이다. 그들은 공화국 내에서 독립하지 않은 자치 왕국이니 논외로 하자.

내가 살고 있는 캐나다의 한인 교회들은 정말 말도 많고 탈도 많다. 한국에서 십수 년을 목회해 목회를 좀 안다고 자부하던 이들도 이민 교회를 경험해 보면 차원이 다르다며 무릎을 꿇는다. '이민 교회에서는 대형 교회가 건강한 교회'라는 말이 떠돌 정도이다. 한국의 일반적인 지역 교회는 대부분, 지역 내에 있는 유사한 생활수준의 사람들이 모여 있기에 한 교회 내에서 그 편차가 비교적 크지 않다. 하지만 이민 교회는 한 교회 내에서도 경제적 편차가 매우 크고 각각의 배경도 아주 다양하다. 그러니 목회자가 중간 값을 찾아 목회를 하기가 원천적으로 어렵다. 규모가 큰 교회만이 유일하게 다양한 필요를 채워 줄 시스템을 구축할 수 있다. 현실적으로 작고 건강한 교회를 지향하기 쉽지 않은 구조가 이민 교회이다.

그렇다면 한국의 콘텍스트에서 작고 건강한 교회란 어떤 교회여야 할까? 지금까지 교회개혁운동에 꼭 등장하는 것이 있다. 교회 정관, 목회자 임기제, 재정 투명성, 몇 명 이상이면 분립 개척 등. 하지만 보통 이런 체제는 웬만한 규모의 교회는 비교적 잘 갖추고 있다. 오히려 이런 체제 위에 작은 교회를 시작했다가 깨진 사례들을 적지 않게 듣는다. 나는 그 이유로 규모에 맞지 않게 '온 세상 만민'을 품고자 했기 때문은 아닐까 하는 지극히 비복음적인 생각을 해본다. 작은 교회가 모두를 감쌀 수는 없다. 큰 세상을 그리스도의 마음으로 다 품으려면 어느 정도 대형화되어야 한다. 규모의 경제의 기초이다. 교회론을 아무리 들이밀어 봐야 소용없다.

그런 점에서 작고 건강한 교회는 다가가고자 하는 대상에 대한 고민을 좀 더 깊이 했으면 좋겠다. 더 세속적인 용어로 표현하자면, 작고 건강한 교회는 '계급의식'을 좀 더 선명히 반영하는 교회여야 한다. 금수저 계급, 흙수저 계급이라는 말로 오용되었을 뿐이지 실제로 계급이란 사회학적으로 결코 차별을 의미하는 단어가 아니다. 예전에 홍세화 선생은 유럽에 비해 한국 노동운동이 잘 안 되는 이유가 노동자들의 계급의식 부재 때문이라고 말한 적이 있다. 노동자들이 자부심을 갖고 연대하여 계급의식을 만들어 내지 못하고, 스스로 자신이 속한 계급을 넘어서야 한다는 의식이 지배한다는 것이다.

교파가 발전해서 정파가 되었으니 세상 정당과 교회를 비교해도 크게 엇나가지는 않겠다. 교회 역사나 정당 역사가 오래된 유럽과 비교해 보면, 한국은 계급적 이해를 반영하는 교회나 정당의 뿌리가 깊지 않다. 과거의 '묻지 마 1번'이나 '묻지 마 대형 교회' 현상도 그런 것의 일부일 수 있다. 어쨌건 1번을 찍거나 대형 교회를 선호하는 이들의 공통점은 그 정당이나 교회를 기댈 언덕으로 본다는 점이다. 아무리 배신을 당해도 그 관성은 쉽게 꺾이지 않는다. 작은 교회 운동을 하는 이들이 자칫 오해하기 쉬운 지점이 아닐까 싶다.

작은 교회를 하는 이들은 스스로를 대형 교회의 대안이라고 자부하곤 한다. 그런데 현실은 정의당 규모의 교회가 집권당 역할을 하려는 것과 마찬가지이다. 정의당은 작기 때문에 하고 싶은 말을 더 많이 할 수 있다. 더불어 작기 때문에 대규모로 할 수 있는 일이 많지 않다. 유시민 작가가 정의당에 대해 말한 바, '작은 가슴으로 큰 세상을 껴안으려 하니 스스로 피 흘리고 주위에 상처를 준다'는 것은 작은 교회에도 적용할 수 있다. 이왕 작은 교회 운동을 하려거든 좀 더 충실히 계급의식을 갖고 이해를 대변했으면 좋겠다. 그 교회들이 지향하는 대상이 예수께서 보듬었던 사회적 약자들이라면 더할 나위 없겠다. 건강한 작은 교회는 잘 짜인 민주적 의사결정 구조를 갖춘 교회나 수가 적은 교회가 아니라, 다양한 사회적 소수자의 이익을 위하는 교회여야 한다.

아쉽게도 교회를 곤란하게 하는 것도 목회자요 해결하겠다고 나서는 이도 목회자인, 모든 것이 목회자 중심인 이 수직적인 구도가 도무지 깨질 기미를 보이지 않는다. 힘들지만 목회자 중심의 이 구도가 깨질 때 한국 교회에 희망이 돌아올 것이다.

그들만의 유토피아, 그리고 배제와 혐오

환대, 그리고 배제와 혐오

최근 한국 사회와 교회에는 그 어느 때보다 배제와 혐오가 심각하게 대두된다. 타자에 대한 배타적 감정들이 여과 없이 공공연하게 표출되는 것 같다. 몇몇 흐름은 21세기 기독교의 이름으로 마녀사냥이 자행되는 것이 아닌가 할 정도로 우려가 된다.

일례로, 성소수자 이야기를 다룬 EBS의 한 프로그램에서 그들을 이해하는 입장을 보인 방송인 박미선 씨를 두고 일부 기독교인들이 거칠게 항의했던 일도 있다. 박 씨가 다니는 교회에, 그의 권사직을 박탈하라고 압력을 넣었다는 얘기도 있었다. 한동대 내 '들꽃' 모임에서 주최했던 페미니즘 특강의 후폭풍도 무시무시했다. 관련 교원과 학생에 대한 징계위원회가 열릴 것이라는 소식을 들었을 때만 해도 설마 했는데, 그 모임의 배후로 김 모 교수를 찍어 재임용을 거부했다. 물론 표면적인 이유를 드는 것도 잊지 않았지만, 학교나 당사자 모두 동성애에 대해 분명한 반대 입장을 보이지 않은 것이 핵심임을 알고 있다.

한편, 신학계에서는 요즘 들어 '환대'라는 단어를 많이 쓰고 있다. 그리스도인들도 이 말을 참 좋아한다. 환대란 '타자에 대한 영접과 수용, 배려'이니 기독교와 매우 밀접한 용어임이 분명하다. 그런데 그리스도인들이 환대하는 대상에 결코 끼지 못하는 부류가 적지 않다. 대표적으로 동성애, 페미니즘, 이슬람 등이 그렇다. 환대의 기독교를 내세우는 기독교의 또 다른 얼굴은 실상 혐오와 배제이다. 슬프게도 이 문제에서만큼은 그리스도인과, 기독교를 개독교라고 몰아붙이는 집단이 찰떡같이 공조하여 그들을 배척하고 있다.

문재인 대통령 집권 후에 덜해지기는 했으나 한동안 한국에서 캐나다의 트뤼도 총리의 인기가 매우 좋았다. 젊고 수려한 외모뿐 아니라, 내각의 과반수를 여성으로 채우고, 난민들을 적극 수용하고, 과거 고통받았던 인디언 원주민들에게 진솔한 사과와 보상을 하는 등의 정책은 태평양을 건너 한국인들을 열광시켰다. 그랬던 그도 한국인들에게 경멸을 당한 적이 있다. 캐나다의 모든 성소수자에게 정부가 했던 잘못과 과오에 대해 눈물을 보이며 사죄하자 응원보다는 비난 댓글이 엄청 많이 달렸다. 짐작건대 그리스도인 — 202

역시 그 댓글과 별 차이가 없는 입장인 듯하다.

그토록 타자에 대한 공감과 배려를 외치는 그리스도인들인데 그 타자에 포함되지 않는 부류가 왜 그리 많을까? 성소수자에 대한 인정은 차치하고, 긍휼과 연민조차 허용될 수 없는 것일까? 누군가를 쏙 빼놓고 나머지 타자를 사랑하겠다는 것을 사랑이라고 할 수 있을까? 이런 모순을 내가 살고 있는 캐나다 지역에서도 흔히 보게 된다. 캐나다의 한인 그리스도인들은 동성애 정책만 빼면 캐나다의 인권 정책 대부분이 마음에 든다고들 한다. 이 얼마나 비논리적인 진술이란 말인가!

여성, 이브에서 아베로

서유럽의 중세가 끝날 무렵, 종말론적 신앙 형태들이 여러 지역에서 분출되었다. 이른바 유토피아를 꿈꾸는 흐름이 사방에서 생겨난 것이다. 토머스 모어Thomas More, 1478-1535의 '유토피아'가 대표적이다. 1516년 출간된 모어의 책 제목 '유토피아utopia, no-where'는 '이 세상에 없는 상상 속의 이상향'이란 의미이다. 극복할 수 없는 지독한 현실 세계 속에서 더 나은 대안을 찾아가는 가능성의 세계가 유토피아이다.

그런데 가만히 들여다보면 모어가 그린 유토피아의 삶은 결코 무릉도원에서 도끼자루 썩는 줄 모르고 바둑 두는 태평한 삶은 아니다. 직업의 귀천이 없는 곳에서 일정 시간 노동과 수면, 지적인 생활을 추구하는 삶이 보장되는, 누구 말마따나 '저녁이 있는 삶'이 유토피아이다. 그가 꿈꾸었던 것은 바로 도덕적 규범을 갖춘 권력이 지배하는 근대 시민사회의 이상이다. 관용과 자유의 정신이 모어가 그린 유토피아의 토대였다. 관용이란 종교, 직업, 계급과 인종, 나이 및 정치 성향 등 모든 차이를 인정하는 것이다.

하지만 중세 말에서 근세 초, 현실 세계에서 구현하고자 했던 유토피아는 이와는 반대로 나아갔다. 16세기 토마스 뮌처Thomas Münzer, 1490?-1525와 농민 반란 시기 뮌스터의 재세례파가 추구한 것은 계급이 없고 재산을 공유하는 평등사회였지만 그 사회는 무정부 그 자체였다. 17세기 잉글랜드의 청교도들은 청교도혁명이 성경의 예언서에서 꿈꾸는 하나님나라가 실현되는 사건이라고 평가했지만 실제로 크롬웰의 독재와 탄압만이 크게 기억되고 있다.

중세의 질서가 허물어지고 새로운 질서를 찾아가면서 서유럽과 동유럽, 신대륙 가릴 것 없이 생겨난 집단 히스테리가 '마녀사냥'이다. 마녀라는 개념은 중세에도 존재했지만 집단 히스테리로서 마녀사냥이 등장한 것은 1430년대 이후라고 알려져 있다. 1450-1750년 사이 유럽과 신대륙에서 최소 4만에서 최대 11만 명이 마녀로 재판을 받고 그중 절반가량이 희생당했다고 한다. 근대 초에 발생한 이 일련의 사법 행위의 희생자는 대부분 여성이었다. 이상하지 않은가? 왜 '마법사'는 해리포터에 나오는 것 같은 친숙한 이미지인데, 마녀는 늘 어둡고 부정적으로 그려졌을까? — 204

근대 초 마녀사냥 연구의 권위자인 제프리 러셀Jeffrey Burton Russell은 마녀사냥을 르네상스와 종교개혁의 산물이라고 진단하였다.[9] 다시 말하면, 마녀는 새로운 근대 질서를 마련하기 위해 반드시 필요했던 희생양이었다. 그런데 어떤 배경에서 사회적 약자인 여성을 마녀로 규정하게 되었을까? 초대 교부시대부터 중세에 이르기까지 여성에 대한 관점은 특히 부정적이었다. 하와는 모든 인류를 악마에게로 이끈 통로로 이해되었고, 심지어 어느 교부는 아담의 범죄는 선악과를 먹은 것이 아니라 여자의 말을 들은 것이라고도 했다.

이렇듯 철저하게 남성 중심의 가부장제 사회에서 그마나 여성이 독자적인 목소리를 낼 수 있던 공간은 수녀원이었다. 수녀원이란 합법적으로 여성의 독신이 인정되는 공간이기도 했다.[10] 중세 말 가톨릭의 위계가 위기에 처하면서, 종교개혁이 성취되기까지 가톨릭 내부 개혁운동인 공의회운동뿐 아니라 이단, 신비주의, 데보티오 모데르나devotio moderna(토마스 아 켐피스 등이 참여한 중세 유럽의 신앙쇄신운동) 등 다양한 종교 흐름이 등장한다. 그중 빼놓을 수 없는 것이 바로 '여성 환시가'라고 불리는 여성 신비주의자들의 역할이다. 중세 말 흑사병, 교회 대분열, 백년전쟁 등을 겪으며 경제적·정치적으로 암울한 시기를 맞았는데, 이는 결국 성직주의, 스콜라주의, 남성 중심 세계관의 한계이기도 했다.

이때 한 가지 대안적 흐름으로 여성에 대한 새로운 관점이 대두된다.[11] 이브에서 아베 마리아로의 획기적인 시각 전환이 그것이다. 여성이 죄의 통로에서 대속의 통로가 된 것이다. 12세기 이후 중세 말로 가면서 마리아 숭배에 대한 기록이 활발하게 보이는 것이 이를 반증한다. 모국어 문학이 발전하면서 시에나의 카타리나Catharina Senensis, 1347-1380, 마저리 켐프Margery Kempe, 1373?-1433?, 노리치의 줄리안Julian of Norwich, 1342-1416 등과 같이 독자적인 사회 집단으로 등장한 여성 환시가들은 아무리 바라보아도 어떠한 진노도 찾을 수 없는 사랑과 긍휼의 하나님을 강조하였다. 삶에 대한 태도와 영성 면에서 피상적인 낙관이 아니라 하나님의 모성성에 뿌리내린 새로운 가치를 제시하였다.[12]

한편, 여성의 역할이 강조될수록 남성 중심의 위계 사회에 긴장이 생겨날 수밖에 없었다. 이러한 점에서 종교개혁이 제시한 새로운 여성상은 중세 여성의 역할을 단절시켰다. 적어도 수녀원의 독신 생활을 통해 제한적이나마 자기실현을 할 수 있었던 여성들이 종교개혁 이후에는 가정에서 아내와 어머니의 모습으로 이상화되어 버린 새로운 구도에 종속되었다. 독신에 대한 부정적 견해와 여성의 사회적 목소리에 대한 혐오가 나타났다. 이러한 일련의 흐름 속에서 마녀사냥이라는 집단 광기가 등장했다.

유토피아라는 환각의 제물이 된 마녀

시간이 지나, 민중과 같은 주변부에 속한 이들의 삶과 태도가 역사의 주제로 대두되면서 주변부로 여겨졌던 마녀사냥이라는 주제도 20세기 말부터 역사학계의 주목을 받았다. 마녀란 남성이 아닌 여성, 엘리트가 아닌 하층민, 과학이 아닌 미신에 빠진 사람으로 극단적 소외 집단을 상징한다.

도미니크회 수사 하인리히 크라머Heinrich Kramer, 1430? - 1505와 야콥 스프랭거Jacob Sprenger, 1436?-1495가 쓴 《마녀를 심판하는 망치 Malleus Maleficarum》는 마녀사냥에 대한 지침서이다. 여기에는 "여성들이 결코 만족을 모르는 성적 탐욕"을 가졌기에 그 특성상 마술에 쉽게 감염된다는 스콜라 신학자들의 왜곡된 견해가 가감 없이 드러나 있다. 이 지침서에는 마녀가 되는 방법과 마녀를 확인하는 방법, 마녀에 대한 재판 방법이 상세히 기록되어 있다. 마녀들이 악마와 계약을 맺어 그 힘으로 마법을 행하고, 마녀 연회Sabbath에서 악마 숭배를 행하는 것으로 그려 낸다. 필시 그들에게는 남의 눈에 띄지 않게 밤에 한곳에 모이기 위해 빗자루를 타고 야간 비행을 할 수 있는 특별한 능력이 있어야 했다.

유럽 대륙에서는 1560-1630년까지가 마녀사냥의 절정기였다. 역사학자 에릭 홉스봄Eric Hobsbawm, 1917-2012은 17세기 유럽을, 생산성이 감소하고, 인구가 줄고, 전염병과 전쟁 등과 같은 사회 불안 요소가 팽배한 위기의 시기였다고 보았다.[13] 이 위기를 극복하려면 내재된 불안 요인을 완화하는 것이 필요했다. 내부적으로 엘리트와 대중 사이의 문화적·사회적 갈등 속에서 종교의 일체성을 강조하는 것은 국가 안정에 필수적이었다. 이 차원에서 교육받은 엘리트 지배계층이 문맹인 대중의 신앙을 자신들의 신앙과 세계관으로 통합시키고자 시도했다. 신구교 모두 교리문답이나 신앙고백서 등을 교육하고, 그에 부합하지 못하는 이들에 대해 처벌하는 종교재판 등이 시행되었다. 또 다른 의미에서 유럽의 '그리스도교화'라고 부를 수 있는 독특한 정체성 확립이 시도된 시기이기도 하다. 이러한 사회 전반의 '규율화'는 외적으로는 종교전쟁, 내적으로는 마녀사냥으로 나타났다.

이 시기 마녀와 악마 숭배를 동일시하는 사고의 전환은 민중들 사이에서 생겨난 것이라기보다 성직자, 신학자, 법률가, 정치가 등 지배층의 고안물이었다. 마녀 체포·고문·재판·처형을 통해 만들어진 마녀의 이미지는 대중이 마녀 색출과 처벌을 통해 스스로를 사회질서와 도덕의 수호자로 자리매김하는 정체성을 강화했다. 마녀라는 이름으로 대표되는 반反종교, 무질서, 타락의 기제는 종교의 영역인 것 같으나 실상은 획일화된 사회질서 유지를 위한 지배 권력의 '규정하기'였다.

사회적으로 약자인 여성, 그중에서도 보호받을 수 없는 독신 여성이나 노인, 산파 등은 이러한 사회질서 유지를 위한 제물이 되기 쉬웠다. 1692년 미국 매사추세츠 주에서 일어난 '세일럼Salem의 마녀사냥'에서는 약 140명이 마술에 사로잡혔다는 혐의로 재판에 기소되고 그중 19명이 교수형 판결을 받았다. 이는 마술에 대한 믿음, 여성에 대한 편견과 사회 집단 사이의 갈등 등에서 비롯된 상징적인 사건이다. 대중들은 평화Salem의 유토피아라는 환상 속에서 이 광기를 거들었으나 결과는 혐오와 불관용과 폭력이었다. 마녀사냥은 유토피아적인 사회질서를 원하는 지배계급이 이를 완성할 목적으로 여성과 약자를 희생양 삼은 집단 병리 현상의 전형이다.[14]

르네상스, 종교개혁, 유토피아주의는 이 땅에서의 진보와 이상의 구현이라는 목적을 공유한다. 하지만 국가의 지배 이념이나 특정한 종교적 가치가 유토피아 구현의 중심이 될 수 있을까? 유토피아를 꿈꾼 근대의 대다수 시도들은 슬프게도 디스토피아로 막을 내렸다. 근대 마녀사냥과 종교적 광기를 어떻게 보아야 할까? 근대사회로 들어가기 위한 통과의례의 혼란이었지만, 종교의 관용을 위해 치러야 할 대가는 너무나 컸다.

오늘 21세기 혼란의 한국 사회에서 차이를 인정하지 않고 획일화된 가치만을 추구하는 허상을 본다. 예를 들어, 박근혜 정부의 문화계 블랙리스트는 그 자체로 다름을 인정하지 않고 척결하고자 하는 '마녀사냥'이었다. 이러한 사회 분위기에 기생해서 독버섯처럼 자라난 다름에 대한 배제와 혐오는 정치권에만 있는 것이 아니다. 기독교계 내에서 생겨나는 사회적 약자와 타자에 대한 혐오의 목소리는 위험수위를 넘나든다. 하지만 복음의 순수성을 지킨다는 명목을 덧입힐 때 사람들은 일단 멈칫할 수밖에 없다. 그러나 '대한민국의 정통성을 지키자'거나 '복음의 순수성을 지키자'는 목소리 또한 전투적으로 자신들의 가치를 표현한다는 점에서 맥락상 별 차이가 없다.

209 —

물론 이렇게 질문할 수 있다. "성경에서 사도 바울은 동성애를 죄라고 명시했다. 그런데도 동성애를 죄라고 하는 것이 잘못된 것인가?" 그렇게 말할 수 있다. 그뿐 아니라 동성애나 페미니즘을 반대할 수 있다. 그러한 시각도 존재하고 존중받는 것이 민주주의 사회이다. 그렇지만 누군가가 동성애를 반대하는 것과, 동성애자라는 이유로 혹은 동성애(자)를 옹호한다고 해서 명시적으로 차별을 행하는 것은 전혀 별개의 문제이다. 지금 이 사회에서는 동성애자라는 이유로, 혹은 그들의 편을 들어준다는 이유로 집단적인 정신적 폭력에 내던져진다. 사상의 자유가 보장된 민주주의 사회, 게다가 학문의 전당이라고 일컬어지는 대학에서 이들은 하루아침에 멀쩡한 직장을 잃는다. 이것이 오늘의 현실이다.

더욱 암담한 현실은 페미니즘이나 동성애에 대해서는 차별의 목소리를 높이는 사람들이 예수께서 심각하게 지적한 종교의 위선과 탐욕의 죄 앞에서는 바른 소리 한마디 내지 않는다는 것이다. 예수 정신을 걸고 혐오와 배제를 행하는 이들에게서 디스토피아가 된 유토피아의 현실을 본다. 엘리트의 고안물로서 등장하는 악마화된 이미지의 타자, 여성 혐오 현상, 또한 페미니즘이 동성애로 가는 길이라고 주장하는 담론은 한국 기독교의 사회적 효용이 다해 감을 온몸으로 드러내는 부끄러운 말기적 현상이다.

유토피아, 다름을 관용하다

페미니즘 강의를 기획한 교원과 학생을 징계한 한동대에는 목회자와 선교사 자녀가 상당수 다니고 있다. 내가 아는 그 학교 출신들은 어릴 때부터 '기독교의 가치'를 내밀하게 간직하고자 하는 '순수한' 이들이다. 그런 이들이 주로 모여 있는 공동체이다 보니 유감스럽게도 '타자'나 '다름'에 대한 이해와 고민을 하는 데 제약이 있다. 그 때문에 그곳에서는 타자와 다름을 그리스도의 이름으로 배제하는 것이 정체성을 지키는 일이라고 '순수하게' 믿을 수 있다. 한동대의 젊은 학부생들은 신앙의 이름으로 페미니즘과 동성애를 반대하지만, 결과적으로 그들이 반대하는 것은 인간 본연의 존엄과 가치이다. 그 어떤 종교적 도그마도 있는 그대로의 인간 가치보다 위에 설 수 없다.

한 집단의 종교의 가치가 개인의 사상과 자유를 제한하는 순간, 그 집단은 더 이상 지성의 공간이 될 수 없다. 왜 한동대가 기독교 반지성주의의 요람이라는 비판을 받는지, 불편하더라도 생각해 보아야 한다. 다양한 사고와 토론이 허용되는 곳, 그곳이 바로 대학이고 지성의 장이다. 그렇지 않다면 그곳에서 교육받는 이들은 민주주의 사회에 걸맞은 지성인이 될 수 없다.

한동대 내 페미니즘 특강으로 빚어진 일련의 사태에서 최대 피해자는 누구일까? 해직당한 교수일까? 표면적으로는 그렇다. 하지만 가장 큰 피해자는 바로 지성인으로서 비판적 사고와 타자에 대한 긍휼의 마음을 스스로 거세한 학생들 자신이다. 지금은 그것이 내부 논리의 주류이기 때문에 지켜야 할 가치라고 생각되겠지만, 졸업 후 더 넓은 세상에서 다양한 사람들과 살아갈 때를 그려보자. 10년이 채 지나지 않아 자신들의 모습을 무척 부끄러워하게 될 것이다.

그래도 확신이 서지 않거든 영화 〈1987〉을 보길 권한다. 젊은 이들을 빨갱이, 용공분자라고 낙인찍어 내리눌렀던 그 시대의 '지성인'들이 어떤 삶을 살았는지 느껴 보시라. 그러면 지금 이 시대의 젊은이들이 어떠한 행동을 해야 하는지 알 것이다. 위에 언급한 한동대 사건의 경우, 많은 학생이 페미니즘 모임을 주도한 학생과 그와 관련되었다는 교직원의 징계를 요구했다. 어쩌면 그들은 스스로 기독교 진리의 수호자인 양 '승리하신 주'께 감사했을지 모른다. 그들에게서 30년 전, '체제전복을 기도하는 용공분자들로부터 대한민국을 보호해야 한다'고 주장한 자들의 논리를 본다는 건 과한 주장일까? 순결한 기독교 사학이 추구하는 유토피아는 그 선한 의도와는 무관하게 신앙의 이름으로 자행되는 마녀사냥이 될 수 있다. 시대만 바뀌고 대상만 바뀌었지 본질은 여전하다.

요즘 들어 한국 개신교 출판계에는 영국 성공회 캔터베리 대주교를 지낸 로완 윌리엄스의 책이 여럿 소개되고 있다. 낯익은 이름이니 반갑기도 하지만 실은 다소 뜬금없는 현상이라는 생각이든다. 한국의 정서에서 그의 사상을 온전히 수용할 수 있을지 의

심되기 때문이다. 그는 영국의 무슬림 공동체를 영국 사회 내로 온전히 통합하기 위해 이슬람의 '샤리아법'(이슬람 율법)을 일정 부분 수용해야 한다고 주장했다. 동성애 커플도 하나님의 사랑을 반영하는 모델일 수 있으며, 동성애자 신부도 주교가 되는 데 아무런 문제가 없다고도 했다. 그가 주장하는 예수의 제자 됨을, 듣기 좋은 얘기, 받아들일 수 있는 담론만 수용하는 정도로 과연 이해할 수 있을까? 이슬람, 페미니즘, 동성애를 혐오의 대상으로 마주하는 보통의 그리스도인들에게 그의 사상을 편리하게 순화한 버전만 유통하여 본래의 가치가 훼손될까 염려된다.

토머스 모어가 추구한 유토피아의 핵심은 다름이 관용되는 세상이었다. 하지만 이 땅에서 온전한 하나님나라를 꿈꾼다는 이들이 지금도 교회 강단에서, 학교 강의실에서 다름에 대한 혐오를 확대재생산하고 있다. 핵심은 페미니즘을 찬성하느냐 반대하느냐, 동성애를 찬성하느냐 반대하느냐가 아니다. 기독교의 순수성이라는 이름으로 타자와 사회적 약자에 대한 혐오가 정당화된다는 데 있다.

어떠한 이유이든 신앙의 이름으로 가해지는 혐오를 정당화할 수 없다. 또한 학술적으로도 치열한 논쟁의 장이 되어야 할 대학에서 종교적인 도그마로 교수 개인의 사상의 자유를 가로막는 것은 그 어떤 변명을 하든 용납될 수 없다. 다름의 문제는 더불어 살아가는 삶을 고민하며 해답을 찾아가야 하는 것이지, 혐오와 배제로 극복할 수 있는 것이 아니다. 신앙의 이름으로 자행되는 이 슬픈 역사의 반복을 끊어야 한다.

일상에서의 핼러윈을 금하라!

"Trick or treat!" 한국에서는 조금 낯선 문화이지만, 캐나다에서는 10월의 마지막 밤이면 동네아이들이 서넛씩 짝지어 집집마다 몰려다니며 사탕과 초콜릿 등을 받아 가는 핼러윈 문화가 있다. 물론 현관에 불이 꺼져 있는 집은 가지 않는다는 나름의 룰이 있다. 그런데 세속 문화라고 생각해서인지, 죽은 영혼이 출몰한다는 유령에 대한 믿음 때문인지, 이날 대부분의 한인 교회는 자녀를 보호한다는 명분으로 특별 프로그램을 마련한다. 이를 '홀리윈' 또는 '할렐루야 나이트'라고 부른다.

공교롭게도 이날은 종교개혁기념일이다. 여러 관점에서 읽을 수 있는 종교개혁의 중요한 한 층위는 성직자 중심의 엘리트 종교와 민중이 주체가 되는 대중 종교가 분리되었다는 것이다. 좀 더 간단히 표현하자면, 성직자 계층이 대중 종교의 건전성을 유지시켜 주는 역할을 하지 못하게 된 것이다. 중세 말의 다양한 이단 운동의 출현과 신비주의운동, 대중종교운동들이 그 예이다. 면벌부 판매 확대와 성인 숭배와 성유물 숭배 등은 이런 불건전한 종교심의 분출이다.

중세 유럽은 고대 그리스나 로마처럼 발달된 문명을 갖고 있지 않던 게르만족을 비롯한 이민족들로 형성되었다. 이들에게 기독교가 다가간 방식은 '토착화'였다. 대표적인 것이 수호성인이라는 이름으로 이방의 신들을 기독교에 편입한 것이다. 중세는 느슨한 종교적 정체성이 널리 용인되었기 때문에 대중 종교가 꽃핀 시기로 본다.

그 대표적인 사례가 성탄절이다. 엄밀하게 그 날짜는 예수의 탄생일이 아니라 이교도의 축제일을 기독교화한 것이다. 핼러윈 역시 이 전통 위에 서 있다. 핼러윈 다음 날인 11월 1일이 '만성절All Saints Day'이고, 11월 2일이 '위령절All Souls Day'이다. 'All Saints'나 'All Souls'는 유럽이나 북미에서 교회나 학교 명칭으로 흔히 쓰인다. 핼러윈이란 단어는 '만성절 전날'이라는 뜻이다. 가톨릭의 관점에서 보자면 핼러윈은 성탄절 전야와 같은 맥락이다.

삶이 힘들수록 대중은 종교적 위안을 나눠 줄 더 많은 수호성인을 마련하였다. 그 결과, 헤아릴 수 없는 성인들이 세워졌고, 이들을 다 기억하기 어려워 뭉뚱그려 기념하기 위한 만성절이 생겨난 것이다. 루터는 인생의 위기에서 가족의 수호성인인 성 안나에게 기도한 후 수도사가 되었다. 상인 가문에서 출생한 토머스 모어는 가톨릭을 옹호하다가 헨리 8세에 의해 죽임을 당했다. 모어는 성직자가 아니었음에도 인문주의를 장려한 공로와 상인 가문이라는 의미가 덧붙여져 학교의 수호성인과 런던 상인의 수호성인이 되었다. (그는 프랑스의 루이 왕—세인트루이스—과 더불어 몇 안 되는 비성직자 출신의 성인이다.)

이렇듯 가톨릭 체제에서 성인은 대중의 삶과 분리될 수 없었다. 대중의 종교적 열망과 세속의 타락은 위태한 줄타기였다. 종교개혁가들은 이 문제를 읽어 냈다. 대중 종교가 빠질 수 있는 함정인

215 —

종교적 열망을 가장한 세속적 욕망의 구현을 포착했다. 그래서 성경의 가르침에 부합되지 않는 종교행위를 금하였다. 당연히 성인 숭배나 성물 숭배는 용인될 수 없었다. 특히 엄격했던 올리버 크롬웰은 가장 대중적인 축일인 성탄절을 금지했다. 신대륙으로 건너간 청교도들도 꽤 오랫동안 성탄절을 지키지 않았다.

중요한 것은 절기를 없앤 것이 아니라, 그것이 함축하고 있는 욕망이다. 이를 읽어 내지 않고 절기 자체에 대해 시비를 거는 것은 시대착오적이다. 따라서 핼러윈에 과도한 영적(?) 의미를 부여하는 것은 '설레발'이다. 교회에서 사탕을 받아먹으면 거룩한 것이고 이웃에게 "Trick or treat" 해서 받아먹으면 악한 것인가? 교회에서 하는 홀리윈이나 할렐루야 나이트에 가기 전후, 아이들은 재미 삼아 모두 "Trick or treat"을 한다.

경계할 것은 하룻저녁 괴상한 복장을 하고 흥청망청하는 문화가 아니다. 교회가 이런 문화를 빌미 삼아 악마를 만들고 공포를 조장하는 것이다. 타자의 악마화와 맹목적인 공포의 조장, 이것이 오히려 무시무시한 것이다. 고상한 종교 가치를 내세우며 가짜뉴스를 죄의식 없이 생산해 내는 이들이야말로 진짜 무찔러야 할 악령이요 유령이다.

가짜뉴스 생성자로 지목된 이들을 대형 교회와 대형 선교 단체에서 불러 집회를 하는 것은 낯선 현상이 아니다. 그들은 모든 것을 사악한 영들과 싸워야 하는 거룩한 영적 전쟁이라고 선포한다. 스스로의 조악한 실상을 외면하기 위해, 악한 세상이라는 외부의 적을 상정한다. 자신의 신앙의 정합성을 드러내기보다 상대방이 틀렸다는 부정을 통해 스스로의 정당성을 찾고자 한다. 동성애도 반대하고 차별금지법도 반대하고 이슬람도 반대하고 페미니즘도 반대한다. 이 모두가 혼란과 공포를 주는 죽은 영혼이며, 마녀라는 것이다. 이런 판짜기는 그들이 존재를 연명하는 방식이다.

그러나 실상은 이렇게 주장하는 그들의 존재 자체가 핼러윈에 출몰한다는 유령과 마녀이다. 그들의 모임에서는 죽은 성인들이 아닌 살아서 이미 성인이 된 목사들을 숭배하고 그들과 교통한다. 슬프게도 우리는 너무나 많은 곳에서 이런 핼러윈을 보고 있다. 이단 모임뿐 아니라 정통으로 자부하는 교회라고 해도 별 차이가 없다. 그들을 바라보는 우리에게 핼러윈은 절기행사가 아니라 일상이다. 금지해야 할 것은 이런 일상에서의 핼러윈이다. 핼러윈에 실체 없는 악령으로부터 교회와 아이들을 보호하려 하기보다, 일상에 깃든 과도한 욕망과 세속성이 무엇인지 잇대어 성찰하기를 기대하는 것은 무리일까. 주목해야 할 것은 절기가 아닌 이 욕망이다.

사회진화론과 우생학

20세기 초중반 인종주의에 기반을 둔 차별은 전 유럽과 미국 곳곳에서 벌어진 현상이었다. 다만 나치의 홀로코스트의 범위와 잔혹성이 모든 것을 압도해서 역사 속에 덜 기억되는 것뿐이다. 그 현상을 이론적으로 뒷받침하는 사회진화론은 사회 발전도 자연법칙과 마찬가지로 선택과 배제를 통해 성취된다고 한다. 이 주장이 극단적인 이데올로기와 만나 생성된 것이 '우생학eugenics'이다. 영국의 프란시스 골턴Francis Galton, 1822-1911을 통해 제기된 이론으로 알려진 우생학은 과학의 힘을 통해 사회에 적격자를 확산시키고 부적격자를 제거하는 것이다.[15] 유럽의 많은 국가와 미국은 이 우생학의 논의에 따라 '단종법sterilization act'을 시행하였다.

미국 우생학회에서는 《우생학 문답집Eugenics Catechism》을 통해 이 단종법의 정당성을 다음과 같이 설명하였다.

단종법

Q. 단종법을 왜 시행하는가?

A. 비우생적인 경향을 전파할 가능성이 있는 종을 제거하기 위하여, 특정한 목적에 사용되는 자선 재원 비용을 줄이기 위하여, 세금을 줄이기 위하여, 불행과 고통을 경감시키는 데 도움을 주기 위하여, 자연스럽게 인도적인 목적을 위하여 수행한다. 단종은 징벌적 행위가 아니라, 보호하는 행위이다.

Q. 누가 단종법의 대상이 되는가?

A. 범죄자, 가난한 사람, 미친 사람, 약한 사람, 간질 환자, 강간범, 일상생활을 영위할 수 없는 유전적 결함을 가진 자 및 유전적 결함을 전파할 가능성이 있는 자.[16]

1935년 미국은 유전 질환자, 장애인, 강력범, 알코올 중독자 등을 대상으로 단종법을 시행하였다. 이러한 미국의 정책은 히틀러의 인종정책 구상에 크게 영향을 주었다. 히틀러는 정권을 잡자마자 독일인의 혈통을 지키기 위한 법률을 제정하고, 장애인들을 안

락사시켰다. 이는 2차 대전 당시 유대인 대학살의 전조였다.

한 인종이 다른 인종보다 더 우월하다는 신념을 과학적인 개념과 방법으로 지지해 주는 것을 우리는 '인종주의racism'라고 한다. 우생학은 그러한 인종주의가 극단화된 형태이다. 하지만 인종주의는 단순히 피부색이나 혈연으로 구성되는 혈통적 인종주의만 있는 것이 아니다. 자신들과 다른 문화나 사상, 가치관, 정신세계 등을 열등한 것으로 배제하는 문화적 인종주의 역시 인종주의의 한 요소이다. 이러한 것이 과학이라는 외피를 입을 때 치명적이 된다.

홀로코스트로 상징되는 인종에 따른 배제와 혐오, 말살은 우리에게 익숙하다. 하지만 히틀러의 인종정책은 단순히 그들이 생각하는 열성인자를 제거하는 데 그치지 않았다. 열성인자 제거 정책 못지않게 비인도적이고 잔인한 방식으로 인종개량을 목표로 한 우성인자 활성화 정책들이 실행되었다.

기억되지 않는 피해자들

인종개량은 자손의 생물학적 수준 향상을 위하여 시행한 정책이다. 골턴은 사려 깊은 결혼judicious marriage이 이루어진다면 이 목표는 성취될 수 있다고 보았다.[17] 히틀러는 아리안 혈통을 보존하고 확산시키기 위하여 인위적인 인종개량정책을 시행하였다.

• 결혼 대출 프로그램

가장 우수한 인종인 아리안 혈통을 강화하고, 혈통의 순수성을 지키는 것이 세계를 위하는 길이라 여겼던 히틀러는 아리안 출산 장려정책을 폈다. 1933년 독일 정부는 결혼하는 젊은 부부들에게 1,000마르크를 무이자로 대출해 주었다. 이 대출금을 받으려면 부부가 '아리안' 혈통임을 증명해야 하고, 결혼 후 아내는 자녀를 낳기 위해 직장을 그만두어야 하는 조건이 붙었다. 자녀 한 명을 낳을 때마다 4분의 1의 대출금을 탕감해 주어, 4명의 자녀를 낳으면 대출금을 완전히 탕감받게 되었다. 1938년 말에는 100만 건이 넘는 결혼 대출금이 실행되었고, 이 정책은 독일의 베이비붐을 이끌었다.[18]

• 우수 혈통 납치

유대인 대학살 계획의 총책임자로 알려진 하인리히 히믈러는 우수한 아리안 인종을 '생산'해 내는 구체적인 계획을 세웠다. 그를 위해 독일 나치 친위대 SS부대원들이 폴란드 등지에서 금발의 푸른 눈을 가진 아이를 납치하였다. 히믈러가 내세운 계획은 인종적으로 가치가 있는 아이들을 독일로 데려와 독일화하여 독일 정부에 충성하도록 하는 것이었다. 매년 6-10세의 아이들을 선발하여 교육을 하고, 가치가 없다고 생각되는 아이들에게는 교육의 기회를 전면적으로 배제했다. 납치된 아이들은 먼저 혈통 검사를 한 후 선택된 독일인 부부에게 강제 입양되어 길러졌다. 폴란드 당국의 추정에 따르면 1940-1945년 사이 약 200,000명의 폴란드 아이들이 나치에 의해 납치되었다.[19]

• 레벤스보른의 아이들

합법적인 출산 장려정책 및 비정상적인 납치와 더불어 1935년에는 이른바 '레벤스보른Lebensborn'(생명의샘)이라고 부르는 '히틀러를 위한 아리안 자녀' 생산 프로그램이 실행되었다.[20] 주로 독일 점령 노르웨이 여성을 대상으로 실행된 이 정책은 선발된 여성들을 나치 SS친위대의 장교들과 관계를 맺게 해 자녀를 생산하도록 했다. 푸른 눈을 가진 금발의 아이를 낳기 위한 목적으로 레벤스보른 프로그램을 신청한 여성들은 일련의 의학적 검사를 받은 후 SS그룹의 장교를 파트너로 정하게 된다. 이 프로그램에 참여한 여성들은 화려한 성에서 최고의 서비스를 누리다가 임신하면 곧바로 병원으로 옮겨져 아이를 낳을 때까지 보호를 받는다. 아이는 출생 2주 만에 충성스러운 나치 당원에게 보내진다. 여인들이 다시 자식을 보거나 자식의 친부를 만날 수는 없었다. 그리고 여인들은 이와 같이 자녀를 '생산'하는 일을 반복했다.

약 10년 정도 지속된 이 프로그램을 통해 독일과 노르웨이에서 적게는 6,000명에서 많게는 20,000명 정도로 추산되는 아이가 태어났다. 하지만 전쟁이 끝난 후 레벤스보른 프로그램에 따라 태어난 아이들은 사회적으로 매장되었고, 아이를 낳은 여성들은 '나치의 창녀'라고 비난받았다. 레벤스보른 아이들은 정상적인 사회

생활을 하지 못하고 알코올 중독, 약물 남용 등에 빠져들었다. 이들의 자살률은 일반인보다 20배나 높았다고 한다. 유대인과 타인종에 대한 혐오가 또 다른 형태의 괴물을 탄생시킨 것이다. 나치 몰락 후 우생학과 우생정책은 전 세계적으로 금지되었다.[21] 레벤스보른의 아이들은 나치 인종주의가 만들어 낸 배제와 혐오의 또 다른 피해자였다. 이 비밀 프로그램의 실체가 밝혀진 것은 그리 오래되지 않았다. 그들 모두는 기억되지 않는 피해자들이다.

배제와 혐오는 극복할 수 없는가

21세기를 살아가는 우리에게 여전히 이 배제와 혐오는 비껴갈 수 없는 사안인 듯하다. 아무리 그러려니 해도 도널드 트럼프의 인종주의적 발언은 정상적인 사람의 행동으로 보기 어렵다. 두려운 것은 미국의 백인 외의 아시아, 아프리카, 남미의 모든 사람에 대하여 벌이는 트럼프의 이 위험천만한 우생학적 발언들이 일상으로 여겨진다는 것이다. 트럼프는 아프리카와 아이티를 향해 "거지 소굴"에서 이민자를 받을 것이 아니라 노르웨이 같은 나라에서 더 많은 이민자를 데려와야 한다고 했다. 트럼프가 레벤스보른 프로그램 때문에 노르웨이인들이 겪은 아픔과 수치를 알 것이라고는 생각지 않는다. 이는 역사를 제대로 안다면 결코 해서는 안 될 말이다.

슬프게도 배제와 혐오가 일상이 되고 있다. 1920년대 미국에서 자행된 단종법의 망령이 오늘 다시 살아났다. 배제는 존재하는 것을 존재하지 않는 것처럼 여기는 것이다. 혐오는 존재하지 않는 것으로 여기던 것이 존재를 나타낼 때의 반응이다. 세계에서 가장 힘센 나라의 대통령이 망나니처럼 배제와 혐오의 칼춤을 추고 있다.

그 결은 다르지만 배제와 혐오는 오늘 한국 교회를 포함한 한국 사회가 부딪히고 있는 이슈이기도 하다. 배제와 혐오는 타자에 대한 명시적인 차별과 억압과 함께 내부자 자신들에 대한 무한한 자부심과 자아도취를 부추긴다. 이러한 내부의 논리는 타자에 대한 배제를 정당화시킨다. 타자가 이주노동자이건 무슬림이건 성소수자이건 사회적 약자이건, 이들에 대한 배제와 혐오는 모두 인종주의라는 혐의를 비껴갈 수 없다.

한민족이라는 인종적 순혈주의를 내세우든 타협하지 않는 신앙의 순수성을 내세우든, 우리 곁에 존재하는 타자를 존재하지 않는 것처럼 지워 버리는 것은 차별이다. 집단의 논리가 차별에 대한 불편함을 손쉽게 없애 주는 현실에서는 다름에 대해 무감각해지기 쉽다. 간사하게도 오래 외국살이를 하며 타자, 소수자가 되는 현실을 여러 해 겪어 보고야 타자에 대해 생각하고 마음을 열게 되었다. 결국 다름과 공존해 보는 경험과 연습이라는 절대 학습이 필요한 것 같다.

한국 사회를 조망할 요량은 없으니 한국 교회로 좁혀 생각해 보면, 결코 타자에 대한 공감력을 키워 갈 재간이 없는 집단인 듯하여 절망이 든다. 그 집단은 외부에서 제기하는 우려를 시기심 때문에 흔드는 것으로 규정하고, 순수성을 지킨다는 명목으로 내부자들의 마음에 배제와 혐오의 감정을 부추긴다. 그 집단에 속한 수만의 사람들은 그 같은 종교 이데올로기를 복음이라고 철썩같이 믿고 꿈쩍도 하지 않는다. 실은 그들은 피해자이면서도 피해자인 줄 모르는 불행한 사람들이다. 타자를 철저히 배제하는 것이 순수를 지키는 행위라면, 그것은 복음의 가르침이 아니라 철지난 우생학의 궤변이다.

여호와의 증인, 대체복무제, 한반도 평화

종교적·정치적 신념에 따른 양심적 병역거부자에 대한 대체복무제 논의는 여러 이슈들 틈에 묻혀 버린 것 같다.[22] 평화와 반전에 대한 신념으로 병역을 거부하는 이들이 있긴 하나 여전히 여호와의증인이 다수이다. 여호와의증인의 병역거부는 복잡한 성격을 지닌다. 평화를 추구하는 공동체 구성원들의 소박한 심성과는 별개로 제도 국가 자체를 부인하는 듯한 모습이 사회적 지지를 끌어내는 데 걸림이 되고 있다. 특히, 분단 상황으로 인한 의무복무가 요구되는 한국에서 집총과 군복무를 거부하는 행위에 대한 반감은 충분히 이해된다.

나는 사반세기도 훌쩍 지난 옛적, 서울 근교의 한 부대 헌병대 조사계에서 복무했다. 부대에 신병교육대가 있어서 1년 반 동안 헌병대로 인계되는 여호와의증인들을 만났다. 거의 매 기수마다 한두 명씩 여호와의증인이 있었고, 서너 명이 되는 때도 가끔 있었다. 그들은 한결같이 시쳇말로 법 없이도 살 사람들이었다. 머리 깎고 군 입대를 하는 장정들도 입대 첫날이 두려운데, 그들은 에누리 없이 2년 6개월의 감옥살이를 하러 제 발로 걸어 들어왔다. 이미 수없는 고민 끝에 각오를 하고 들어와 선 자리, 순박하지만 단호한 얼굴 속에 숨어 있는 짙은 두려움을 읽어 내는 것은 그리 어렵지 않았다. 군종장교인 목사님이 와서 의례적으로 몇 마디 설득하고 수사관들과 커피 한 잔을 하고 돌아가면, 진술서 작성 및 조사가 시작되었다.

"본인은 이사야서 2장 4절 '칼을 쳐서 보습을 만들고 창을 쳐서 낫을 만들고… 다시는 전쟁을 연습하지 말라'는 말씀에 따라 집총을 거부합니다."

단 한 명도 예외 없이 이렇게 시작하는 증인들의 진술서. 그리고 출소 후의 계획을 묻는 끄트머리 질문에 "정규 파이오니어가 되는 것입니다"라는 답변. 그들이 속한 공동체의 젊은 남성이라면 언젠가는 부딪쳐야 했을 상황이고, 따라서 비장하게 교범에 따라 암기한 내용이었을 것이다.

내가 그곳에서 만났던 여호와의증인들 중에는 정말 신념에 찬 평화주의자, 반전주의자는 없었다. 오히려 신념에 차서 병역을 거부한 유일한 이는 삼육대 약학과에 다니던 한 안식교인이었다. 대학을 졸업하고 군대에 갔던 터라 그 친구들보다 몇 살 더 나이가 있던 내 눈에 그들은 잘못된 종교 탓에 인생을 망치는 사람 그 이상도 이하도 아니었다. 더욱이 한국 교회 부흥의 절정기에 회심하여 열렬한 복음주의 신앙을 품고 있던 당시의 내게 이는 당연한 시각이었다. 그렇게 기계적으로 그들을 만나고 정해진 운명의 길로 안내하는 일을 습관처럼 했다.

그런데도 여러 가지 질문이 안에서부터 나왔다. 기성 사회의 시각으로 바라보는 종교의 정통성 여부와 별개로 종교적 신념이 국가의 정책에 부합하지 않는다고 해서 일괄적으로 징역을 살게 하는 것이 어떤 효과가 있을까? 군복무 기간보다 더 긴 시간을 군대보다 더 거친 교도소라는 갇힌 울타리 안에서 살아가게 하는 것만이 유일한 해답일까? 병역을 기피하려고 편법을 쓰거나 국외로 도피하는 것이 아니라면, 대안적인 무엇인가를 만들어 주는 것이 적극적인 해결책 아닐까?

실제로 그렇다. '교도소'라는 명칭 자체는 잘못된 것을 바로잡아 올바른 길로 이끈다는 의미가 있을 터이다. 만약 그들의 선택이 잘못되었고 그것을 바로잡기 위해 짧지 않은 기간 동안 교정 기관에 가두었다면 그들 중 다수는 자신의 선택에서 돌이켜 총을 들었어야 한다. 그렇지 않다면 교정은 실패한 것이다. 교정 효과가 없음에도 이 행태가 지속된다는 것은, 교정이라는 목적은 애초 존재하지 않고 징벌적인 의도만 있는 것이다. 이러한 판단에 다다

르자 종교적 이유로 집총을 거부하는 이들에 대해 대체복무제를 도입해야 할 필요가 나름 명확해졌다. 물론 당시 내게는 교회와 국가의 관계에 대한 깊은 인식도 없었고, 그저 순박한 청년들 인생에 붉은 줄이 그어지는 것이 안타까웠을 따름이다.

그때부터 한 세대 가까이 지난 지금도 여전히 이 문제는 풀리지 않은 채 남아 있다. 노무현 정권 때 이들에 대한 대체복무제가 논의되고 전향적인 결과가 나올 듯하더니 이명박 정권 들어 도로 백지화되었다. 마침내 2018년 헌법재판소는 양심적 병역거부자에 대한 대체복무제를 신설하도록 결정을 내렸고, 이제 대체복무안을 마련하고 있다.[23]

지금 나는 조금 다른 관점에서 대체복무를 생각해 보게 된다. 돌아보면 20대 초반의 나와 지금의 나는 많이 다르다. 해마다 8월 15일이면 한강 둔치의 구국기도회에 동원되어 대형 교회 목사들의 설교를 듣고 눈물을 훔쳤고, 기독 동아리 연합회 활동 시절에는 창조과학 특강을 기획해 학교 소강당을 가득 채우기도 했었다. 지금의 나를 아는 사람들은 낯설다 하겠지만 말이다.

그 당시 나와 같은 시절을 보낸 여호와의증인들은 과거 자신들의 선택을 어떻게 평가할까? 분명 20대 그 시절과는 생각이 많이 달라졌을 것이다. 어쩌면 그 시절의 믿음을 떠난 이들도 있을 수 있겠다. 그저 옳고 그름에 대한 얘기가 아니다. 누구나 자기가 경험한 세계 속에서 판단하고 행동한다.

그들에게 분단 상황이라는 엄혹한 현실만을 들이대고 애국심이 부족하다고 단죄하기보다 이 사회가 조금 더 너른 마음으로 포용해 준다면 어떨까. 그들이 잘못된 신념에 사로잡혀 있다손 치더라도 국가가 20대 미성숙한 판단이 반드시 실형으로 이어지는 길 외에 다른 길을 만들지 않는다면 직무유기 아닌가? 혹여 그들은 이 사회와 종교의 호전성을 달래기 위한 희생양은 아닌가? 이 사회가 이제 이러한 제사는 그칠 수준이 되지 않았는가? 태극기와 십자가를 앞세운 기독교가 타의 추종을 불허하게 호전적인 행태를 띠고 있는 작금의 현실을 보니 더욱 그러한 마음이 든다. 아주 오래 이 사회에서 소수자요 약자로 살아온 그들. 집안에 남자가 몇 명이든 모두 전과자가 되는 상황이 반세기도 훨씬 지난 지금도 여전히 관용의 대상이 되지 못하고 있다.

모르긴 해도 여호와의증인들 역시 어느 누구 못지않게 작금의 한반도 화해와 평화의 분위기가 열매 맺기를 바랄 것이다. 아마 이것이 가장 근본적이고도 현실적인 해결책일지도 모르기 때문이다. 누가복음 18장에는 밤낮 부르짖는 자들의 원한을 풀어 준 불의한 재판관이 나온다. 그들은 여전히 이러한 판관이 나타나기를 고대하고 있다.

어떻게 이슬람은 혐오의 대상이 되었는가

주입되는 이데올로기

전 세계적으로 불고 있는 이슬람 혐오의 바람이 이슬람과 별반 충돌이 없었던 한국 사회에서 타오르고 있다. 특히 보수 기독교에서 이를 끊임없이 충동질하고 있다. 예를 들어, 평창동계올림픽 때 무슬림 기도실을 계획했다가 기독교계에서 반대해 무산되기도 했다. 아무리 생각해도 손님을 초대해 놓고 이런 결례를 범해도 되었나 싶다. 한국 기독교의 수준이 고작 이 정도임을 만방에 고한 꼴이 되었다. 한국 기독교는 항상 이런 식으로 대응하기를 즐겼다. 어찌 보면 한국 기독교는 더불어 살아가는 데 필요한 기초 지성이 부족한 게 아닌가 싶다. 현대 서구 사회에서 발생한 테러 사건들을 통해 공포를 학습한 한국인들은 이슬람에 대한 이성적·지성적 접근 이전에 이미 배타의 마음이 응집되어 있다.

그렇다면 이슬람이 폭력과 테러를 조장하는 종교일까? 우리가 한 종교를 폭력의 종교라고 부르기 전에 최소한 고려해야 할 사항들이 있다. 어떠한 종교가 고등종교라고 불리는 것은 단순히 교리, 경전, 예배 등 종교 시스템을 갖추었기 때문이 아니다. 특정 집단이나 문화가 아닌 인류의 보편적인 발전에 기여하는 역할을 해 왔을 때 비로소 고등종교라 불린다. 예를 들어 보자. 노벨평화상 수상자인 아웅산 수치가 실권자로 있는 미얀마의 이슬람 소수민족 로힝야족에 대한 인종차별과 박해는 국제 문제로 비화되었다. 미얀마는 널리 알려진 불교국가이다. 그런데 오늘 우리는 누구도 로힝야족에 대한 탄압을 불교와 이슬람 사이의 갈등으로 몰거나 불교를 폭력의 종교라 규정하지 않는다.

종교와 인종, 문화가 정체성 면에서 밀접하게 공유되고 있기는 하나, 종교라는 것만을 떼어서 모든 것을 규정할 상수로 놓는 것은 다분히 의도성이 짙다. 기독교 내에서조차 기독교라는 이름으로 모든 것을 포괄하기에는 아주 다양한 변수가 존재한다. 그 모든 것을 깡그리 무시하고, 무슬림이라는 단 하나의 카테고리로 전 세계 인구의 23퍼센트에 달하는 16억 명의 정체를 하나로 규정하는 것은 불가능하다. 그럼에도 한국 기독교는 이러한 기초적인 고려 없이 종교라는 범주로 환원시켜 무슬림은 잠재적인 테러 집단이라는 불합리하고 조악한 이데올로기를 끊임없이 주입하고 있다.

중세 서유럽인들이 1095년 예루살렘 성지 탈환을 목적으로 십자군 원정을 떠나기 수 세기 전부터 서유럽 대륙 내에 있는 이슬람 점령 지역, 즉 에스파냐 남부 지역을 회복하기 위한 시도가 있었다. 이 에스파냐 재정복 전쟁을 '레콩키스타Reconquista'라고 부른다. 피레네 산맥을 넘어 이베리아 반도에 도달하기까지는 오랜 시간이 걸렸다. 그중 1085년 톨레도 함락 사건은 하나의 상징이 되었다. 이 과정에서 가톨릭 십자군은 무어인이라고 불리는 무슬림들을 축출한 후 놀라운 사실을 발견하게 된다. 그 지역에 이른바 '모사라베 문화'라는 토착 기독교가 존재하고 있었다는 것이다. 그뿐만 아니라 이 지역에는 이슬람과 기독교, 유대교가 공존하고 있었다. 학자들은 8세기부터 15세기까지 이베리아 반도에서 유지된 이 다문화 공존 현상을 '콘비벤시아convivencia'라고 규정했다.[24] 라틴 기독교에서는 이 지역을 점령한 이후 토착 기독교를 가톨릭으로 전환하기 위한 프로젝트를 가동했다.

이 과정에서 수많은 가톨릭 성직자들이 에스파냐 지역으로 파견되었다. 그곳에서 가톨릭 성직자들은 축출당한 무어인들이 남겨 놓은 학문적인 성과에 압도당했다. 고대 철학과 과학, 문예 등 수많은 작품들이 유지되었을 뿐 아니라, 고대 저작에 대한 아랍어 주석서들이 수없이 발견되었기 때문이다. 서유럽 성직자들이 고향으로 돌아올 때 이 저작들을 가지고 왔고, 이것이 서유럽의 지적 전통과 결합되었다.[25] 그러면서 엄청난 양의 라틴어 번역서들이 등장하게 되었다. 이 때문에 13세기는 위대한 번역의 세기라고 불렸고, 그 결과 서유럽은 12세기 르네상스라고 불릴 만한 독자적인 지적 성과를 거두었다.

서양 중세 문명의 토대를 놓은 동인 가운데 가장 큰 단일 동인으로 이슬람을 지목하는 것은 결코 과장이 아니다. 문명은 충돌하여 무너지는 것이 아니라 공존 속에 동화되고 독자적인 발전을 이룬다. 중세 독자적인 라틴 신학의 위대한 성취라고 할 수 있는 단테의《신곡》에 끼친 이슬람의 영향은 결코 부정할 수 없다. 심지어 이슬람을 통해 서유럽에 알려진 아리스토텔레스의《정치학》라틴어 번역이 완료된 시점을 르네상스의 시작으로 보기도 한다.

홀로코스툼, 타자에 대한 억압

콘비벤시아가 다름의 공존 속에 일어난 문명의 가능성의 한 예시라면, '홀로코스툼holocaustum'은 주류 문화 안에서 다름에 대한 억압이 낳은 상징적인 사례라 할 수 있다. 중세 십자군의 광기가 유럽을 휩쓸 당시, 십자군에 자원하여 참가한 그리스도인들 중 절대다수는 한 번도 자기가 살던 마을을 벗어난 적이 없는 서유럽 내륙 지역의 사람들이었다. 그들의 상상 속에 이슬람은 뿔 달린 악마였다. 하지만 그들이 십자군 원정을 가서 본 이슬람 문명은 상상 속 이미지와는 전혀 다른 품격을 지니고 있었다. 이러한 서유럽인들의 무지를 등에 업고 경제적으로 발전할 기회를 잡은 것은 이슬람과 무역을 해온 경험이 있던 이탈리아 도시 국가들이었다. 그들은 십자군 원정의 최대 수혜자였다.

십자군 원정을 자극한 동기는 이교도에게 빼앗긴 성지를 탈환하자는 것이었다. 이는 예수의 십자가 사건을 초래한 궁극적인 원인인 유대인에 대한 반감으로 이어졌다. 원시적인 형태의 반유대주의가 생겨났다. 제3차 십자군 원정을 앞둔 시점이었다. 1189년 잉글랜드의 사자심왕 리처드 즉위식 시점에 런던과 요크에서 유대인에 대한 학살 사건이 발생했다. 왕의 즉위식에 참여하고자 웨스트민스터 대사원에 온 유대인들이 왕을 시해하려고 한다는 루머가 번져 나갔다. 이 루머는 걷잡을 수 없이 퍼져 폭도들이 유대인들을 학살하는 사건이 발생하였다. 이 사건이 리처드 왕의 연대기에 '홀로코스툼'이라고 기록되어 있다. 역사 최초로 홀로코스트가 사료에 등장한 사례이다.[26] 그 이듬해 요크에서도 유사한 학살 사건이 발생한다. 십자군에 참전한 폭도들에게 쫓긴 유대인들이 요크의 클리포드 타워에 피신하였다가 모두 몰살당하는 사건이 일어난 것이다.[27]

이것이 그 후 서유럽에서 질기게 이어져 온 반유대주의의 구체적인 첫발이었다. 이때부터 서유럽 내에서 유대인에 대한 이미지는 계속해서 부정적으로 재생산되었다. 유대인에 대한 차별은 결국 15세기 중엽부터 유럽 대륙에서 유대인들을 추방하는 구체적

인 조치로 확대되었다. 이것 역시 문명의 충돌이 아니라 타자에
대한 포용 대신 배제와 억압을 선택한 결과였다.

문명의 충돌

그렇다면, 우리는 언제부터 무슬림과 테러를 동일시하는 정서
를 갖게 되었을까? 아마도 미국의 9·11테러가 그간의 모든 종교
나 문명을 두고 벌어졌던 진지한 논의를 한꺼번에 집어삼킨 블랙
홀이 된 듯싶다. 그 속에서 주도권을 잡은 단 하나의 주장은 문명
의 충돌이었다. 미국 보수 정치학자 새뮤얼 헌팅턴Samuel Huntington,
1927-2008의 《문명의 충돌Clash of Civilizations and the Remaking of World
Order》에 나오는, 여러 종교를 기반으로 문명권이 나뉘고 각각의
문명이 갈등하고 있다는 주장은 출판 초기부터 많은 논쟁을 불러
일으켰다. 그는 여러 문명 중에서도 이슬람권을 가장 우려스러운
대상으로 설정하였다. 그뿐만 아니라 서구 문명만을 진정한 문명
으로, 나머지를 비문명으로 상정하는 등 일방적인 서구 중심의 주
장으로 점철시켰다.[28] 이 주장이 갑작스럽게 큰 주목을 받고 마치
예언자인 양 대접받게 만든 사건이 9·11인 셈이다.

미국의 여느 보수정치권에서 내세우는 것과 마찬가지로, 그의
주장 역시 현상을 만들어 낸 맥락을 제시하지 않는다. 복잡한 국
제 관계에서 종교를 가장 중요한 변수로 놓는 것은 한참 시대착

235 —

오적이다. 설사 그렇다 치더라도 한때 어느 종교보다 포용과 관용, 앞선 문명을 선보였던 중동의 이슬람이 왜 폐쇄적이 되어야 했는지에 대한 고민은 전혀 없다. 그들에게는 이러한 변화가 이슬람이라는 종교 자체의 문제인지, 중동을 둘러싼 지정학적 상황 때문인지는 중요치 않다. 그들은 단순히 명제적으로 이슬람은 폭력적이라고 제시한다. 이런 규정하기는 단순명확하기 때문에 맹목적인 지지자를 얻기 쉽다. 하지만 그 논거를 뒷받침해 줄 사례가 생기기라도 하면 어떠한 반론도 제시하기 어렵다. 이 때문에 이슬람에 대한 대부분의 사람들의 시각은 영화 〈인디애나 존스〉에서 맥락 없이 죽어 나가는 무슬림을 보며 짜릿한 박수를 보내던 시절에 머무르게 된다.

9·11이 빌미를 주었다고 해서 문명의 충돌이 정당화될 수는 없다. 역사적으로 볼 때, 문명의 충돌이라는 프레임은 그를 통해 이익을 누리고자 하는 자들이 끊임없이 선동해 낸 결과이다. 인류는 그렇게 어리석지 않았다. 다름의 공존을 통해 여기까지 문명을 일구어 온 것이 인류이다. 강자의 시각에서는 문명의 충돌로, 그리고 선악의 구도로 만들어 가고 싶겠지만, 충돌은 약자의 불가피한 선택일 경우가 많았다.

9·11이 발생하기 약 4-5개월 전에 나는 천안 독립기념관으로 답사를 갔었다. 일제시대 발행된 한국어 신문 1면 머리기사가 전시되어 있었다. 제목은 "경성에서 '테러' 모의 발각" 정도였다. 일제치하라고는 하나 한국어 신문에서조차 독립운동가들의 항일투

쟁을 '테러'로 본다는 것이 적잖이 불편했다. 그 당시 테러라는 용어가 사용된 문맥은 차치하고, 여하한 식으로든 약자의 선택은 강자의 시각에서 규정될 수밖에 없다는 것을 보여 준 사례이다.

9·11 발생 후 수많은 전문가들이 방송에 출연하여 이 전무후무한 사건을 분석하기 시작했다. 정치학자들은 이미 새뮤얼 헌팅턴이 설정한 프레임을 사실로 상정하고 토론을 진행해 나갔다. 어떠한 반론을 제기하기 어려운 상황이었다. 한 토론에 당시 서양사학계를 대표할 만한 분이 참여하였다. 사실 서양사학자가 텔레비전 토론에 직접 참여한 사례는 그때나 지금이나 아주 드물다. 그분은 최선을 다해 헌팅턴의 논리가 가진 문제점을 지적했지만, 판세가 이미 정해진 상태에서는 역부족이었다. 그것을 지켜본 한 분이 "역사학자는 현재에 대해서는 얘기하지 말아야 한다"라는 자조 섞인 말을 했다. 그때의 우려대로 구도는 설정되고 상황은 흘러갔다. 미국 대통령 조지 부시의 입에서 급기야 십자군이라는 표현까지 등장했으니 말이다.

한 예멘 청년에 대한 추억

2002년 10월, 내가 먼저 영국으로 건너가 기숙사에서 머물다가 성탄절을 열흘 정도 앞두고 아내와 갓 돌 지난 아들이 영국살이에 합류했다. 가족이 함께 살 집을 알아보던 중 순전히 집세가

237 —

싸다는 이유로 계약하고 들어간 곳이 예멘 이주자들이 모여 사는 동네였다. 신기하게도 그들 역시 우리처럼 부모를 아빠엄마라고 불렀다. 마치 한국의 70년대 시골을 방불케 하듯 동네 아이들이 떼 지어 뛰어놀았다. 동네 식료품점의 물가는 다른 지역과는 비교가 안 될 정도로 저렴했다. 아내가 영국에 와서 일주일 동안 백인을 못 본 것 같다고 할 정도로 내가 살던 버밍엄은 대체로 인종과 민족에 따라 거주지가 나뉘어 있었다.

이듬해 봄 즈음이었을 것이다. 한국에 있는 한 선배에게서 국제전화가 왔다. 독일에서 섬유공학을 전공한 뒤 섬유 연구소에서 근무하던 선배는 한창 방수복 연구에 몰두하고 있었다. 그 선배는 영국 우편집배원의 여름, 겨울 유니폼을 구할 수 있는지 알아봐 달라고 부탁했다. (물론 그에 상응하는 후한 사례도 약속했다.) 알아보겠노라고 답은 했지만 구할 방도는 떠오르지 않았다. 전화를 끊고 난 후 아이를 안고 집 앞에 나와 난감한 마음에 서성였다. 그때 평소 눈인사만 하던 건너편에 사는 한 젊은 청년이 내게로 다가와 말을 건넸다.

"형제여, 얼굴에 근심이 가득하니 어쩜이뇨?"

나는 여차여차하여 이렇게 근심하고 있노라고 자초지종을 얘기했다. 그런데 자신이 우체국 직원인데 내근직이라서 배달복이 필요없으니 자신의 옷을 가져다주겠다고 하는 게 아닌가! 그리고 다음 날 그 친구는 영국 우체국 집배원이 입는 동하복을 실제로 가져왔다. 나는 이 예기치 않은 만남 덕분에 선배의 청을 들어줄 수 있었다. 선배에게서 받은 돈을 이 예멘 청년에게 전해 주려고 하자 한사코 받을 수 없다고 사양하였다. 나로 인하여 자신이 자선을 베풀 기회를 누렸기 때문에 그것으로 충분하다는 것이었다. 정확히 기억나지는 않지만 유학생의 빠듯한 생활에 더없이 보탬이 되는 금액이었다.

며칠 후 아내와 나는 과일바구니와 꽃을 사들고 그의 집을 방문했다. 내 인생 최초의 무슬림 가정 방문이었다. 현관에 들어서자마자 우선 낯선 광경을 마주했다. 출입구가 두 개이고 각각의 출입구는 두 개의 별도 거실로 이어졌다. 한 집에서도 남자와 여자가 별도의 공간에 머문다고 했다. 들어갈 때는 이런 문화를 낯설어하는 우리를 배려해 한 출입구로 들어가 가족 모두와 인사를 나누었지만, 나올 때는 아내와 나 역시 각각 다른 출구로 나왔다. 고향을 떠나온 지 꽤 시간이 지났을 텐데도 그들은 여전히 독자적인 문화와 종교를 유지하고 있었다. 그 청년이 보여 준 기도시간표에는 혼자 기도할 때와 공동 기도 시의 기도시간이 분단위까지 세부적으로 표기되어 있었다.

비록 나와 종교는 달랐지만 순수하게 자신들의 문화를 지켜 내고 살아가는 이들의 삶이 아름답게 느껴졌다. 영국살이를 떠올릴 때면 선뜻 유니폼을 내어 주었던 그 친구의 선행이 기억난다. 그것이 방수복을 구하고자 했던 독실한 그리스도인 선배의 기도 응답인지, 아니면 자신의 것을 나눔으로 선행을 베풀 수 있는 기회를 그 예멘 청년이 잡은 것인지는 여전히 잘 모르겠다.

239 —

제주에 들어온 예멘 난민 신청자들을 보니 그때의 추억이 떠올랐다. 그가 선뜻 나를 도왔던 것은 종교적 목적이 있어서라기보다 영국이라는 낯선 땅에, 그것도 예멘인들이 모여 있는 동네에 처음 터를 내린 이주민 유학생에 대한 긍휼의 마음 때문이었으리라.

한국에는 200만 명에 달하는 외국인이 살고 있다. 적지 않은 숫자임에도 불구하고 그들을 '우리 사회' 속의 일부로 간주하지 않는다. 존재하나 유령처럼 그 존재가 철저히 배제되고 있는 것이다. 이런 면에서 제주 난민 500명은 결코 새로운 존재가 아니다. 혐오란 존재하지 않는 것처럼 배제된 이들이 존재를 나타낼 때 나오는 반응이다. 어쩌면 그 500명에 대한 반응과 우리 안에 이미 살고 있는 200만 명에 대한 정서는 동전의 양면이다.

나는 지금껏 인생의 3할을 한국을 떠나 외국 땅에서 이주민으로 살고 있다. 되돌아보면 순간순간 나그네 대접하기를 실천해 왔던 수많은 이국의 사람들 덕에 살고 있다. 제주의 예멘인들을 두고 벌어지는 인종과 종교를 둘러싼 첨예한 갈등을 보면서 나그네의 입장에서는 매우 안타까운 마음이 든다. 그들이 반대하는 이유는 민족의 우월성이나 종교적 배타성 때문이 아니라, 타자를 접해 본 경험이나 타자가 되어 본 경험의 절대치가 부족하기 때문일 것이다. 우리에게는 다름과 타자를 경험하는 절대치의 경험을 쌓아 가야 할 숙제가 있다.

그 출발은 무엇일까? 법정 스님은 최고의 종교는 '친절'이라고 했다. 그 어떤 종교적·경제적·사회정치적 당위를 제시하더라도,

곤란한 지경에 있는 사람들을 친절하게 대해야 한다는 것은 우리가 잊기 쉽지만 꼭 기억해야 할 가장 숭고한 가치이다.

정서적 배타를 극복하기 위한 지성의 학습

공포는 상대를 모르기 때문에, 접해 보지 않았기 때문에 극대화된다. 이것이 공포를 조장하는 자들이 패를 쥐고 흔드는 노림수이다. 대부분의 악은 악이라고 규정된 자들이 아닌, 악을 규정한 자들이 저지른다. 이슬람에 대한 어젠다 설정도 그러한 것 중 하나이다.

지금은 그리스도의 군사들이 필요한 시점이 아니라, 문사文士들이 필요하다. 상대를 알아가는 공부를 시작해야 한다. 기초 작업부터 시작되어야 한다. 우리는 한 번도 이슬람 문명에 대해 체계적으로 배우고자 하지 않았다. 이미 누군가가 설정해 놓은 프레임에 갇혀 타자를 보는 시각이 결정되었다. 여기에서 우리는 유럽인들이 12-13세기 번역을 통해 고대 문명과 이슬람 문명을 실질적으로 경험하게 되었다는 사실을 기억할 필요가 있다. 번역이란 단순히 글자를 옮기는 것이 아니라, 문명이 공존하고 전달되는 방식이다.

오늘도 마찬가지이다. 서로 다른 것을 알고 배우기 위해 접근할 수 있게 만드는 것, 그것은 문명이 공존하는 데 필수 요소이다. 알고 싶은 것뿐 아니라, 알아야 하는 것을 배우기 위해서는 당장의 수익을 넘어서는 투자가 필요하다. 정서적·감정적으로 불편한 대상에 대한 편견을 넘기 위해서는 지성의 학습이 절대적으로 요구된다.

교회, 특혜를 상실하다

17세기 영국 국교회가 성립된 후 비국교도들에 대한 제도적 차별이 수 세기 동안 이어졌다. 여기서는 영국의 종교 차별이 폐지된 후 변화된 국가와 교회의 관계를 살펴보고 한국 교회 상황에 어떻게 적용할지 고민해 보고자 한다. 물론 전제하는 문맥이 다른 19세기 영국과 21세기 한국을 놓고 그 연결점을 찾으려는 시도 자체가 시대착오적인 접근일 수 있다.

종교의 특수성 때문이건 권력화된 종교의 속성 때문이건 종교는 한국 근대사회에서 예외적인 존재였다. 한때 명동성당과 기독교회관은 엄혹한 시기의 공권력도 감히 넘볼 수 없는 민주화운동

243 —

세력과 사회적 약자들의 성지였다. 그 반대 지점에서 종교는 국가 권력과 밀접하게 호응하며 성장하기도 했다. 1948년 제헌국회는 목사인 이윤영의 감사기도로 시작됐고, 독재정권과의 갈등이 고조되던 시점에 주류 기독교가 권력 편에 서서 세력을 확대해 간 것은 부인할 수 없는 사실이다.

이제 여하한 이유로 한국 사회에서 종교의 권위 내지 권력이 도전받고 있다. 차별금지법이나 종교인 과세 관련한 민감한 논쟁은 종교, 특히 개신교의 위기의식을 보여 준다. 차별금지법은 헌법상 평등의 이념에 따라 특별한 이유가 없는 한 성별, 나이, 인종, 피부색, 종교, 정치 성향이나 성적 지향에 따른 차별을 금지하는 것이 핵심이다. 이 중 성소수자 문제는 기독교계가 차별금지법을 강하게 반대하는 원인이다.[29] 종교인 과세 관련해서도 기독교계는 국가가 종교를 통제하려는 시도라고 보고 있으며, 일부에서는 순교의 각오로 이에 저항한다는 표현까지 등장했다.

하지만 이것은 교회를 통제할 목적보다는, 종교를 특별대우하던 예외를 거두었다고 보는 편이 맞지 않을까 싶다. 의도적인 거리두기일 수 있다. 근대사회에서의 국가와 교회의 관계 재설정과 맞아떨어지는 부분이다. 이렇게 된 데에는 변화된 사회 여건뿐 아니라 사회 속에서 제 역할을 하지 못하는 종교에 대한 대중의 불신도 작용하였을 것이다.

근대의 종교는 국가주의와 맥을 같이했다. 한국에서 여호와의 증인에 대한 불관용은 종교의 문제이기보다는 국가주의에 부합하지 않는 종교는 인정할 수 없다는 태도이다. 국가에서 그들의 집총거부를 문제 삼는 것은 그렇다 쳐도, 북한과 군사적으로 대치하는 상황이니 대체복무제는 허용해서는 안 된다는 입장을 취하는 것은 여호와의증인을 바라보는 국가권력과 기독교의 시각이 동일함을 보여 준다. 로마가 기독교를 공인한 이후 기독교에 갖은 특혜를 베푼 것은 종교가 가진 힘을 활용하고자 한 것이다. 미묘하긴 하나 국가권력과 기독교는 궤를 같이한 경우가 많다.

근대, 종교 차별의 시대

종교개혁으로 인해 유럽 각국에 새로 생겨난 현상은 무엇이 있을까? 바로 종교로 인한 차별이다. 중세에는 이단이 아닌 한 모두가 하나의 가톨릭 신앙을 고백했다. 이단은 차별의 대상이기보다는 적극적인 처벌과 척결의 대상이었다. 하지만 근대국가에서는 국왕이 종교를 결정하게 되면서 그 종교에 불복종하는 자들을 차별하게 되었다. 영국이라는 콘텍스트로 좁혀 생각해 보자. 적어도 신학적인 면에서는 준비되지 않은 채 급작스럽게 국교회가 성립됨으로써 여타 유럽의 개혁 진영과는 다르게 신학 지형이 넓게 형성되었다. 청교도혁명이라고 불리는 영국 내전 역시 종교의 지향에 따라 진영이 나뉘었다. 다양한 교파가 등장했지만, 그것이 곧 종교를 선택할 자유를 주는 것은 아니었다. 고전적 자유주의 이념은 종교의 자유를 의미한다. 다른 종교를 믿어도 처벌받지 않을 자유를 구한 것이다. 이것이 자유주의 이념 위에 세워진 독립국가 미국이 기독교적인 가치를 추구했음에도 불구하고 기독교를 국교로 정하지 않고 종교의 자유를 보장한 이유이다.[30]

영국 종교개혁의 경우, 독일이나 스위스와는 달리 최초로 국가 단위에서 이루어졌다. 그 때문에 이에 저항한 토머스 모어 같은 많은 가톨릭 순교자들이 생겨났다. 그뿐만 아니라 국교회 내에서도 개혁의 방향과 속도에 반대하는 그룹들이 형성되었다. 가톨릭 옹호자들을 '불복종자recusant'라고 부르고 국교회 반대자들을 '비국교도nonconformist'라고 했다. 엘리자베스 여왕 때에는 일련의 반가톨릭 법령을 제정하여 국교회 예배에 출석하지 않는 자들에게 투옥, 재산압류, 벌금 등과 같은 처벌을 내렸다. 예배 참석과 같은 종교행위가 국가에 대한 충성도를 가늠하는 잣대가 된 것이다. 영국 내전 후에는 '통일령Act of Uniformity'을 마련하고 공동기도서를 제정하여 국교회 의식을 강화하였다.[31] 앞에서도 잠깐 언급했지만 장로교인, 침례교인, 칼뱅주의자, 퀘이커교도, 유니테리언 등은 비국교도로 분류되어 공립학교와 옥스퍼드대학, 케임브리지대학 입학이 금지되었다. '심사법Test Act'은 국교회의 성찬에 참여하지 않는 이들의 공직 진출을 허용하지 않았다. 차별을 받은 영국 청교도들은 독자적으로, 자연과학과 자연철학을 연구하는 '로열소사이어티'라는 교육기관을 만들었다. 그 결과, 머튼 테제에서 주장한 바와 같이 청교도들이 근대 과학 발전에 크게 기여하게 된다.

비국교도들은 국가에 정치적·시민적 차별을 철폐해 줄 것을 요구했다. 정치적으로 이들은 시민의식과 종교의 자유를 옹호하는 자유당(휘그당)과 연결되어 있었다. 하지만 17세기 중엽에 부과된 이러한 차별이 없어지기까지는 150년이라는 긴 시간이 걸렸다. 1828년 심사법이 폐지되어 비국교도가 공직에 진출할 수 있게 된 것이다. 심사법 폐지 후 의회의원으로 선출된 비국교도들은 모두 휘그당 소속이었다.

가톨릭은 어떠했을까? 가톨릭은 비국교도와는 달리 국왕이 아닌 교황을 최고 권위로 인정하고 화체설을 주장한다는 점에서 분명한 차이가 있었다. 때문에 가톨릭교도들에게 부과된 차별은 더 가혹한 것이었다. 가톨릭교도들은 공직 진출은 물론이고 토지를 구매하거나 상속받을 수 없었다. 1829년 '로마가톨릭 해방령 Roman Catholic Relief Act'이 제정되면서 가톨릭교도들에 대한 차별이 없어졌지만, 이들이 대학에 입학할 수 있게 된 것은 1871년부터였다. 이때를 가톨릭에 대한 차별이 완전히 사라진 시점으로 본다. 우리나라의 경우, 조선시대 천주교 박해가 1790년대부터 시작되어 1866년 병인박해까지 이어졌으며 한불조약이 체결된 1886년을 이른바 천주교의 종교 자유가 보장된 시점으로 본다. 이와 비교해 볼 때, 영국에서 종교의 차별이 얼마나 오래, 얼마나 최근까지 이어졌는지 알 수 있다.

국왕이 아닌 교황을 최고 권위로 보는 가톨릭의 허용은 단순히 종교를 인정하는 것 그 이상의 의미가 있었다. 바로 국가와 종교가 분리되었다는 의미이다. 1828년의 심사법 폐지와 1829년의 가톨릭 해방령은 200년 넘게 이어 온 '주교 없이는 국왕이 없다 No Bishop, No King'는 도그마, 즉 국교회가 아니면 국왕의 보호를 받을 수 없다는 오랜 원칙의 종말을 가져왔다. 이 두 법안 폐지 후 한 세대 만에 비국교도의 예배 참석자 수가 국교도 숫자를 능가하였다.

비국교도들과 가톨릭교도들에 대한 차별은, 뒤집어 말하면 국교회에 대한 무한한 특혜였다. 헨리 8세의 종교개혁 이후 300년 가까이 유지되던 종교 차별 폐지는 종교적 소수자에 대한 시민권리의 회복인 동시에 영국 정부와 국교회 사이의 암묵적인 카르텔이 깨졌음을 의미한다. 1833년 토리당 정부 대신 들어선 휘그당 정부는 아일랜드 교구 통폐합을 시도하였다. 국가와 국교회가 이혼한 이후 발생한 이러한 시도는 국가의 교회 간섭, 더 나아가 종교 탄압으로 여겨졌다. 이는 교회사에서 '옥스퍼드 운동Oxford Movement'으로 알려진 일련의 사건을 촉발하였다.

옥스퍼드 운동, 국가와 교회 관계에 대한 근본적인 고찰

옥스퍼드 운동은 일반인은 물론 교회사를 공부한 신학도들에게도 그리 친숙하지 않다.[32] 근대교회사에서는 이 운동을 국교회 내의 고교회파가 가톨릭 의식과 전례를 회복하고자 했던 것으로 기술하고 있다. 옥스퍼드 운동은 옥스퍼드대학의 존 키블John Keble, 1792-1866 교수가 휘그당 정부의 아일랜드 교구 통폐합에 반대하여 1833년 "국가의 배교National Apostasy"라는 설교를 하면서 시작되었다. 키블은 당시 국가를, 이스라엘 백성이 사무엘에게 다른 이방 국가들처럼 왕을 세워 달라고 요구했던 때의 모습이라고 비판했다.

> 수 세기 동안 인정된 것처럼 국가는 그리스도교 정부였으며, 법령과 정책 및 근원적인 규범에서 국가는 그리스도의 교회의 일부로 구속되었다. …그런데 이제 국가는 자신들에게 부과된 구속을 의도적으로 걷어 버리고 스스로 번영하고자 한다. 이는 유다 백성들이 그러했듯이 하나님을 왕으로 모시기보다 세속의 군주를 그 위에 놓고자 하는 시도가 아닌가? 다시 말하자면, "우리는 다른 국가들이 그러했던 것처럼 우리를 구원하는 교회를 버리고 이방인이 될 것"이라는 것이다.[33]

사회적 맥락에서 키블이 촉발시킨 옥스퍼드 운동은 또 다른 옥스퍼드대학 신학자 존 헨리 뉴먼J. H. Newman, 1801-1890이 일련의 소책자tract를 저술하여 확산시키게 된다. 이 때문에 옥스퍼드 운동을 가리켜 '소책자운동Tractarian Movement'이라고도 한다. 뉴먼은 세속화된 국가교회의 패러다임을 넘어선 보편 교회의 예배의식과 전통, 가치를 회복하고자 하였다. 보편 교회에 대한 관심은 권력화된 교회, 혹은 권력에 사유화된 교회를 권력으로부터 분리하고자 하는 목적에서 출발하였다. 국가교회가 아닌 사도교회의 전통 속으로 회귀하고자 한 것이다.

1820년대의 심사법 폐지와 가톨릭 해방령은 프랑스혁명과 전혀 무관하다고는 할 수 없을 것이다. 영국은 프랑스혁명의 영향 아래 국교회 내의 자유주의, 복음주의, 전례주의 등의 흐름이 혼재되어 있었다. 신학적 자유주의는 기성 체제를 부정했고, 감리교 복음주의는 이미 자본과의 긴장이 사라진 대중주의에 물들어 있었다. 에드먼드 버크Edmund Burke, 1729-1797의《프랑스혁명에 대한 성찰Reflection of the French Revolution》이라는 책으로 보수주의 지평을 확보한 고교회파는 기성 질서와 전통 옹호라는 틀을 넘어서지 못했다. 이것이 옥스퍼드 운동에 가담했던 이들이 결국 분열할 수밖에 없던 지점이었다. 국가와 교회의 관계를 넘어서 국가주의를 폐기하고 보편적 사도교회, 즉 가톨릭교회의 전통을 더 넓게 수용하고자 했던 뉴먼의 이상은 국가의 입장에서 볼 때 배신이었다.

1845년 뉴먼과 그의 추종자들은 가톨릭으로 개종했다. 뉴먼은 옥스퍼드를 떠나야 했고 감당할 수 없는 비난을 일생 동안 안고 살았다. 그리고 자신이 태어난 버밍엄의 에지바스턴에 40년간 은둔해야 했다. 한참 후 1879년 교황 레오 13세는, 주교도 역임한 바 없는 그를 추기경으로 세워 주었다. 2010년에 영국을 방문한 교황 베네딕투스 16세는 그를 복자福者로 시복했다. 이제 그에 관한 기적 하나만 더 인정되면 성인으로 추대된다.

결과를 떠나 뉴먼이 당대 소책자운동을 통해 추구했던 것은 중요한 시사점을 던져 준다. 옥스퍼드 운동이 일어날 당시 가톨릭은 이제 막 해방된 시점이었다. 영국 내에서 겨우 종교로 자리매김하던 소수자 중의 소수였다. 뉴먼의 가톨릭 개종은 현대의 콘텍스트에서 볼 바가 아니다. 그가 궁극적으로 추구한 사도교회는 콘스탄티누스 황제가 기독교를 공인함으로써 제국교회가 형성된 313년 이전의 교회였다. 적어도 그가 살던 영국이라는 콘텍스트에서는 어떠한 세력화된 지원을 받기 어려운 상황이었다. 이 점에서 국가 세력에 대응하여 교회가 대항 세력을 형성하고자 했던 것과 차이가 있다. 세력화된 종교의 해체, 국가주의 종교의 해체, 국가와 국교회의 거리 두기가 뉴먼이 실천했던 바가 아닐까 싶다. 하지만 그 결과는 영국의 배신자라는 낙인이었다. 반가톨릭주의는 그가 살았던 빅토리아 시대의 여전한 가치였기 때문이다. 더구나 로마 교황청 내에서도 뉴먼의 사상에 대한 의심의 눈초리를 그의 일생 동안 거두지 않았다.

뉴먼이 옥스퍼드 운동을 이끌던 중 이탈리아 여행에서 지은 찬송시는 그의 삶의 여정을 함축한다.

> 내 갈 길 멀고 밤은 깊은데 빛 되신 주
> 저 본향 집을 향해 가는 길 비추소서
> 내 가는 길 다 알지 못하나
> 한 걸음씩 늘 인도하소서

Lead, kindly Light, amid th'encircling gloom;

Lead thou me on!

The night is dark, and I am far from home;

Lead thou me on!

Keep thou my feet; I do not ask to see

The distant scene — one step enough for me.[34]

교회는 변방으로 내려갈 수 있을까

영국의 종교 차별금지법은 결과적으로 국교회의 특권적 지위 상실을 의미했다. 이럴 때에 모든 국가의 조치, 그리고 그것이 휘그당의 조치라면 당연히 종교 탄압이라는 구도를 설정할 만하다. 담백하게 인정하자면, 옥스퍼드 운동은 국가가 교회를 간섭한 데 대한 저항이었다. 그 속에서 뉴먼의 행동은 도피적 저항일 수 있다.

교회와 국가 문제에 대한 그의 해법은 교회가 국가를 넘어선 종교 본연의 가치를 회복하는 것이었다. 하나님의 신비를 말로 풀어내는 저교회파low church의 설교보다는, 신비를 묵상하는 가톨릭의 전례를 통해 또 다른 종교성을 체험하고자 했다. 종교개혁이 낳은 가시적 차이는 교회의 중심이 제단이 아니라 설교단이라는 것이다. 보편 교회로 돌아가자는 것은, 비록 그것이 뉴먼에게는 현실적으로 가톨릭교회였지만, 다시 교회의 중심에 제단을 놓자는 주장이다. 교회의 설교단이 하나님의 음성을 듣는 것을 오히려 방해할 수도 있기 때문이다. 바른 설교로 고쳐 가는 것도 중요하지만, 좀 더 깊은 침묵을 택하는 것도 실은 한 방편이다.

다시, 오늘 우리의 상황으로 돌아가 보자. 앞서 언급했다시피 차별금지법이 논란이 되고 있는 21세기 한국 교회와 차별금지법 폐지 이후 19세기 영국 교회를 같은 선상에 놓을 수는 없다. 개신교의 저항이 두드러지는 차별금지법이나 종교인 과세 문제는 그 의도 및 결과와 무관하게 교회를 귀찮게 하는 간섭이 될 것이 분명하다. 적어도 주류 개신교는 해방 이후 지금껏 줄기차게 정권과 상호의존 관계를 형성해 왔다. '구국'의 유신헌법 찬양, 전두환과 조찬예배, 대통령 조찬기도회 등은 상징적인 몇 사례에 불과하다.

일부 개신교에서 종교인 과세를 종교 탄압이라고 규정하고 순교할 각오로 저항하겠다는 의지를 보이는데, 이것은 과거의 특권을 상실함으로써 생긴 중증 불안증이다. 차별금지법 이후 옥스퍼드 운동을 촉발시킨 존 키블과 종교인 과세 이후 한국의 일부 개신교 목회자들이 취한 대응에 어떤 기시감déjàvu을 느낀다고 하면 지나친 것일까?

어쨌거나 국가와 교회 사이의 긴장이 갈수록 높아질 것은 분명하다. 국가가 좀 더 건전하게 나아가도록 교회가 어느 정도 그 역할은 하겠으나, 그것이 곧 개신교회의 양적 규모 유지를 담보하지는 않는다. 다만 뉴먼의 선택을 다른 각도에서 살펴볼 수 있으면 하는 바람은 있다. 결과적으로 뉴먼은 국가의 배신자로 낙인찍히고 추기경이라는 자리를 덥석 받은 인물일지 모르나, 당시 정황에서 그의 선택은 가진 것을 버리고 변방으로 가는 것이었다. 옥스퍼드대학을 떠나야 했고, 평생을 은둔하듯 보내야 했다. 1829년에 가톨릭 해방령이 내려졌지만 1871년이 되어서야 가톨릭교도가 옥스퍼드대학과 케임브리지대학에 들어갈 수 있었다는 것은 여전히 가장 핵심적인 차별이 남아 있었다는 뜻이다.

고 신영복 선생은 진정한 변화는 변방에서 이루어진다고 했다. 모두 인정하다시피 교회의 좋은 시절은 다 갔다. 그렇다면 오늘 교회가 스스로 변방의 길을 선택할 수 있을까? 그건 모르겠지만 이제 교회가 암묵적으로 주어졌던 특권을 버리고, 대중 앞에 맨모습으로 다가가게 된 것은 부인할 수 없다. 그 때문에 더 많은 이들이 교회를 떠날지도 모르겠다. 그것이 교회 탓이든 개인 탓이든, 그리고 그것이 사회에 좋은 것이든 그렇지 않은 것이든 말이다. 미래는 과거의 역사에서 길을 묻고 길을 찾아가는 거친 작업을 통해서만 아득하게나마 전망할 수 있다.

양파 한 뿌리와 구원

옛날에, 아주 악한 삶을 살던 한 여인이 죽었다. 그녀는 이 땅에 사는 동안 선행이라고는 결코 한 적이 없었다. 악마는 그 여인을 화염이 들끓는 연못에 던져 버렸다. 그녀의 수호천사는 불쌍한 마음이 들어 이 여인이 하나님께 은혜를 구할 만한 선행을 한 것이 있는지 찾아봤다. 마침내 천사는 이 여인이 살아생전에 했던 단한 가지 선행을 기억했다. 바로 양파 한 뿌리를 뽑아 구걸하던 여인에게 준 것이었다.

수호천사의 말을 들은 하나님이 말씀하셨다.

"그 양파 한 뿌리를 가져와 불타는 연못 속의 여인에게 던져 주어라. 여인이 그 양파를 잡으면 줄기를 당겨 여인을 연못에서 건져 내어라. 그러면 이 여인은 낙원으로 들어갈 것이다."

천사는 하나님의 말씀에 따라, 불타는 연못에서 고통당하고 있는 여인에게 양파 한 뿌리를 던졌다.

"여인이여, 여기 이 양파 뿌리를 잡으시게. 내가 그대를 끌어낼 터이니."

그 말에 여인은 간절한 마음으로 양파 뿌리를 힘껏 끌어안았다. 천사는 끊어질세라 조심스레 양파 줄기를 끌어 올렸다. 거의 연못 위로 끌어 올려졌을 때, 여인이 올라가는 것을 본 연못 속의 다른 죄인들이 그녀의 다리와 온몸에 필사적으로 매달려 같이 빠져나오려고 했다. 그때 이 사악한 여인은 있는 힘껏 그들을 발로 차고 몸을 비틀어 매달린 사람들을 떨어뜨렸다.

"밖으로 빠져나가야 할 사람은 너희가 아니라 바로 나야! 이건 내 양파야. 너희 것이 아니야. 저리 가!"

여인이 이 말을 하는 순간 양파 줄기가 끊어졌다. 여인은 다시 불구덩이 속으로 떨어져 지금까지 불타고 있다. 천사는 울며 떠나갔다.

도스토옙스키의 소설 《카라마조프가의 형제들》에 나오는 짧은 이야기를 옮겨 보았다. 이 짧은 문장들 속에 인간과 죄, 구원의 문제를 고민했던 도스토옙스키의 사유가 집약되어 있다. 칼뱅이나 웨슬리와 관계없는 그의 사유를 군이 서구식으로 해석할 의도는 없다. 만약 서구신학의 잣대로 이 여인을 이해한다면 우스꽝스러운 논쟁이 벌어질 것이다.

보편의 상식으로 볼 때 그녀에게 구원의 손길을 베풀 꼬투리가 된 것은 양파 한 뿌리의 선행이지만, 하나님이 그 선행의 가치를 인정해서 구원하려고 했던 것은 아닐 터이다. 도리어 선행이라고 하기에는 멋쩍은 양파 한 뿌리로 구원을 얻는다는 것은, 구원이 전적인 은혜로 인한 것임을 역설적으로 보여 준다.

이것은 그녀가 구원받을 마지막 순간에 구원을 상실한 이유이기도 하다. 양파 한 뿌리의 선행이 구원의 꼬투리였다면, 자신에게 매달린 다른 죄인들을 발로 차서 떨어뜨리든 말든 그녀는 불구덩이에서 건져졌을 것이다. 그러나 자신이 전적인 신의 은총으로 구원의 기회를 얻었음에도 그 은혜를 잊고 '내 양파'에 타인이 같이 매달려 구원받는 것을 받아들이지 못했기 때문에 공멸한 것이다.

사람들은 '구원은 우리의 공로가 아니라 전적인 하나님의 은총으로만 얻어지기에 인간의 의는 무익하다'고 주장한다. 원칙적으로 누가 이를 부정할 수 있을까. 그런데 기이하게도 인간의 전적인 타락과 신의 전적인 은혜를 소리 높여 외치는 개인들이나 신학 부류가 이 땅에서 행하는 모습은 이 여인과 흡사할 때가 많다.

구원이 우리의 공로로 주어지는 게 아니라면 우리가 누구를 차별할 수 있을까. 구원이 은혜로 주어진다는 걸 믿는다면 다른 이를 정죄함으로 자기 구원을 정당화하는 행위는 모순이다. 누가 감히 어쭙잖게 심판대에 올라서서 가느다란 양파 한 줄기의 은총을 나누고자 매달리는 이들을 발로 밀어낸단 말인가. 모르긴 해도 그 여인이 그때라도 자신의 악함을 회개하고, 자신에게 매달려 함께 불 구덩이에서 빠져나오고자 했던 이들을 끌어안았다면 모두 구원의 기쁨을 누렸을 것이다.

구원의 배타성은 구원이 배타적이어서가 아니라 구원받았다고 주장하는 자들의 배타성에서 기인한 것인지도 모른다. 구원은 배타함으로 성취되는 것이 아니라 함께 나눔으로 성취되는 것이다. 심판은 우리 몫이 아니다. 우리 몫은 서로 영접하고 사랑하는 것이지, 구별하고 배타하는 것이 아니다. 그러니 자신은 맞고 다른 것은 틀리다고 주장하는 이들이야말로 구원을 헛되게 하는 자들이다. 그런 것은 구원이 아니다. 구원이어서는 안 된다. 그러한 도식적인 구원관이 오늘 한국 교회를 이 지경으로 만든 주범 아닌가. 신학적으로 타당하다고? 그렇다면 그건 옳은 것이 아니다.

짐짓 신령한 이들은 구원이 행위로 이루어지느냐 은혜로 이루어지느냐를 따지겠지만, 한 가지 놓친 것이 있다. 구원이 개인적인 것이 아니라 '공동체적'인 것일 수 있다는 것이다. 이 구원의 공동체는 어떻게 유지될까? 양파 한 뿌리의 가르침에서 보자면 구원은 배제함으로 얻게 되는 것이 아니라, 가치 없는 자들마저도 포용할 때 유지된다. 나만 이 구원의 자격이 있고 다른 이에게는 없다고 외치는 순간, 그 여인처럼 다시 나락으로 떨어진다.

오늘 한국 교회는 배제를 통해 공동체를 '정결'케 하고 '신성'하게 유지하고자 한다. 무지개 색상 옷을 입고 퍼포먼스를 펼쳤던 신학생들에게 가해진 징계를 생각해 보라. 한 출판사 대표가 쓴 책을 가지고 이른바 보수 개혁주의를 표방하는 고신, 합신, 합동 교단 총회에 이단조사 요청이 올라왔다. 이는 종교적 광기이다. 상황이 이런데도 칼뱅이 오해받고 있다고, 그래도 개혁주의는 여전히 옳다고 반복한다면, 양식 있는 대중은 이를 어떻게 받아들일까. 배제함으로써 자신의 정체성을 강화하고자 하는 것은 전체주의이다. 그들이 머무는 곳은 천국일 수 없다. 전체주의는 그 자체가 불타는 연못일 뿐이다.

사람은 무엇으로 사는가

〈사람은 무엇으로 사는가?〉라는 작품은 같은 제목의 톨스토이 단편 모음집에 실려 있다. 이야기는 천사 미하엘이 하나님께 징계를 받아 알몸뚱이로 이 땅에 유배 오는 것으로 시작된다. 그는 갓 태어난 쌍둥이 여자 아이를 둔 한 여인의 영혼을 데려오라는 하나님의 명령을 받는다. 나무꾼인 그 여인의 남편은 얼마 전 사고로 죽었다. 그러니 이 여인마저 죽는다면 고아가 된 아이들은 살아남을 수 없을 것이 뻔했다. 천사 미하엘은 차마 이 명령을 수행할 수 없었다. 그 벌로 하나님은 미하엘을 인간 세상에 유배 보냈다.

날개 잃은 천사 미하엘은 벌거벗은 채 교회 앞에서 웅크리고 떨고 있었다. 마침 가난한 구두장이 시몬이 외상값을 받으려고 갔다가 허탕치고 돌아오고 있었다. 집에는 먹을 것이 떨어져 시몬이 외상값을 받아 식료품을 사오기만을 기다리는 아내 마트료나가 있었다. 시몬은 떨고 있는 알몸의 청년을 보고 동정심이 생겨 자신의 외투를 입혀 집으로 데려왔다. 마나님의 불호령과 바가지는 당연지사. 마트료나는 한심스럽기 짝이 없는 남편에게 갖은 잔소리를 해댔다. 그렇지만 미하엘에 대해서는 불쌍한 마음이 들어 한 끼 남은 빵을 그에게 내어 준다. 미하엘은 마트료나를 보고 미소 지었다.

그 후 미하엘은 시몬의 집에 머물면서 구두장이 일을 배웠다. 그의 솜씨는 온 동네에 소문이 나서 시몬의 가게는 번창했다. 어느 날, 한 고관대작이 고급 가죽을 들고 와서 몇 년을 신어도 끄떡 없는 장화를 만들어 달라고 요청했다. 그를 본 미하엘은 다시 한 번 엷은 미소를 지었다. 미하엘은 요청받은 장화 대신 목 없는 단화를 만들었다. 얼마 지나지 않아 고관대작의 하인이 찾아와 주인이 갑자기 죽었으니 수의에 맞는 단화를 만들어 달라고 했다.

또 어느 날, 한 여인이 어린 쌍둥이 딸을 데리고 신발을 맞추러 왔다. 한 아이는 다리를 절고 있었다. 사연인즉슨 아이들의 엄마는 아이를 낳자마자 죽었는데 한 아이가 그 아래 깔려 다리를 절게 되었다는 것이다. 이 여인은 그 아이들이 불쌍해 동네 사람들과 함께 친자식처럼 길렀다. 다행히 하던 장사도 잘되어 아이들을 남부럽지 않게 키울 수 있었다. 이 이야기를 들은 미하엘은 세 번째 미소를 짓는다.

이 일이 있은 직후 미하엘은 시몬과 마트료나에게 자신의 정체를 밝혔다. 쌍둥이 여자아이의 생모와 관련된 일로 하나님께서 자신에게 징계를 내렸고, 이 땅에 내려와서 세 가지 숙제를 풀어야 했다는 것이다. 그 세 가지는 이랬다.

'사람의 마음속에 있는 것은?'

'사람이 알지 못하는 것은?'

'사람은 무엇으로 사는가?'

미하엘은 찢어지게 가난하지만 헐벗은 나그네를 영접하고 빵을 나눠 준 마트료나에게서 사람의 마음속에 하나님의 사랑이 있음을 보았다. 으스대며 오래 신어도 끄떡없는 고급 장화를 만들어 달라고 했던 관리를 보며 자신에게 정말 무엇이 필요한지를 알지 못하는 인간의 한계를 알았다. 그리고 금방 죽을 것 같았던 부모 잃은 아이들이 건강하게 자라는 것을 보며 사람은 사랑으로 산다는 것을 깨달았다.

내가 여기서 주목하고 싶은 것은 천사 미하엘이다. 천사는 하나님의 뜻을 대리하는 존재이다. 미하엘은 하나님과 가까이 있고 하나님의 뜻을 안다고 자부하는 이다. 하지만 실제로 하나님의 뜻을 몰랐다. 미하엘의 의도는 결코 악하지 않았다. 미하엘이 몰랐던 것은, 이해할 수 없는 일과 모순과 불평등으로 점철되어 있는 듯 보이는 혼돈의 세상이지만 그럼에도 세상을 여전히 살 만하게 만드는 힘의 원천이었다. 자신들의 입에 풀칠하기도 어려운 상황에서 벌거벗은 나그네를 위하여 외투를 내어 주고, 빵을 건네주고,

곁을 내주었던 시몬과 마트료나에게서 하나님의 사랑이 사람들 마음속에 있음을 알았다. 어미를 잃은 아이들은 또한 어떠한가? 흔히 신이 모두와 함께할 수 없어 어머니를 두었다고 한다. 젖먹이에게 어미가 없다는 것은 절대절망, 신의 부재 상황이다. 하지만 이 절망의 상황을 공동체가 나서서 희망으로 바꾸었다. 천사는 나그네가 되어 인간의 삶을 경험하고 나서야 비로소 이 세상을 움직여 가는 하나님의 뜻을 알고 미소 지을 수 있었다. 다시 말하자면 천사조차도, 아니 천사는 결코 이해할 수 없는 것이 이 세상의 희망을 이어 가는 사랑이고 사람이고 그들의 연대이다.

톨스토이가 이 부분까지 의도하지는 않았겠지만, 왜 미하엘은 가여운 여인의 영혼을 데려오라는 하나님의 명령을 받아들이지 못했을까? 미하엘은 세상에 대한 나름의 이해, 사람에 대한 측은지심이 있어 갓난아이를 둔 여인의 영혼을 데려오는 것이 하나님의 방식일 수 없다고 판단했는지 모른다. 미하엘이 놓친 것은 연약해 보이지만 무력하지 않은 사랑의 힘, 사람의 힘, 공동체의 힘이었다. 미하엘을 이해해 보자면, 그는 천사로 살며 서로 곁을 나눌 친구를 경험하지 못했던 것 같다.

오늘도 하나님과 가깝다는, 하나님의 부르심을 따라 사명을 수행한다는 이들에게서 미하엘의 모습을 보곤 한다. 즉, 하나님의 뜻을 잘 알고 그 뜻을 전하는 메신저로서의 천사의 자세이다. 나름 하나님의 음성을 듣기 위해 고뇌하고 꽤 많은 시간 예수를 바라보고 나서 선포하는 것이겠지만, 그들이 뽑아내는 지고의 영성의 언어에서 이 세상의 삶과 괴리를 느낀다. 어떤 분이 세월호 관련하여 쏟아지는 진상규명 요구에 대해 "이제는 우리가 그만하고 기도할 때입니다"라고 했다는 것에서 나는 이미 천사의 언어구사를 경험한 바 있다. 얼마 전 그분은 죄인은 사랑하지만 죄는 미워해야 하므로 특정한 성정체성은 결코 받아들일 수 없다고 했다. 천사의 언어구조는 역시 조금 다르다. 인간의 언어구조라면 죄는 미워도 사람은 미워하지 말아야 하기 때문에 그 사람을 영접하자는 결론이 나와야 할 터인데 말이다. 그러한 사고의 결정체는 한 정치인의 죽음을 죄인 된 우리 자신을 돌아보고 하나님께로 돌이키자는 예화로 사용한 것에서 드러났다.

물론 그 진심까지 폄하하고 싶지는 않다. 불편한 점은 그것이 정말 '진심'이라는 것이다. 그가 안타까워서 전하는 진심은 하늘의 언어, 하늘의 논리이지만, 연약한 사람들이 서로 다독이며 힘을 모아 가며 절망 속에서 희망을 만들어 가는 땅의 논리는 아니다. 천사의 말을 하는 이들은 이 땅에서 친구가 없을 공산이 크다. 이 땅의 외로움을 뛰어난 하늘의 영성으로 극복하는 것이다. 하지만 미하엘이 그랬던 것처럼 천사의 말은 역설적이게도 하나님의 뜻은 아닐 수 있다. 절대 그럴 리 없다고 확신 있게 얘기하겠지만 말이다.

흥미롭게도 이렇게 하늘의 언어를 구사하고 호응하는 사람들이 이 땅의 고통의 문제, 나그네의 문제 등을 풀어 가는 방식은 놀라우리만치 도식적이다. 그들이 즐겨 추구하는 '이 세상에 두신

하나님의 뜻'이 무엇인지에 대한 고민은 사실 그리 좋은 고민은 아니다. 이 질문이 무의미하지는 않으나 대부분 사적인 '일기' 속에서 고민하며, 질문 자체에 머물러 버리는 경우가 많기 때문이다. 그 고민이 의미가 있기 위해서는 반드시 그러면 어떻게 할 것인지로 구체적으로 연결되어야 한다. 일기장에 적은 나의 고민이 사회의 고민으로, 공동체의 문제의식으로 연결되지 않는다면 낙서에 지나지 않는 것이다.

천사의 영성으로 내려지는 인간에 대한 쉬운 평가와 사회에 대한 저열한 이해는 위선이다. 인간의 삶과 죽음을 한낱 교리적 잣대로 쉽게 재단하는 무모함 속에는 인간애가 자리할 틈이 도무지 보이지 않는다. 그것은 영성이 아니라 신앙을 병들게 하는 환각제로 작용할 수 있다. 진짜 천사는 나그네의 모습으로 왔다(창 18장).

모순으로 점철되어 답이 보이지 않는 상황에서도 추상적인 신의 신비를 얘기하기보다, 사람이 희망이고 사랑이 희망이며 그것이 이 세상을 살아 내는 하나님의 신비라고 감히 외칠 수 있는 것이 진정 하나님의 뜻을 아는 것 아닐까? 우리가 절망을 이겨 내는 힘은 이 땅을 넘어 천상의 신비를 찾는 것이 아니라, 결국 우리의 곁을 서로 내어 주는 것이다. 나그네 대접하기를 아까워하지 않고, 남겨진 이들을 공동체가 나서서 돌보는 것이다.

사람은 무엇으로 사는가? 천사 미하엘은 인간이, 연약함을 서로 보듬어 가며 사랑하며 함께 살아 내는 존재임을 알게 되었을 때 미소 지을 수밖에 없었다.

04

개인 신앙을 넘어서
공적 신앙으로 살다

캥탱 마시, 〈고리대금업자와 그의 아내〉, 1514

플랑드르의 화가 캥탱 마시의 〈고리대금업자와 그의 아내〉는 자본에 대한 시각 변환을 획기적으로 보여 준다. 돈을 저울에 달아 보는 고리대금업자 남편과 그 곁에서 성인전을 읽으며 돈을 응시하는 아내, 그리고 거울에 비친 십자가는 얼마 안 있어 등장할 금욕적이면서 경건한 개신교인 부부의 모습을 예견한 듯하다. **292쪽**

믿음과 불신 사이에 선 경계인

머물던 자리에서 떠난다는 것은

　전투적 무신론자 리처드 도킨스가 전 세계 다양한 종교와 종파를 찾아다니며 유신론과 무신론을 놓고 논쟁하던 때가 있었다. 미국의 전투적인 복음주의자들과의 논쟁은 토론이기보다 힐난과 조소 속에 서로 하고 싶은 말만 하고 끝내는 경우가 태반이었다. 아마도 가장 큰 관심을 끌었던 것은 2012년 옥스퍼드대학 셸도니언 극장에서 열린 캔터베리 대주교 로완 윌리엄스와의 토론이었을 것이다. 유신론을 대표하는 성공회 수장과 무신론의 아이콘의 토론이었지만, 신사적이고 품격이 넘쳤다. 대주교는 도킨스의 과학적 기여와 업적을 치하했고 도킨스는 시종 경청하는 태도를 보이며 자신이 문화적 성공회 신자라고 립서비스까지 했다. 내가 지금 하려는 말은 이 토론에 대한 것이 아니다. 이 토론에는 두 사람 외에 다른 한 사람이 사회자로 참여했는데, 바로 옥스퍼드 철학자 앤서니 케니Anthony Kenny 교수였다. 조합이 기묘했던 이유는 그가 공개적인 불가지론자agnostic였기 때문이다. 누구의 아이디어였는지 모르지만, 영국을 대표하는 유신론자, 무신론자, 불가지론자가 '인간의 본질과 궁극적인 기원의 문제'를 놓고 한자리에 마주 앉았다. 품격이 넘쳤다는 것은 달리 말해 기대했던 만큼의 박진감은 없었다는 뜻이다. 도킨스도 이날 토론이 마음에 들지 않았던지 나중에 사회자인 앤서니 케니 때문에 토론을 망쳐 버렸다고 투덜거렸다.

앤서니 케니는 중세 토마스 아퀴나스의 철학부터 20세기 비트겐슈타인의 철학을 공부한 영국을 대표하는 철학자로, 영국 학술원장을 지내고 기사작위까지 받은 인물이다. 나는 한국에서 대학원에 다닐 때 그가 쓴 위클리프 사상에 대한 책자를 통해 그를 처음 알게 되었다. 다시 그를 접한 것은 영국에서 박사 학위를 마칠 무렵, 도서관 서가에서 우연히 집어 든 그의 자서전《로마로부터의 길A Path from Rome》을 통해서였다. 알고 보니 전직 가톨릭 사제라는 흔치 않은 이력이 있었다. 기억을 더듬어 보면 그는 리버풀의 독실한 가톨릭 집안에서 태어났고, 삼촌 역시 저명한 가톨릭 성직자였다. 집안 분위기에 젖어 어려서부터 자연스럽게 사제가 되고자 했고, 로마에 있는 가톨릭 신학교에서 사제 수업을 받았다. 그와 더불어 옥스퍼드대학에서 철학 박사 과정도 밟았다. 그는 영국 가톨릭교회에서 사용하고 있는 《예루살렘 바이블》의 최초 번역자 중 한 명이다. 그러나 제목이 암시하듯이 《로마로부터의 길》은 그가 어떻게 가톨릭 사제의 길을 떠났는지를 고백하고 있다. 우리가 흔히 보는, 방황 가운데서 신을 만나 비로소 구원에 이르는 여느 고백록과는 정반대인 셈이다.

책은 신학생 시절, 그리고 사제가 된 이후 겪었던 신앙의 회의와 고민을 담담하게 그려 낸다. 수학했던 로마의 신학교는 교황이나 가톨릭 고위 성직자들이 배출되는 전도유망한 곳이었지만 그곳에서도 그는 신의 존재에 대한 본질적인 의문을 해결하지 못했다. 마음 아프게 기억나는 것은 신의 존재에 대한 회의가 들 때마다 아퀴나스의 철학을 가지고 신 존재를 증명하고자 씨름하던 모습이다. 철학적 논증이 잘되었다 싶은 날은 마음에 평화가 찾아왔지만, 그렇지 않은 날은 온통 어두움이었다. 갈등 속에 신학교와 옥스퍼드대학에서 학업을 끝내고 고향 리버풀에 돌아와 사제로서의 삶을 시작했다.

하지만 사제의 길에 들어선 후에도 내면의 갈등은 잡히지 않았다. 결국 몇 해가 지나지 않아 로마 교황청에 서신을 보내 자신이 불가지론자임을 공식적으로 선언하고 사제직을 면해 주도록 요청했다. 그 직후 옥스퍼드대학에 자리를 얻어 일생 철학자의 길을 걷게 된다. 면직 후 몇 년이 지나 한 여인과 결혼도 했다. 평신도의 자리로 돌아왔지만 사제로서 한 독신서약은 여전히 유효했기에 결혼으로 인해 가톨릭교회에서 파문을 당했다. 중세시대라면 큰일이었겠으나, 그는 여전히 옛 신학교 친구들과 교유하고 제약 없이 미사에도 참여한다고 했다. 이것이 내 기억 속에 남아 있던 앤서니 케니의 모습이었다.

경계인의 삶에 대한 경외

얼마 전 '짓:다 철학학교'라는 인문학 아카데미에서 앤서니 케니의 책[1]으로 현대철학 강의를 한다는 글을 보고 오랜만에 기억을 떠올렸다. 10년 전의 감상과 지금 느낌은 다소 다르지만, 더듬어 보면 앤서니 케니가 겪은 내적인 고민과 갈등을 읽고 그때는 마음이 아렸었다. 그의 고민은 모든 것을 이성적으로 규정하려는 라틴 신학의 궁극적인 한계가 아닌가 생각했다. 신의 존재나 창조, 구속, 심판 등 핵심적인 이슈들을 우리의 언어로 이해할 수 있게 풀어내는 것이 조직신학의 작업이라고 한다면, 규정함으로써 등장하는 불가해한 더 큰 여백에 대해서는 알지 못한다고 고백할 수밖에 없다. 본질적인 신의 존재에 대한 것이건, 신이 창조한 세계나 인간의 본질과 행태 및 습성에 대한 것이건, 언어의 논리로 범주화할 수 있다고 생각하는 것은 사실 오만이다. 어쩌면 불가지론이라는 용어조차도 규정하기 좋아하는 서구신학의 산물이다. 중세 라틴 교회가 천국과 지옥으로 칭하기 마땅치 않은 곳을 채

271 —

우기 위해 연옥을 '탄생'시켜야만 했던 것처럼 말이다. 하지만 동방신학은 연옥은 말할 것도 없고, 천국이나 지옥도 물리적 장소 개념으로 상정하지 않는다. 그 관점에서 보면 우리 모두는 확신과 불신 사이의 불가지론의 언저리에 걸쳐져 있다.

우리는 보이지 않는 것을 보는 것처럼 믿기를 너무 사모한 나머지 모든 것을 확신의 대상으로 환원시키는 게 아닌가 싶다. 구원의 확신이라는 말을 고민 없이 사용하는 것도 불편하다. 그건 그렇다 치자. "지구 나이 6,000년임을 믿지 않는 것은 성경을 믿지 않는 것입니다"라거나, 세습 비판에 대해 "큰 교회는 큰 십자가입니다", 건축법을 위반하여 교회 건물을 짓고도 이 모든 것을 "하나님께서 다 하셨습니다"라고 하는 것을 보면, 이제는 강단에서 선포되는 메시지가 자기 확신인지 신적인 확신인지 분별이 필요하지 싶다. 확신에 찬 어조에 끌리는 이유는 불안한 현대인의 삶을 거들어 주는 심리적 기제로서의 역할을 하기 때문일지 모른다. 물론 굳이 교회에까지 와서 불확실성이나 고민이라는 단어를 마주하는 것은 편한 일은 아닐 터이다.

그러다 보니 바람직한 신앙이란 것이 하늘의 뜻을 찾고 신비를 숙고해 가는 구도의 과정이기보다는, 전도자들이 진리라고 선포하는 것을 아멘으로 화답하고 수용하는 것인 양 한없이 가벼워졌다. 그것이 신앙일까, 아니면 주체의 상실일까? 성도들의 모든 고민을 확신을 갖고 설득력 있게 풀어 주는 사람이 좋은 목회자일까? 부딪치는 삶의 문제는 누가 대신 고민해서 답을 줄 수 있는 것이 아니다. 불완전한 인간에게 회의와 고민은 성찰을 통해 성장하게 하는 자양분이다.

지금도 서울 어디에서 교회를 하고 있다는 어떤 분이 그 전 교회에서 진짜 잘나가던 시절에 있었던 일이다. 교회 홈페이지에 목회자가 성도들의 질문에 답을 해주는 상담 코너가 있었다. 긴 고민이건 짧은 고민이건 쾌도난마와 같은 답이 척척 올라왔다. 소설가 조성기 선생이 조누가라는 필명으로 쓴 《십일조를 넘어서》라는 책[2]에 대해 평가해 달라는 어떤 이의 질문에 그는 "글쟁이의 헛소리입니다"라고 깔끔하게 정리해 버렸다. 고민 없이 확신의 용어, 극상의 종교적 용어를 뱉어 내는 이들의 이면을 읽어야 하는 이유이다. 요사이 십일조에 대해 진지한 고민들이 일어나는 것을 보니 그 기억이 새삼스럽다.

지금 와서 앤서니 케니에게 이입되는 감정은 자신의 고백 이후 그가 걸어간 경계인의 삶에 대한 경의이다. 조금만 생각해 보면 교회는 말할 것도 없고 우리 사회의 많은 문제는, 확신으로 환원될 수 없는 것에 확신을 강제함으로써 발생한다. 그래서인지 경계인, 회색인, 주변인, 그 어떤 용어로 불리건 그들에게 관대하지 못하다.

확신을 선포하는 이를 주의하라

신앙의 확신에 대한 지고지순한 지향은 김은국의 소설 《순교자》에서 그 불편한 속내가 드러난다. 1964년 영문으로 쓰인 소설로 미국에서 베스트셀러였으며 1967년 노벨문학상 후보까지 올랐다. 내용을 언급하자면, 평양에서 14명의 목사가 공산당에게 체포되었다가 12명이 순교한 사건이 발생한다. 살아남은 2인 중 하나인 신 목사는 자신이 목격한 것을 끝까지 침묵했고, 나머지 하나는 정신이상자였다. 사람들은 신 목사를 배신자로 비난하고, 12인을 순교자로 높이며 기리는 일들을 계획했다. 하지만 실상 신앙의 지조를 지킨 것은 신 목사뿐이었고 12인은 위협 속에 신앙을 버리고 비참한 죽음을 맞았다. 나머지 한 사람은 그것을 목격하고 충격을 받아 정신이상이 된 것이다. 한 층위에서 이 소설은 전투적 순교신앙을 자극하는 당시 평양 기독교의 엄숙주의와 허위에 대한 고발이기도 하다. 그 태도는 고스란히 한국 기독교에 전이되었다. 제주 4·3에 그 지역 출신의 서북청년단 다수가 참여한 것은 그냥 생긴 일이 아니다. 어쩌면 《순교자》는 오늘 한국 교회에 대한 예언서이다.

오늘도 확신에 찬 사람들이 경계 앞에 서 있는 이들의 손을 잡아 주기보다 등을 떼밀고 있다. 우리는 늘 그랬다. 니코스 카잔차키스Nikos Kazantzakis, 1883-1957의 소설 《그리스인 조르바》 속의 조르바의 자유로운 사고와 삶을, 통념을 넘어선 해방의 행동으로 치켜세우지만 현실은 어땠던가?[3] 통영 앞바다까지 와서 고향을 바라만 보다가 쓸쓸히 뱃머리를 돌려야 했던 윤이상 선생이나, 수십 년 떠나 있던 고국의 초청으로 돌아왔지만 환영 대신 보안법 위반으로 감옥에 갇혀야 했던 송두율 선생은 모두 경계인일 뿐이었다. 어디 그들뿐이던가? 해방 공간에서 삼팔선 위에 서야 했던 김구 선생이나, 분단의 경계를 넘고자 방북을 했다가 옥고를 치른 문익환 목사, 황석영 선생 등도 그렇다.

경계에 서는 것은 진정한 용기가 필요하다. 그 콘텍스트가 교회일 경우에는 더 말할 나위도 없다. 모든 역사의 진보는 경계인의 희생을 딛고 나왔다는 점에서 교회나 사회는 차이가 없다. 그 점에서 경계에 선 사람들은 전위에 선 자들이다. 그 경계가 유신론과 무신론의 경계이건, 종교 간의 경계이건, 사회현상을 바라보는 견해 차이에 대한 경계이건 말이다. 우리가 주의할 사람은 불가지론으로 고뇌하는 이들이기보다는 거침없이 확신을 선포하는 이들이다.

오늘 교회의 어려움은 경계에 서서 고민하는 것의 가치를 외면하는 데서 상당 부분 나왔다. 고민은 정죄의 대상이 아니다. 하지만 제도 교회는 간편하게 선택을 요구한다. 그러니 거기에 속하지 못한 이들은 여전히 떠돌 수밖에 없다. '창조에 대한 너의 입장은 무엇이냐? 동성애에 대한 너의 입장은 무엇이냐? 성경의 권위에 대한 너의 입장은 무엇이냐?' 누구도 우리에게 대답을 강요할 권리가 없다. 그것을 강요하는 것은 폭력이다. 신앙은 확신을 되새기는 작업이 아니다. 끝없는 모호함 속에서 자신의 선 자리를 확인하며 점검하는 작업이다. 하지만 교회는 너무 안전한 곳이 되어버렸다. 경계에 선 자들이 진입하기에는 보안 검색이 지나치게 까

다릅다.

경계에 선다는 것, 틀을 넘는다는 것은 그저 모든 것을 상대화하자는 의미가 아니다. 경계에 선다는 것은 우리의 지평이 넓어지고 품이 넉넉해지는 경험이다. 이로써 이전에 미처 보지 못하고, 보듬지 못하던 세상의 타자와 약자, 소외된 자들을 더 너른 품으로 감싸 안는 것이다.

이제 인본주의자가 되자

규정하기의 악마성에 대하여

'규정하기'는 대상의 특성을 파악하여 정의하는 근대의 중요한 특징 중 하나이다. 서양에서 흔히 '남성적인 서양이 여성적인 동양을 만났을 때'라는 식으로 동양을 규정하는데, 이러한 오리엔탈리즘의 시각이 대표적이다. 대부분 스스로를 규정하기보다 대상을 규정함으로써 자신을 그 반대 지점에 배치시킨다.

규정은 상대방을 악마화함으로써 자신을 정당화시키기도 한다. 오늘날 교회 내에서는 어떠한가? 굳이 사례를 일일이 열거하지 않더라도 교회에서도 타자를 악마화하는 규정하기놀이는 큰 고민 없이 이루어졌다. 교회가 규정하는 여러 가지 단어 중에서 특히 '인본주의'라는 단어의 쓰임새를 한번 생각해 보자.

> 질문 1-1. 나는 휴머니스트humanist인가?
> 질문 1-2. 나는 인문주의자humanist인가?
> 질문 1-3. 나는 인본주의자humanist인가?

아마도 교회 안에서는 1, 2, 3번 순서대로 "예", "글쎄요", "아니요"가 가장 일반적인 답변이 아닐까 싶다. 그러면 다음 질문에는 뭐라고 답할까?

> 질문 2-1. 인본주의humanism의 반대말은 무엇일까? (백의 아흔아홉은 '신본주의'라고 답할 것이다.)
> 질문 2-2. '신본주의'라는 단어는 영어로 무엇일까? (잘 떠오르지 않을 것이다. 네이버 영어사전에 'God-centered'라는 조어가 나오긴 하나, 옥스퍼드 사전에는 이런 단어는 존재하지 않는다.)

영어 'humanism' 혹은 'humanities'는 우리말로 어떻게 옮기느냐에 따라 뉘앙스가 달라진다. 휴머니스트는 박애주의자로, 인문주의자는 인문학을 옹호하는 자로 읽히나, 인본주의자는 하나님 중심의 삶이 아닌 인간의 가치를 추구하는 신앙적인 뉘앙스로 규정된다.[4]

역사적으로 볼 때 휴머니스트는 15세기 고전학을 가르치던 교

사를 지칭하는 용어였다. 학문에서는 휴머니즘의 반대말은 신본
주의가 아니라 '스콜라주의'이다. 따라서 신본주의라는 용어는 신
앙적인 관념에서나 사용할 수 있는 표현이다. 그럼에도 불구하고
정통신학을 한다는 이들은 정밀한 구분 없이 어떠한 특정한 교리
체계나 신앙 행태를 수용하지 않는 것을 인본주의라고 규정한다.

오늘날 신본주의 학문, 신본주의 교육이라는 가치를 내세우는
것은 자신들이 진리와 신의 속성을 독점한다는 무지와 오만에서
비롯한 것이다. 아마 이 신본주의라는 용어를 가장 빈번하게 사용
하는 곳이 보수 개혁신학을 강조하는 신학교들이 아닐까 싶다. 지
난 십수 년간 이어진 한 신학교의 반복되는 문제는 교단 정치의
폐해, 대형 교회에 종속되는 신학, 정치적으로 줄을 설 수밖에 없
는 교수진, 운신할 폭이 제한된 총학생회 등도 원인일 수 있겠다.
그러나 교권이나 정치보다는 개혁주의신학을 지향하는 집합체가
하나님중심주의라는 지극히 신앙적이고 주관적인 기준을 가지고
인문주의라는 세상의 학문 세계를 간단하게 거부해 버린 스콜라
주의의 영향 때문이 아닐까 생각해 본다. 스콜라학의 체제로 틀
지워진 학문 구조 속에서는 다른 시각, 다양한 시각이 허용될 수
없다. 충분히 완결된 그들만의 신학과 윤리는 여성 안수와 같은
시대의 요구는 고민거리도 되지 않는다. 욕하면서 배운다고, 그
속에서 교육받는 대부분의 신학도들 역시 세속화되어 가는 시대
를 진리의 말씀으로 자신들이 올곧게 맞서고 있다고 여긴다. 어떤
보수 교단 출신의 교수님이 자신이 속한 신학교의 정신세계를 한

마디로 요약해 준 것이 기억난다. "주여, 내 뒤에 서시옵소서. 내가 주를 지키겠나이다!" 사회심리학에서는 이를 '집단최면'이라고 부른다.

스콜라주의, 한때의 혁명

학문의 관점에서 종교개혁은 스콜라주의에 대한 인문주의의 승리였다. '바늘 끝에 얼마나 많은 수의 천사가 설 수 있을까?', '시장으로 끌려가는 돼지가 끈에 의해 끌려가는가, 아니면 끈을 잡고 있는 사람에 의해 끌려가는가?' 등과 같은 난센스로 희화화되었긴 하나, 스콜라학의 등장은 서유럽 지성사의 혁명이었다.

스콜라학이란 대학에서 가르치고 공부하는 학문을 의미했다. 대학이 출현할 당시 '대학universitas'이라는 용어는 고등교육기관을 의미하는 단어는 아니었다. 노동조합union과 같은 어원을 지닌 대학은 시장경제 속에서 특정 상공인의 권익 향상과 이익 보호를 위한 상인 조합이었다. 즉, 스콜라학을 가르치는 대학은 지식을 상품으로 사고파는 지식 매매소였다. 스콜라학은 아리스토텔레스 전집 발견과 아랍 주석 작품을 번역하면서 신앙에 대한 사고방식과 토론방식에 커다란 진보를 가져왔다. 스콜라학 등장 이전 수도원 교육 방식인 '알기 위해 믿는다'는 신조와 대비되게, 최초의 대학인이라고 불리는 피에르 아벨라르는 믿음에 이르기 위한 회의를 주장했다. 학문적 성취 못지않게 엘로이즈와의 비극적인 플라토닉 사랑으로 더 잘 알려져 있는 아벨라르는 처음으로 '신학 *Theologia Christiana*'이라는 단어를 책 제목으로 사용하였다. 대학의 학생들은 상위학부인 신학을 공부하기 위해 3학(문법, 논리학, 수사학), 4과(산수, 기하, 천문, 음악)의 교양학 혹은 인문학 과정을 먼저 배워야 했다.

12세기 초반 파리의 교사 샤르트르의 베르나르Bernard de Chartres, ?-1130?는 "우리는 거인들의 어깨 위에 올라탄 난쟁이이다. 우리는 그들보다 더 멀리 더 잘 볼 수 있으나, 우리의 시각이 더 예민하다거나 키가 더 크기 때문이 아니라 그들이 우리를 공중에 들어 올려 거대한 키만큼 높여 주기 때문"이라고 했다. 스콜라학의 혁명은 신학이 완결된 학문이 아니라는 선포에 있다. 신의 본질과 믿음의 진화에 대한 여러 특징을 탐구하는 것으로 옮겨 가 인간의 존재, 구원, 신과 피조물, 종말 등에 대해 다양한 해석이 나왔고, 그 결과 논쟁이 심화되었다. 자신의 지식 상품의 시장 경쟁력을 확보하기 위해 대학 교사들은 자신들의 사고를 극단으로 밀어붙였다. 학생들은 대학에서 페트루스 롬바르두스Petrus Lombardus, 1095?-1160의《명제집*Sentences*》등을 통해 다양한 신학적 논쟁을 배울 수 있었다.

중세 지성주의의 선두에 섰던 스콜라학이 언제부터 사변적인 퇴행의 길을 걷게 되었을까? 이는 13세기 도미니크회와 프란치스코회로 상징되는 탁발수도회들이 대학에 들어오면서 야기되었다. 탁발수도회는 세속 지식을 배우는 것이 금지되어 있었다. 대학의 상위 신학부를 공부하기 위해 거쳐야 하는 3학 4과의 인문학 과정을 거부함으로써 인문학부와 갈등을 빚었다. 이 때문에 파리대학에서는 아리스토텔레스 저작에 대한 금서 지정과 해제가 수차례 반복되었다. 더 나아가 도미니크회는 자신들이 가진 신학적 틀을 가지고 전문 분야가 아닌 학제에도 간섭하여 재단하기 시작했다. 그 극단적인 부작용이 다른 사상에 대해 연구하여 처벌하는 도미니크회 이단재판관의 등장이다. 이 때문에 도미니크회는 '주님의 사냥개domini canes'라고 불렸다.

중세 대학의 학문의 자유는 14세기 말 존 위클리프가 반성직주의 주장과 가톨릭 신학의 근거인 화체설을 부정하기 전까지 상당히 용인되었다. 기록에 보아도 '대중 이단popular heresy'은 법의 단죄를 받은 경우가 많았지만, '학자 이단academic heresy'은 그 처벌 수위가 낮았을 뿐 아니라 용인되는 범위도 매우 넓었다. 하지만 가톨릭교회가 분열되고 위기를 맞으면서 중세적 의미에서의 학문의 자유는 크게 위축되었다. 1415년 콘스탄츠공의회에서 행한 얀 후스 Jan Hus, 1372?-1415의 화형과 존 위클리프의 부관참시는 스콜라학 추락의 상징이었다. 중세 말 스콜라주의는 신의 가치를 자신들이 틀 지운 가치체계에 넣고 독점해 버렸다. 하지만 그 속에서 신학은 가두어진 물길 마냥 변질되고 화석화되었다.

"이제 우리 모두는 인본주의자가 되어야 한다"

휴머니즘humanism은 '인간주의', '인도주의', '인문주의', '인본
주의' 등 매우 다양하게 옮길 수 있다. 이러한 단어들의 공통점은
인간의 존엄과 가치를 강조하고 이 땅의 삶에 가치를 두는 것이
다. 휴머니즘을 중세 말 유럽의 학문운동이라는 흐름에 대입해 본
다면, 중세를 넘어서 새로 출발하는 근대를 디자인한 교육운동이
라고 볼 수 있다. 인간다움에 대한 교육을 의미하는 고대 그리스
'파이데이아paideia'가 로마에서는 후마니타스였다. 르네상스 시대
에는 스투디아 후마니타티스studia humanitatis가 인간과 자연에 대
한 새로운 인식과 관심을 제고提高하는 대학의 교과 과정이었다.
휴머니스트는 이러한 인문학을 강의하는 교사를 의미하였다.[5]

그렇다면 왜 유독 현대 교회에서는 이 휴머니즘이 인본주의라
는 부정적이거나 위험한 함의를 가진 의미로 변질되었을까? 아마
도 인간의 가치를 고대 그리스 로마로부터 재발견하는 것이 중세
그리스도교 문화를 부정하는 것, 중세의 신 중심의 사고에 도전하
는 것으로 비춰졌기 때문일 것이다. 헬라철학에서는 헬라교양을
갖춘 헬라인이 아닌 모두를 야만으로 규정했다. 이 세계에서 인간
적이라는 것은 야만에 대응하는 교양과 학식을 갖춘 사람, 건전한
자유민을 의미했다. 하지만 중세에서는 그 비교 대상이 달랐다.
서유럽 중세는 사람들이 살아가는 환경이 고대 그리스만큼 인간
적이지 못하고 훨씬 더 고통스러웠다. 그러니 당대 교회가 현세에

서 고통받는 인간에게 고통을 이겨 내는 방식으로 제시한 것은, 현재의 고난을 긍정하고 내세를 지향하도록 격려하는 것이었다. 13세기 교황 인노켄티우스 3세의 저작《인간 본질의 비참함에 대하여De Miseria Humanae Conditionis》는 당시 가장 많이 필사된 작품이었다. 죄와 고통이 본질인 이 세상 속에서 인간다움을 추구하는 것은 결국 신의 가르침에서 멀어지는 타락이었다. 그래서 휴머니즘은 하나님을 떠난 인간중심주의, 즉 인본주의로 '규정'될 수밖에 없었다.

르네상스 시대에 후마니타스는 인간다움을 갖추기 위한 교양으로 재평가되었고, 건전한 시민 엘리트 교양인을 배출하기 위한 교육기관이 유럽 곳곳에 설립되었다. 15세기 스투디아 후마니타티스는 중세의 신 중심, 내세 지향적인 관념에서 현재적 인간의 가치를 재발견하였다. 그렇다면 이를 두고 '인본'주의라고 규정할 수 있을까? 그렇다면 나는 기꺼이 중세의 화석화된 스콜라주의를 벗고 인간에 대한 가치를 재발견하는 인본주의 편에 설 것이다. 반면, 신본주의를 외치는 보수 신학에서는 스콜라주의를 배격하고 인문주의의 뿌리에서 종교개혁을 실현했던 루터와 츠빙글리를 어떻게 볼 것인가? 학문 활동을 세네카의 관용론 주석으로 시작하고, 제네바에 시민교육을 위한 칼리지를 설립하여 인문주의를 교육했던 칼뱅을 어떻게 볼 것인가? 그들 역시 '인본주의자'로 규정할 용기가 있는가?

최초의 인문주의자라고 불리는 페트라르카는 최초의 근대적 — 284

등산가로도 불린다. 그 이전에 등산을 한 이들이 왜 없었겠는가! 그는 중세의 관념에서의 고행이 아니라, 지극히 세속적인 목적으로 자연을 관조하며 그 속에서 숭고를 느끼고 삶의 교훈을 얻을 목적으로 산에 올랐다. 그가 남긴 《방투산 등정기 The Ascent of Mount Ventoux》에는 새로운 시대를 고대하는 회의하는 지식인의 모습이 등장한다. 당대 교회가 확립하였다고 하던 진리를 의심하고 오직 경험하는 것만을 참된 지식으로 받아들이는 새로운 인간상의 전형을 마침내 만들어 냈다.[6]

장미는 '많은 이름'을 가졌다

움베르토 에코의 소설 《장미의 이름》에는 연속되는 수도원의 살인사건이 묵시록의 성취라고 두려움을 심는 수도사와, 타락한 교회에 대한 신의 심판을 주장하며 은밀하게 활동하는 돌치노파 등 다양한 형태의 예언자와 선지자가 등장한다. 수도원의 살인사건을 풀어 나가는 프란치스코회 수도사 바스커빌의 윌리엄의 문제해결 방식은 비판과 합리적 추론이다. 적어도 중세 말 혼란스러운 교회와 사회 상황을 빌려 에코가 내세우고자 했던 선지자는 하나님의 음성을 듣는 자도 아니고, 개인의 병을 낫게 하는 비술을 가진 자도 아니었다. 세기 말 현상을 읽고 그 구조를 볼 수 있는 자가 에코가 설정한 선지자이다. 예레미야가 선지자 소리를 듣는 것은 하나님의 말씀을 들었기 때문이 아니라 그 시대 하나님의 음성을 들었다고 하는 자들이 보지 못했던 구조 너머를 보았기 때문이다. 다시 말하자면, 구조 너머의 현상을 보고 읽을 수 있는 사람이 선지자이고 그 구조를 깨트리는 자가 혁명가이다. 중세 말 교회가 맞이한 위기 앞에 새로운 사고를 수용하지 않고, 자신이 믿는 완전한 진리를 독점하고 보호하기 위해 모든 수단을 사용하는 눈먼 수사 호르헤는 퇴화된 스콜라주의의 전형이다.[7]《장미의 이름》은 모든 시대 퇴화된 스콜라주의에 대한 조전弔電이다.

오늘 한국 교회에서 심심찮게 들려오는 신학교 문제는 교단과 학교 간의 싸움이나 교회 정치만이 전부가 아니다. 굳어진 스콜라주의에서 파생될 수밖에 없는 병리 현상일 수 있다. 불행하게도 소위 '선지 동산'에서 신학생들은 시대의 구조를 넘어선 시각을 고민하기보다, 스콜라주의가 설정한 구조 속에 끌려 들어가고 있다. 헤브라이즘은 신본주의이고, 헬레니즘은 인본주의라는 이 근본 없는 프레임으로 철저하게 길들여지고 있다. 이 프레임은 그가 정치적으로 어느 라인에 서느냐와 무관하게 대부분 공유되어 있다. 어이없는 것은 대다수가 자신들만이 타락한 세상에서 진리를 수호하기 위해 진정 노력하고 있다고 실제로 믿고 있는 데 있다. 그들이 생각하는 진리는 기득권, 남성우월주의, 성직중심주의, 교권주의가 설정한 가치이다. 이 역시 다양함을 인정하지 못하고 굳어 있는 스콜라주의의 말기적 현상에 내재된 문제일 뿐이다.

그 속에서 어떠한 인간다움에 대한 고민이나 성찰은 잘 엿보이지 않는다. 오직 완결된 형태의 신학이 족쇄가 되어 자신뿐 아니라 타인까지도 옥죄는 중세 말 스콜라주의의 짙은 그을음만 남아 있을 뿐이다. 결코 특정한 개인의 오류나 인식의 한계가 아니다. 자신들이 안고 있는 모순을 수많은 휘황찬란한 신학적 어휘로 채색하고, 다양함을 타자화해 버리는 신학 서클 전체의 오류와 인식의 한계이다. 이것이야말로 그들의 표현대로 하나님 없는 인본주의의 극치라는 것을 왜 모를까! 뛰어난 신학자란 확신을 가진 사람을 가리키지 않는다. 아벨라르나 페트라르카처럼 하나님의 신비 앞에 겸허히 묻고 성찰하는 자를 말한다. 인간 본질에 대한 진지한 고민, 사회적 약자에 대한 긍휼, 오류를 범할 수 있는 자신에 대한 인정이 없는 스콜라학은 죽은 학문이다. 하나님의 이름으로 자신들이 틀 지운 구조를 붙들고 있는 신학은 효용을 다했다. 여전히 신본주의라는 위장된 언어로 사람들을 붙잡고 살아 있는 체할 뿐이다. 이제 남은 것은 조종弔鐘을 울리는 것이다.

"이제 우리 모두는 인본주의자가 되어야 한다." 그들이 이 말을 알아들을 수 있을까? 듣보잡의 헛소리라고 하겠지. 그러나 한 가지만 기억하자. "인문주의가 없었다면, 종교개혁도 없었을 것이다."[8]

개인의 욕망으로부터 소명을 해방하라

소명을 재고하다

중세 가톨릭교회는 1302년 교황 보니파키우스 8세의 교령, 〈하나인 거룩한 교회*unam sanctam*〉의 "교회 밖에는 구원이 없다"라는 선포에서 정점에 달했다. 하지만 그것은 정점이기보다는 내리막의 시작이었다. 1309년 프랑스 왕의 강압으로 로마 교황청이 아비뇽으로 옮겨 70년간 머무는 사건이 발생했다(아비뇽 유수, 1309-1377). 그 후 아비뇽 교황청과 로마 교황청으로 교회가 분리되어 2명의 교황이 세워지고 심지어 3명이 서로 합법적인 교황이라고 주장하는 지경에까지 이르렀다. 이러한 흐름이 "그리스도 밖에는 구원이 없다"라는 루터의 주장이 나온 배경이다.

루터의 주장에 따르면, 구원은 공동체가 베푸는 것이 아니라 그리스도로부터 개인에게 주어지는 것이다. 이는 제도 교회에 예속되었던 개개인을 해방하는 해방의 메시지이다. 이 점에서 루터의 종교개혁은 중세적 인간을 벗어 내고 근대적 인간상을 제시했다. 하나님 앞에서 모든 인간이 동등하지 않고 사제가 더 우월하다는 사제중심주의를 허물었다. 루터의 메시지는 사제이든 비사제이든 모두가 자기 삶의 영역에서 하나님의 부름을 받은 자, 즉 모두가 하나님 앞에서 소명받은 자라는 '만인사제주의'로 연결된다. 성속 聖俗 이원론의 오랜 경계를 허문 것이다.

종교개혁은 가톨릭교회에서 속되다고 주장한 것에 대한 새로운 이해에서 출발했다. 가톨릭교회는 라틴어역 불가타 성경만을 고집했지만, 이제 대중의 언어인 속어로 성경 번역이 이루어지고 대중이 속어로 된 신앙 서적을 읽으면서 개인 신앙을 다져 나가게 되었다. 더 나아가 종교개혁은 속된 것에 대해 끊임없이 재해석했고, 교회에서 속되다고 판단하던 이른바 부와 물질에 대해 새로운 입장을 취하였다. 중세 교회는 부를 추구하는 것을 인간이 구원을 받는 데 장애가 되는 탐욕의 죄로 인식하였다. 많은 세속의 귀족들과 상인들이 말년에 재산을 수도원에 기증하고 수도자의 삶으로 귀의한 것도 구원에 대한 두려움 때문이었다.

이 땅에서 그리스도의 사역을 대리하고 있다고 믿는 가톨릭교회는 대중의 구원에 대해 책임감을 가질 수밖에 없었다. 천국을 향해 가는 나그네 길 곳곳에 칠성사[9]로 대표되는 성사들을 배치함으로써 사람들이 구원받을 길을 제시하고 안내했다. 이 연장선에서 등장한 것이 면벌부이다. 1097년 십자군 원정을 전후해 전쟁이나 사고와 같은 상황으로 제도화된 성사의 도움을 받을 수 없는 급박한 경우를 대비하여 면벌부가 최초 발행되었다. 그 후 면벌부는 교리적인 발전을 거듭하여 종교개혁기까지 이어졌는데, 종교개혁 당시 가톨릭교회 타락의 상징으로 여겨져 비판을 받았다.

'면벌부 신학'의 폐기, 자본에 대한 시각 전환

앞서 면벌부를 다룬 장에서도 언급했지만, 한 제도가 도입되어 수백 년 이어져 왔다면 그 제도에 긍정적인 측면도 있었다고 상정하는 것이 타당하다. 만약 면벌부가 가톨릭 유럽 전역에서 심각한 문제를 야기한 핵심이었다면, 루터 외에 다른 종교개혁가들이 면벌부에 대해 비판하지 않은 것이나 상대적으로 언급을 적게 했다는 사실은 언뜻 이해되지 않는다.

면벌부 신학은 제도 교회가 면벌부라는 증서를 금전을 받고 판매함으로써, 대중의 사후 구원과 형벌에 대한 두려움을 경감해 준 일종의 '천국행 약속어음'이다. 면죄부가 15세기부터 16세기 종교개혁 전까지 금전으로 활발하게 거래되었다는 것은 적어도 몇 가지를 시사한다. 첫째, 구원에 대한 작동 매개로서 면벌부가 가톨릭 체제 내에 안착되었다는 점이다. 둘째, 면벌부의 사회적 긍정 요소가 존재했다는 점이다. 당시 면죄부 판매 대금은 교회가 병원, 학교, 교량, 교회, 고아원과 같이 사회안전망을 확충하는 데 사용되었다. 이는 대중이 오늘날 국채 등에 자신의 자본을 투자하는 것과 같은 개념으로 이해할 수 있다. 다만 그로 인한 대가는 사후에 얻는다는 점에서 부도난 어음인지 여부는 확인할 길이 없다. 셋째, 유럽 내 현금을 매개로 한 시장경제가 활성화되었다는 점이다. 이 때문에 면벌부가 유럽 자본주의 초기 형성에 기여했다는 평가도 있다.[10]

가톨릭교회는 자본주의를 부정하지 않았지만, 개개인이 보유한 자본을 무한 긍정하지도 않았다. 자본을, 현재를 누리고 향유하기 위한 도구보다는 내세를 위해 공덕을 쌓는 도구로 활용하였다. 가톨릭 체제 안에서도 교회가 매개하는 구원은 자본을 통해 이어졌다. 이는 '종교적 계획경제'라고 부를 만한 것이다.

그런데 종교개혁은 이러한 제도 교회의 매개를 통해서가 아니라 개개인이 직접 그리스도를 통해 구원의 길로 나아갈 수 있다고 주장했다. 개신교회의 등장으로 면벌부 신학은 폐기되었고, 자본과 구원에 대한 재해석이 이루어져야만 했다. 현존하는 자본에 대한 긍정적 수용과 더불어 구원론에 대한 획기적인 전환이 생겨났다. 이제 구원은 공동체로부터 주어지거나 공동체에게 주어지는 것이 아닌, 개인성이 추구하여 개인에게 주어지는 것이 되었다. 종교개혁이 개인성의 재발견이었는지, 개인성에 대한 재발견이 종교개혁을 이끌었는지에 대한 해묵은 논쟁은 뒤로하더라도, 개신교 지역에서 개인성에 대한 긍정이 개인 욕망에 대한 긍정으로 이어진 것은 분명하다. 플랑드르의 화가 캥탱 마시Quentin Matsys, 1466-1530의 〈고리대금업자와 그의 아내〉는 자본에 대한 시각 변환을 획기적으로 보여 준다.

이 작품 속 인물은 셰익스피어의 희곡《베니스의 상인》에 등장하는 유대인 샤일록과 같은 탐욕스러운 고리대금업자가 아니다. 돈을 저울에 달아 보는 고리대금업자 남편과 그 곁에서 성인전을 읽으며 돈을 응시하는 아내, 그리고 거울에 비친 십자가는 얼마 안 있어 등장할 금욕적이면서 경건한 개신교인 부부의 모습을 예견한 듯하다. 이미 개신교가 등장할 지역에서 자본에 대한 긍정적인 재해석이 이어졌음을 보여 준다. 어떠한 직업이라 하더라도, 심지어 중세 가톨릭에서 그리스도인들이 종사하는 것을 금지하던 고리대금업이라 할지라도, 소명받은 일일 수 있게 되었다.

더불어 집단으로서의 공동체가 아닌 개인에게 주어지는 종교적 역할이 증가했다. 칼뱅주의의 예정설에서 확인되듯이 개인에게 구원이 '예정'되어 있는지 여부가 최대 관심사였고, 예정받은 자, 부름 받은 자임을 확인하기 위해 소명이라는 단어가 중요하게 등장했다.

종교개혁 이후 개신교 지역 내에서는 구원뿐 아니라 경건과 금욕에 대한 재해석도 이루어졌다. 언뜻 보기에 자본에 대한 긍정과 개신교적 경건은 상호모순으로 들리는데, 이 둘 사이의 이른바 '선택적 친화력'을 포착하여 제시한 것이 막스 베버의 《프로테스탄트 윤리와 자본주의 정신》이다.[11] 막스 베버는 16-17세기 영국이나 네덜란드, 벨기에 등 칼뱅주의에 영향을 받은 지역의 중산계급이 상당수 개신교도였다는 점에 주목했다. 베버의 연구 결과에 따르면, 이 땅에서 무엇을 하든지 '하나님의 영광'을 위해서 하는 칼뱅주의적 직업관과 금욕적 생활양식이 유럽에 번영을 가져왔다는 것이다. 교양을 갖추고, 검소하게 생활하며, 하나님을 두려워하는 것이 16-17세기 네덜란드 부르주아 계급의 이미지였다.

칼뱅주의자들은 모든 이가 구원을 얻는 것이 아니라 소수의 선택된 자들만이 구원을 얻도록 예정되어 있다고 가르쳤다. 전적으로 타락한 인간은 어떠한 노력으로도 구원을 얻을 수 없다는 주장이다. 이것은 교회에서 제정한 성사를 따르고 교회의 가르침을 지킬 때 구원을 담보할 수 있다는 전통적인 가톨릭 구원관에 비해 상대적으로 불확실성이 더해진 것이었다. 결국 구원은 교회로부터 주어지는 안전한 것이 아니었다. 이들은 구원의 불확실성에 대한 두려움을 상쇄하기 위해 스스로 선택된 소수로서의 자신을 입증할 의무가 있었다. 선택받았는지의 여부는 이 땅에서 자신들의 삶을 통해 증명 가능했다. 개신교도들은 금욕적인 태도로 노동을 함으로써 자본을 축적해 가는 삶을 소명으로 파악했다. 베버는 '직업적인 소명 안에서 쉬지 않고 일하는 것'이 선택된 자들이라는 확신을 얻을 수 있는 최고 방편이었다고 평가했다. 노동은 단순히 삶의 수단이 아니라 구원의 수단이었기 때문에 노동 자체가 신의 부르심, 즉 소명이 되었다.

이런 중에 예배나 제사 등의 종교 의례가 아닌 실천적·금욕적 행동을 자기 삶의 무대에서 표출함으로써 개인과 하나님의 직접적인 관계를 형성하고 하나님 앞에서 구원에 대한 개인의 절대 책임을 강조하는 근대인이 출현하게 되었다. 그 결과, 칼뱅주의적 프로테스탄트 세계관은 세속적인 번영을 가져왔다. 하지만 프로테스탄트의 금욕주의란, 자기 비움으로 인한 평안보다는 선택받은 자로서 구원을 보증하기 위한 욕망의 표현에 따른 불안을 내포했다. 아무도 대신해 줄 수 없는, 심지어 교회나 설교자도 도울 수 없는 예정과 구원의 문제 앞에 개인은 세상 속에 단독자로 내던져진 존재가 되었다. 세속에서의 금욕적인 삶과 선행은 구원을 확보하기 위한 수단이 아니라 구원받은 자의 삶의 징표로서 마땅히 해야 할 몫이 되었다. 즉, 예정과 구원에 대한 불안을 떨쳐 버리는 하나의 수단이 된 것이다.

이렇게 모든 개신교인은 세속적인 일에 종사하면서 구원을 지향하는 세속 성자의 삶을 요구받았다. 이로써 모든 세속의 활동에 종교적 가치와 윤리적 기준을 부여하고 지키며, 직업적 성공을 통해 자신의 운명을 끊임없이 재확인해야 하는 강박을 안게 되었다. 이른바 근대의 불면증이 등장했다.[12] 해상무역을 통해 16-17세기 유럽의 다른 지역보다 더 큰 번영을 누린 유럽인들의 이면이 드러난 것이다. 심지어 부지런히 일을 하고 하나님을 섬기는 것을 최고 가치로 보는 17세기 프로테스탄트들은 잠의 탐닉을 부끄러운 도덕적 질환으로 보기도 하였다.

성과 속이라는 이원론의 경계는 허물어졌지만 자본의 축적이 이루어질수록 종교적 금욕과 세속적 욕망 사이의 불안한 줄타기는 계속되었다. 주어진 직업을 통해 예정된 자로서의 삶을 살아가며 소명을 확인했던 프로테스탄트들은 자유시장경제를 통해 자본주의가 본격적으로 발전하면서 제국주의 시대에서 또 한 번의 적극적인 종교적 탈바꿈을 경험한다. 미국의 대각성운동 시기 조지 휫필드George Whitefield, 1714-1770는 잉글랜드에서 수입한 공산품을 판매하며 신대륙에서 선교 사업을 시작했다. 무한한 자유시장경제의 주창자로서 세속적 성취와 종교적 가치를 성공적으로 결합했다. 자신들의 종교적 소명을 성취하려고 잉글랜드를 떠나 신대륙에 정착했던 청교도 공동체가 지녔던 금욕주의 에토스는 자본이 축적되어 가면서 물신주의에 굴복했다. 국가권력의 개입으로부터 개인의 자유를 추구하고자 했던 고전적 자유주의는 정치적 자유와 자유시장경제를 강조했다. 따라서 공공의 이익을 추구하는 것을 넘어 개인 이익의 극대화가 미덕이 되었다.[13] 결국, 근대 자본주의 세계의 발전 속에 등장한 프로테스탄트의 소명이라는 관념 속에는 공동체성은 자리 잡지 못했다. 면벌부로 상징되는 중세 말의 가톨릭 체제는 개인의 부를 교회가 관리를 통해 구원으로 전환해 가는 계획경제이다. 반면, 세속의 부를 긍정하며 소명받은 자로서의 삶을 살아가는 프로테스탄트의 삶은 개인주의와 자유시장경제와 무한 친화성이 있다. 그 안에서 소명은 개인에게 주어진 것으로 한계 지어졌다.

신자유주의 시대의 소명

2차 대전 이후 발생한 세계적인 경기 침체와 불황은 국가의 과도한 시장 개입의 결과라는 비판이 제기되었다. 이에 오스트리아 경제학자 프리드리히 하이에크Friedrich Hayek, 1899-1992나 미국 경제학자 밀턴 프리드먼Milton Friedman, 1912-2006 같은 이들은 신자유주의 경제를 주창한다. 국가의 경제적 간섭을 최소화하고, 시장의 자율성을 극대화하는 것이다. 레이거노믹스와 대처리즘이 신자유주의 시대의 경제정책을 상징했다. 이는 인간의 이성적인 계획과 개입보다는 시장의 가치가 전체 사회의 가치를 결정할 수 있다는 극도의 효율을 중시하는 체계이다. 이 보이지 않는 거대한 구조는 무한경쟁과 약육강식을 지지한다.

우리나라의 경우도 1997년 IMF 경제위기가 닥친 이후 급속한 신자유주의 체제 속에 내몰렸다. 이 시기에 오늘날 만연한 비정규직, 파견근로, 계약근로 등과 같은 노동시장의 유연화가 확대되었다. 이 무한경쟁의 신자유주의 체제하에서 개인은 어떠한 존재로 내몰렸는가? 더 이상 개인이 자신이 통제할 수 없는 사회나 경제 구조에 관심을 기울이는 것은 어리석은 짓이었다. 모든 문제는 구조가 아닌 개인의 문제로 환원되었다. 그 결과, 자기 인생의 가치를 스스로 개척하고 삶의 질을 발전시키는 '기업가적 자아' 개념이 등장하고 자기계발 열풍이 생겨났다.[14] 모든 것이 개인에게 내맡겨짐으로써 폭력적이고 억압적인 사회구조 문제는 은폐될 가능성이 커졌다. 이러한 흐름을 대표하는 자기계발서 중 하나인 스티븐 코비Stephen Covey, 1932-2012의 《성공하는 사람들의 7가지 습관》에서는 '관심의 원'과 '영향력의 원'이라는 개념을 사용하여 성공하는 자와 성공하지 못하는 자의 특성을 나눈다. 성공하는 사람은 자신이 실제로 영향력을 행사할 수 있는 자기와 주변 등 영향력의 원에 관심을 둔다. 그러나 자신이 어찌할 수 없는 사회제도나 구조의 문제 등 관심의 영역에 집착하는 것은 이미 실패라고 규정한다.

아쉽게도, 미국과 한국의 교회는 이러한 신자유주의 경제에 발 빠르게 부합하는 자아상을 제시했다.[15] 모든 거시적인 관심을 개인에게로 환원한 것이다. '개인이 하나님 앞에서 어떻게 살 것인가?' 즉, 또 다른 형태로 소명에 대한 강조가 생겼다. 《목적이 이끄는 삶》이나 《긍정의 힘》은 더 이상 내가 손댈 수 없는 구조는 도외시한 채 하나님 앞에서 부름 받은 개인에게만 집중할 것을 요구한다. 공공 영역에서 관리될 경제구조, 사회구조의 문제 해결은 개인의 책임으로 대체되었다. 사회에 대한 비판적인 태도보다, 긍정적인 자세로 먼저 나 자신을 변화시키는 것을 핵심으로 삼았다. 여기서 '나'는 변화의 주체이기도 하지만, 변화시켜야 할 대상이 되어 버린다. 여기에 종교적인 어휘인 소명이라는 단어가 더해지면 더 이상 거부할 수 없는 절대성을 갖게 된다. 어느새 그리스도인들에게 소명이란, 주어진 사회경제 체제 내에서 열심히 일해 성공한 중심이 되어 소수와 주변을 돕는 삶 정도로 인식된다. 사회적 분배 정의를 강조하는 형제애에 바탕을 둔 정의적 평등에 관심을 두기보다, 성공한 개인의 자발적 자선에 의존하는 가부장적 온정주의 구조를 지향한다. 세상의 제도나 구조적 결함에 대한 지적은 불필요하며, 불평등에 대한 책임은 개인에게 돌려진다. 이러한 신자유주의 논리 구조가 한국 개신교의 대형 교회 체제를 긍정하고, 교회와 목회자의 급속한 양극화를 초래했다.

메시지는 구조의 산물이다. 이 자유경쟁과 승자독식의 구조 속에서 그것에 의문을 제기하는 성찰을 기대하기란 쉽지 않다. 본질적인 구조에 집중하지 않는다면, 구조에 순응하며 그곳에서 살아내기 위한 메시지가 나오는 것은 지극히 당연한 현상이다. 가장 종교적으로 들리는 소명이라는 단어가 가장 저열한 억압의 기제로 오용될 수 있다. 거칠게 표현하자면, 우리에게 소명은 무한경쟁 사회에서 살아남기 위한 욕망을 종교적으로 합리화해 주는 기제로 작용해 왔을 수 있다. 이 소명에는 공동체가 없었다. 이 소명의 영역에는 타자에 대한 공감과 배려는 없고 오로지 자신에 대한 집중만 있을 뿐이었다. 그래서 이른바 '소명을 받았다'고 주장하는 교회나 그리스도인들의 타자에 대한 이해와 배려, 공감 능력은 오히려 일반 사회의 기준에 훨씬 못 미치는 것이 현실이다. 개개인의 종교적 행동에 대한 동기 유발로 환원하는 것을 소명에 대한 올바른 이해라고 할 수 있을까? 그 결과 나타나는 개인의 성공과 성취가 소명을 완성한 증거일까? 이러한 소명은 자기 욕망을 종교적 어휘로 채색하는 것이나 다를 바 없다.

하나님의 부르심은 개인을 넘어선 공동체를 향한 것이다. 하나님은 아브라함을 우상 숭배의 땅에서 불러내어 하나님을 섬기는 민족을 이루시고, 모세를 불러 압제받는 이스라엘을 구원하고자 하셨다. 이처럼 소명은 공동체와 타자를 위하여 주어지는 것이다. 예수님을 한 아기로 이 땅에 보내신 목적도 공동체('그 나라')를 굳게 세우고 영원토록 공평과 정의로 보존하기 위해서이다(사 9:6-7). 500년 전 루터의 종교개혁 대상이던 가톨릭교회는 1960년대 초 제2차 바티칸공의회를 통해 세계 속의 타자들과 더불어 존재하며 인간의 존엄과 공동선의 증진을 추구할 교회 공동체의 소명에 대해 성찰하고 천명했다. 종교를 개인의 영역을 넘어선 공적 영역, 정치공동체 및 시민사회에서의 역할 등으로 확대한 것이다. 달리 말하자면, 성과 속의 경계를 허물었던 루터의 종교개혁 정신이 제2차 바티칸공의회에서 다른 형태로 표현되었다. 세상 속에서 하나님의 가르침에 부합하지 않은 정치체제나 국가 조직에 맞서는 저항 종교 내지 공공 종교의 길을 열었다. 진정한 소명은 개인을 넘어 공동체와 구조에 대한 관심을 환기한다.

2016년 연말부터 다음 해 초까지 이어진 촛불집회에 수많은 그리스도인들이 개인적으로 참여하였다. 그러나 그 역사의 현장에 공동체로서의 교회는 어디에 있었을까? 교회 강단에서 선포되는 소명에 대한 메시지와 광장으로 대표되는 이 사회 속 그리스도인의 소명은 어떠한 일치점이 있을까? 사회구조 앞에서 공동체로서 교회에 주어진 소명은 무엇일까? 진정한 소명은 가난한 자에게 복음을 전하고, 포로 된 자에게 자유를, 눈먼 자에게 다시 보게 함을, 눌린 자에게 자유를 주기 위한 타자를 위한 헌신이자 결단이다. 지금은 잃어버린 소명의 공동체성, 공공성을 찾아 나서야 할 때이다. 이제 소명을 개인에게서 해방해야 한다.

일상화된 엄숙주의를 넘어

'일상의 거룩'을 생각한다

본래 사람은 자신이 하지 못하는 것을 잘하는 사람에게 경외감을 느낀다. 가톨릭교회 역사에서 범인을 넘어선 성인을 만들고 그들을 기리는 이유이다. 같은 맥락에서 세속사회도 영웅을 만들고 그들의 삶을 기념한다. 범인의 삶을 초월하는 사람들을 본받고 싶고, 그들의 말에서 삶의 해답을 찾고자 귀 기울인다. 그 결과, 신앙의 높은 경지란 일반 대중은 도달할 수 없는 고귀한 종교 엘리트의 것이 되었다. 이 분리가 가속화할수록 종교 엘리트가 대중을 지배하게 되며, 신앙은 일상의 영역에서는 구현할 수 없는 거룩한 것이 되어 버린다.

불온하게 표현하자면 삶이 종교에 삼키어졌고, 사람들은 종교에 강박을 갖게 되었다. 내부에서는 이를 '경건'이라고 하나 외부에서는 '엄숙주의'라고 부른다. 흔히 생각하듯 일상이 거룩해야 할까? 매일 새벽기도회에 나가 세상에서 주님의 이름으로 승리하는 것이 거룩일까? 어떤 이는 주일만 거룩하게 지키는 것을 위선이라 비판하고, 나머지 엿새도 주일처럼 살아 내야 한다고 가르친다. 하지만 나머지 엿새도 주일처럼 거룩하게 지키라는 것은 현실적이지 않은 더 큰 위선이 아닐까? 물론 그 의도는 이해한다. 하지만 엿새의 삶에 통념적인 거룩이라는 잣대를 들이대는 것은 적절치 않아 보인다. 그렇다면 일상의 거룩은 무엇일까? 매일 새벽기도를 하고 큐티를 하고 성경공부로 일주일을 보내 주변에 그리스도의 향기를 드러낸다는 식으로 암시하는 것은 바람직하지 않다. 그런 삶은 주일의 위선을 주중으로 연장할 뿐이다. 오히려 일상의 거룩이나 영성은 매일의 삶, 타인과의 부딪침 속에서 그들에게 관심을 갖고 베푸는 일이다. 주일은 안식하며 삶에서 오는 수고를 내려놓고 서로 격려하며 재충전하는 축제여야 한다.

《중세의 가을》과 《에라스무스 전기》 등으로 잘 알려진 요한 하위징아Johan Huizinga, 1872-1945는 1, 2차 대전의 격동기를 몸으로 살아 낸 네덜란드 역사가이다. 중세 역사를 다루던 그는 1, 2차 대전의 격랑에서 과학과 진보에 대한 맹신이 우상화되어 비판적 성찰 능력을 상실한 당대 사회를 통렬하게 비판했다. 그의 저술 《호모 루덴스: 놀이하는 인간》은 산업혁명을 거치며 생산성 향상을 위한 거대 기계의 부속품으로 전락한 인간의 모습을 고발하고 있다.[16] 하위징아는 모든 문명은 놀이정신 없이는 존재할 수 없음을 지적하며, 인간성을 상실하며 쌓아 올린 근대 문명의 결과를 비극적인 것으로 전망했다. 그는 중세의 민중문화가 담보하던 놀이의 가치를 재해석했고, 고대의 놀이문화를 재발견하는 일의 중요성을 강조했다.

본래 고대의 모든 종교 제의는 춤과 노래가 어우러진 놀이 한마당이었다. 실제로 중세에서 문화로 자리 잡은 종교는 각종 축일 등을 제정하며 민중의 놀이문화와 함께 발전해 왔다. 그렇기에 유희하는 인간인 호모 루덴스homo ludens와 예배하는 인간인 호모 아도란스homo adorans는 동전의 양면과 같았다. 종교는 축제였고, 예배는 놀이였다. 중세 가톨릭교회는 성직 중심의 엘리트 문화가 지배했지만, 자연스레 엘리트 문화와 다른 대중문화가 보편 교회의 전통 안에 뿌리내리고 있었다. 중세는 일관된 종교성이 강제되기보다는 서로 다른 종교 문화들이 지역별, 신분별로 공존하고 있었다.

근대, 일상의 가치가 도전받다

하지만 종교개혁을 지나면서 이 느슨한 종교적 실천은 도전을 받았다. 개별 국민 국가가 종교에 대한 지배력을 강화함에 따라 종교는 국가 통치를 효율적으로 하기 위한 도구로 전락했다. 그 때문에 각 나라에서 독자적인 예배 의식과 교리를 만들어 냈다. 종교개혁기를 연구하는 많은 역사학자들이 16세기를, '재기독교화re-Christianization'라는 시각에서 접근하는 이유가 여기에 있다.[17] 이 관점에서 보면, 종교개혁은 전형적으로 국가주의와 근대성을 지향하는 운동이다.

과학의 발전과 진보를 지향하는 근대는 목표를 성취하기 위한 최고의 효율을 추구한다. 규율과 제도를 강조하기 때문에 학교, 병원, 감옥, 군대뿐 아니라 교회 역시 규율을 통한 확장의 대열에 서게 된다. 그 결과, 이전에는 존재하지 않던 대형화가 가능하게 되었다. 교역자가 관리와 통제의 중심에 서고, 그 허리는 믿음 좋은 제직들이 떠받치고, 셀 모임이나 구역 모임으로 표현되는 촘촘한 직제로 위계 구조가 완성된다. 하지만 효율과 통제에 기반을 둔 조직은 종교이건 군대이건 학교이건 억압과 폭력을 바탕으로 한다는 점에서 문제가 된다.

한국 교회 성장에 여러 긍정적·부정적 유산을 남긴 제자훈련은 어떨까? 이 훈련의 목적은 습관을 만드는 것이다. 바쁜 일상 속에서도 새벽에 기도를 하고 큐티를 하는 습관을 갖게 하는 것이다. 어느 정도 긍정적인 영향도 있겠지만, 신앙 색깔이 같은 사람들만을 양산하는 부작용이 생길 수 있다. 즉, 신앙의 연륜이 쌓일수록 자기만의 신앙 색깔을 만드는 개인성이 계발되기보다 집단성이 강화되는 것이다. 여기서 질문을 해보자. 신앙훈련의 참 목적이 습관을 만드는 것일까? 사명과 소명과 제자 됨 속에 인간성이 사라질 위험은 없을까? 자기가 없어지는 훈련을 하다 보면 인간애마저 상실할 수 있고, 제자가 되는 것마저 도그마가 될 수 있다. 제자도와 훈련이라는 것이 지나치게 강조되면 교회는 엄숙주의가 지배하게 된다. 즉, 자신을 전적으로 신의 뜻에 복종시키고 이 땅의 것을 포기한 채 하늘에만 가치를 두는 삶을 추구하게 만드는 것이다.

보통은 '정적주의quietism'라고 알려진 신앙의 엄숙주의는 17세기 말 등장한, 인간의 의지를 부정하고 세상이 안고 있는 문제에 무관심하며 신과 신성한 것에 수동적인 태도를 지칭하는 개념이다. 《가톨릭 백과사전》의 정의에 따르면, 엄숙주의는 "인간의 가장 높은 완성도는 정신적인 자기 소멸과 결과적으로 현재의 삶이 영혼의 신성한 본질에 흡수되는 것이다. 곧 더 이상 자신의 생각을 따르거나 의지하지 않는다. 신이 개인 안에서 행동하는 동안 개인은 수동적이 된다. 일반적으로 엄숙주의는 거짓되거나 과장된 신비주의를 의미하며, 가장 비현실적인 영성을 떠올리게 되고, 도덕성에 치명적인 오류가 생긴다."[18]

이 엄숙주의의 가치는 '메멘토 모리memento mori', 즉 인간의 유한성을 기억하고 하늘에 소망을 두는 것만을 강조하게 된다. 그 속에서 현재의 삶에 가치를 두는 '카르페 디엠carpe diem'은 양립할 수 없는 것인 양 되어 버린다. 엄숙주의가 지배할수록 교회는 천상의 가치를 강조한다. 교회 내 비판의 소리를 내는 것도 덕이 되지 않으므로 경계하게 된다. 교역자들과 제직들은 제자도라는 명목으로 이러한 가치를 주입한다. 이 구조가 내포하는 폭력에 저항하면 은혜와 덕이 되지 않는다고 정죄한다. 제자훈련이란 교회가 근대의 효율을 위해 기계적인 규율을 강제하는 것을 그럴싸한 용어로 포장하는 것일 수 있다.

실제 한국 교회는 개교회 성장을 위한 사명과 선교, 제자도에 몰두하느라 현재(지금 여기)의 가치, 놀이의 가치, 휴식의 가치를 잃어버렸다. 한국 교회는 끊임없이 이 땅의 욕망을 벗고 하늘을 바라보라고 한다. 이러한 메시지에 보통의 그리스도인들은 어떠한 반응을 보일까? 아마 그렇게 살아 내지 못하는 연약한 자신을 자책하며 고개를 숙일 것이다. 그로 인해 나타나는 믿음의 삶의 표징은 이 세상과 단절하고 좀 더 주님을 바라보는 내부 지향으로 좁아진다. 이것이 좋은 믿음이고 이를 만들어 내는 것이 영성훈련 제자훈련이라면, 근본적으로 신뢰하기 어렵다. 엄숙주의를 강요하고 훈련을 강조하는 것은 목표 달성의 효율을 위해 개인성을 제거하는 것이다. 개교회가 땅의 욕망을 벗고 하늘을 추구한다는 명분하에 강조하는 엄숙주의는 효율적인 성장을 위한 수동적 일체화를 낳았다.

엄숙주의가 가져온 역설

이러한 엄숙주의가 사람들에게 매력이 있는 이유가 무엇일까? 진실한 사람이라면 누구나 다 자신의 부족함을 인식한다. 특히, 그리스도인들의 경우에는 그러한 마음이 더할 것이다. 늘 자신을 성찰하며, 채찍질하며, 회개하는 삶의 가치를 중하게 여긴다. 그러다 보니 자신보다 하나님과 조금이라도 가까워 보이는 존재의 말에 주목한다. 개신교 상황에서는 그런 존재가 설교자일 가능성이 높다. 설교자는 하나님의 뜻을 대리하는 존재이고, 조금은 더 하나님께 가까이 가고자 애쓰는 자로 인정받기 때문이다.

문제는 이들이 전하는 하늘의 메시지를 지나치게 개인화한 채로 받아들이기 쉽다는 것이다. 그리스도인들의 고민 중 많은 부분이 술, 담배, 음란물, 연애 등에 머무는 경향이 있다. 고쳐 말하자면, 신앙이 개인 삶의 변화에 한정되었다는 뜻이다. 개인 문제가 덜 중요한 것은 아니나, 그리스도인으로서 고민이 거기에만 머물러서는 곤란하다. 도덕적·윤리적 자기완성을 추구하는 것은 자칫 자기만족일 뿐이다. 그런 자기만족은 그렇지 않은 타자에 대한 정죄로 이어지기 쉽다. 그런 사람들의 모임은 사람 냄새 나는 세상이 아니라, 이 땅에 발을 딛지 않고 살아가는 천사들만 가득 차 있기 십상이다. 그 결과, 개인의 '죄'에서 벗어난 거룩한 삶에만 너무 집착해서 공동체의 죄악, 사회의 죄악, 시대의 죄악에 눈감을 수 있다. 그것은 참된 영성이라 할 수 없다. 허위일 뿐이다.

이런 허위의식이 교회와 그리스도인들을 지배하지 못하게 해야 한다. 경건한 삶으로 규정된 것들에 대해 고민 없이 받아들이면, 교회는 '죄인'을 받아들이는 참된 성육신을 실천할 수 없다. 성찰 없이 이루어지는 대형 교회의 세습, 그 흐름을 의식 없이 동조하는 교회 구성원들의 모습은 하늘만을 바라보자고 하는 엄숙주의가 낳은 부작용의 극단적인 사례이다.

개인화된 엄숙주의를 넘어

'하루 24시간 예수님만 바라본다.' 수사적인 표현이긴 하지만, 이런 식의 사고는 그리스도인들을 오도할 수 있다. 죄의식과 마음의 부담을 효과적으로 덜면서 주변 사회 현실을 외면할 구실이 되는 것이다. 지나치게 하늘의 것만을 사모하게 되면, 변화산 초막에 머무르며 사는 것을 지고의 가치로 여기게 된다. 이 땅의 문제를 강 건너 불 보듯 구경만 하게 되는 것이다. 상식적으로 예수님을 하루 내내 생각한다면, 바리새인, 서기관, 외식하는 자들을 비판하던 예수, 가나안 혼인 잔치에 가서 먹고 즐기던 예수, 야이로의 딸이 죽었을 때 눈물 흘리던 예수, 장사치의 소굴이 된 성전 좌판을 둘러엎으신 예수, 머리 둘 곳 없는 삶을 살았던 예수, 자기를 욕하는 자를 '자기들이 하는 것을 알지 못한다'라며 용서했던 예수를 외면할 수 있을까? 당대 사회의 불의와 아픔에 공명하는 예수를 바라본다면 약자에 대한 편애도 보여야 마땅할 것이다.

그런데 예수님을 24시간 생각하고 바라본다는 이들이 하늘에서 내려다보는 심판자가 되어 판단하거나, 엄정하게 중립적인 언어만을 구사하는 천사가 되어 버린다. 이들은 사회적인 이슈 앞에 짐짓 중재 재판의 판결자가 된 양 선포한다. 사회가 정의 실천을 외칠 때 그들은 공의의 하나님께 맡기라고 한다. 사람들이 차별에 대해 지적하는 것을 그들은 영적 분별이라 한다. 대중들이 혐오라 표현하면 그들은 죄에 대한 거룩한 분노라고 한다. 이것이 온통 예수님'만' 생각할 때 생길 수 있는 삶의 부작용이다. 신앙과 일상이 괴리되어 생기는 분열증이다. 가장 숭고한 종교처럼 보이나 가장 위선일 수 있는 것, 가장 타계적이어서 가장 현실에 무관심할 수 있는 것, 이는 신앙이 아니라 자기만족을 위한 우상 숭배일 수 있다.

침묵 속에서 하나님의 음성을 듣고자 하는 영성가들은 수도원 전통에서 낯설지 않다. 그들은 혼탁한 세상 속에 고민하는 사람들에게 영적 지향을 제시했다. 하지만 수도원 전통에서 영성은 이렇게 고고하게 세속과 멀어져 천상의 언어를 전달하는 것만은 아니었다. 흔히 '마리아의 영성'과 '마르다의 영성'으로 대별되는 관상적 삶과 활동적 삶의 두 축이 서방 수도원의 큰 흐름을 차지한다. 전통의 수도사들은 독거하며 살아가며 '몽크monk'로 불린다. 그 어원이 혼자라는 의미의 'mono'라는 점에서 그들 삶의 지향을 짐작할 수 있다. 이들은 11-12세기 유럽 기독교의 타락으로 위기를 맞게 된다. 이때 새롭게 등장한 형태의 수도원이 마르다의 영성을 대표하는 '프란치스코회'이다. 그들은 몽크가 아닌 '형제friar'로 스스로의 정체성을 다졌다. 그들은 무소유를 실천한 사도들을 본받아 탁발로 생활하며 사람들의 삶 속에 들어와 연대했다.

표준적인 서방 수도회는 '베네딕트 수도회'이다. 성 베네딕트는 유럽의 수호성인으로 불린다. 그리고 그의 이름을 딴 교황은 직전 교황인 베네딕트 16세까지 무려 16명에 이른다. 하지만 프란치스코라 이름한 교황은 800년 만에 처음 나왔다. 아르헨티나에서 빈민 사역을 하던 베르고글리오 추기경을 불러낸 시대정신은 무엇일까? 그가 교황으로 선출된 후 가난한 자들의 친구 프란치스코를 따라 파격적으로 프란치스코라 명명한 이유는 무엇일까? 어쩌면 그의 등장은 종교가 가야 할 방향을 예고하는 것인지 모른다. 개신교인으로서 자존심 상하고 불편하더라도 우리는 그를 소환한 시대정신, 그가 추구하는 철학에서 답을 고민해야 한다.

몇 해 전, 교황이 방한했을 때 주류 개신교가 보인 반응을 또렷이 기억할 것이다. 세월호로 한창 민감했던 그 시절, 많은 개신교 목회자들은 이제 그만하라고 주장했다. 그리고 세월호 유가족들은 파란 눈의 교황을 찾아갔다. 그들이 언제 그를 보았다고, 얼마나 그를 안다고 그에게 갔을까? 그들이 그에게 탄원한 것은 교황이 하나님과 더 가까워 보이는 신분이어서가 아니라, 적어도 그는 짐짓 천상의 언어를 구사하며 사람들의 눈물을 회피하지 않을 것이라는 신뢰가 있었기 때문이다. 이 시대가 요구하는 영성은 우리가 보지 못하는 것을 알려 주고 통찰하는 것이 아니라, 우리와 같은 성정을 지니고 함께 형제애를 나누는 것일지 모른다. 세속의 논리를 넘어선 지고의 신비를 얘기하기보다, 그저 같이 마음 아파하고 손잡아 주는 일 말이다.

예수님처럼 된다는 것, 예수님을 닮는다는 것은 이 땅의 사람들과는 비교되지 않는 고귀하고 거룩한 존재로 변화되는 것이 아니다. 예수님처럼 낮아져 이웃을 향하는 것이다. 사람의 몸으로 낮아지는 것이지, 천상의 모습으로 머무는 것이 아니다. 매우 구체적인 예수님의 성육신의 신비를 추상적인 하늘의 언어로 가두어 버리는 것은 영성일 수 없다. 카르페 디엠! 이를 "오늘을 즐겨라"로 옮기건 "오늘 최선을 다하여라"라고 옮기건, 자신과 하늘만 바라보는 데서 벗어나 오늘 우리 주변의 현실을 직면해야 한다. 개인화되고 일상화된 엄숙주의를 넘어 형제애의 영성을 추구하는 그리스도인들이 시대의 변화를 이끌어야 할 것이다.

그리스도인이여, 비판적 성찰을 하라

오늘 개신교는 어디에 서 있는가

인류 지성사가 발전을 거듭할 수 있었던 중요한 힘은, 비판적으로 과거를 성찰하고 미래를 재구성하는 데서 나왔다. 수많은 오류와 과오 속에서도 끊임없이 과거를 비판적으로 반성함으로써 다시 일어설 수 있었다. 전후 독일과 일본의 과거사에 대한 성찰 자세가 반세기가 지난 오늘 어떤 차이를 만들어 냈는지는 이를 명확히 보여 준다. 멀리 갈 것도 없이 우리나라의 과거사 청산 실패는 지금까지 우리 사회에 큰 걸림돌이 되고 있다.

그런데 교회라는 공동체에서는 이 비판적 성찰이라는 단어가 늘 고민스럽다. 굳이 비난과 비판을 구별하지 못하지는 않을진대,

비판이라는 단어만 듣고도 한발 비켜서고 싶은 불편함을 느낀다. 비판의 목적은 비판 자체가 아니라, 그를 통한 성찰이다. 교회가 교회다움을 잃어 갈 때에는 '비판을 통한 성찰'의 길을 걸어야 한다. 하지만 교회는 성찰해야 할 때도 은혜와 덕을 세우기 바라고 그것을 강조하곤 한다. 이것이 신앙의 숭고라고 믿는다.

정말 그러한가? 굳이 '프로테스탄트'가 저항이라는 의미임을 상기하지 않더라도 개신교는 비판적 성찰 정신 위에 세워졌다. 그러면 당연한 질문이 제기된다. 그들의 비판적 성찰의 힘은 어디에서 나왔으며, 어떠한 영향을 끼쳤는가? 오늘 개신교는 어디에 서 있는가?

비판의식과 역사학의 태동

14-15세기 유럽에 문헌비평이 소개되면서 인문주의자들은 전통적으로 교회가 제시하던 문헌들이 과연 그러한지 역사적으로 분석하고 찬찬히 따져 보기 시작했다. 그 시기는 유럽이 흑사병으로 엄청난 고통을 받고, 유럽의 절대 위치를 차지하던 가톨릭교회가 분열되어 2인, 심지어 3인의 교황이 등장했던 때이다. 자연스레 전통적인 교회의 권위에 대해 의문이 생겨났다. 그 과정에서 인문주의자들은 문헌비평 방법을 통하여 로마 가톨릭교회 형성의 근거라고 알려진 〈콘스탄티누스의 기증장寄贈狀, *Donatio*

Constantini〉이라는 문서가 위조임을 밝혀냈다.[19] 이탈리아 인문주의자 로렌조 발라Lorenzo Valla, 1406-1457뿐 아니라, 영어로 신학 서적을 썼다는 이유로 이단으로 처벌받은 레지널드 피콕Reginald Pecock, 1395?-1460 주교, 인문주의 후원자였던 독일 쿠사의 니콜라스Nicholas of Cusa, 1401-1464 같은 동시대 여러 학자들이 〈콘스탄티누스의 기증장〉이 위조라고 주장했다. (사실 새롭게 밝혀냈다기보다는, 이미 알고 있었지만 굳이 끄집어내지 않았던 것을 드디어 끄집어냈다고 하는 것이 더 정확할 것이다.) 그렇다면 왜 갑자기 이렇게 했을까? 단순한 이유는, 교황청의 부패 및 흑사병 같은 재앙 앞에 무력한 교회를 경험하면서 교회의 권위가 추락했기 때문이겠다.

그러나 이 같은 이유만으로는 모든 것이 설명되지 않는다. 중세 말 인문주의는 유럽인들의 역사를 바라보는 심성을 바꾸어 놓았다. 중세 가톨릭 세계에서 역사*storia*라는 말은 오늘 우리가 사용하는 것과는 다르게 사용되었다. 그들에게 역사*storia*와 허구*fabula*를 구분하는 기준은 어떠한 사건이 역사적 사실이냐 아니냐의 여부가 아니었다. 그들은 어떠한 이야기가 신앙과 도덕성 고양에 도움이 된다면 그것을 역사로 인정하였다.[20] 목적이 신성하다면 허구도 역사에 편입될 수 있었다는 뜻이다. 이 때문에 〈해리포터 시리즈〉 못지않은 판타지 요소를 지닌 수많은 중세의 성인전들이 역사물로 읽혔다. 물론 이것은 서양 유럽인들만의 인식은 아니었다. 우리도 단군신화의 역사성 여부와는 별개로 이것이 민족의식을 구성하는 데 이미 역사화되었음을 인정하지 않는가.

그런데 중세의 지식인들, 즉 성직자 계층은 여기에서 한 걸음 더 나아가 사료 위조 행위를 교회와 하나님의 영광을 위하여 하는 일, 즉 '거룩한 술책*pia fraus*'으로 보았다. 하지만 가톨릭교회에 위기가 닥쳐오고 국민과 국가가 도전하면서 경건한 거짓으로 포장되었던 것들이 의문시되고 실체가 드러났다. 이를 직접적으로 촉발한 것이 인문주의자들의 문헌비평이다. 이로써 신앙이나 종교성 고양 같은 목적을 배제하고 담백하게 역사적 사실 자체에 관심을 두게 되었다. 물론 이러한 의식 변화가 오늘 우리가 생각하는 역사로 자리 잡기까지는 좀 더 많은 시간이 흘렀다. 역사 기술은 기원전 5세기 헤로도투스 시대로 거슬러 올라가나, 역사학이 하나의 학제로 서양에 자리 잡은 것은 놀랍게도 근대의 일이다.

비판의식과 종교개혁

이 인문주의의 비평의식과 역사의식은 종교개혁에 직접적으로 영향을 주었다. 과거에 가르쳐지고 배워 온 것이 과연 그러한지에 대한 재고는 전통적으로 답습되던 것에 물음표를 던졌다. 루터의 95개조 반박문에서 〈콘스탄티누스의 기증장〉의 역사성을 비판한 것은 어쩌면 당연한 일이다.

비판의식이 종교개혁에 끼친 예가 많지만 한 가지만 살펴보자.

에라스무스 Desiderius Erasmus, 1466?-1536 는 헬라어 성경을 편집하여 기존의 라틴어 불가타역의 오류를 찾아냈다. 그리고 가톨릭교회 구원론의 근간을 이룬 칠성사가 근거 없는 것임을 밝혔다. 예컨대 에베소서 5장 31, 32절 "그러므로 사람이 부모를 떠나 그의 아내와 합하여 그 둘이 한 육체가 될지니 이 비밀이 크도다. 나는 그리스도와 교회에 대하여 말하노라"에서 '비밀'은 헬라어로 '미스테리온', 즉 '신비'라는 말로 되어 있다. 그런데 라틴어로 번역할 시이에 대응하는 단어가 없었다. 그래서 신비라는 말과 가장 유사한 '사크라멘툼*sacramentum*'으로 번역했다. 사크라멘툼은 라틴어에서 '성사聖事'를 의미했다. 이러다 보니 혼인의 신비로움을 말하고 있는 구절이 갑자기 교회에서 지켜야 할 성사가 되어 버린 것이다. 원문을 근거로 한 비평이 없었다면 이러한 오류는 시정될 수 없었을 것이며, 루터 등 종교개혁가들이 성사 개혁을 이끌어 낼 수 없었을 것임은 자명하다. 당대의 관습적 해석을 넘어 성경의 본래 의미를 찾고자 하는 비판의식이 성경 재해석을 끌어내고 가톨릭 시스템을 균열시켰다.[21]

천 년의 역사를 가진 가톨릭은 새로운 개혁의 요구에 쉽게 자리를 내어 주지 않았다. 절대적인 권위를 행사했기 때문이다. 교회가 구원의 주체임을 주장하며, 면벌부와 성물 숭배 등으로 혹세무민할 때 대중들은 속절없었다. 칼뱅은 당시 상황을, 예수가 못 박힌 십자가라고 주장하는 나무를 쌓아 놓으면 하늘을 찌르고, 목 베인 세례 요한의 두개골이라고 주장하는 뼈를 합치면 수많은 거인이 된다고 탄식했다. 중세 성직자들과 가톨릭교회가 쌓아 올린 신앙심 고양과 구원에 대한 이데올로기는 대중의 맹목을 원할 뿐이었다.

종교개혁은 타락한 교황이나 가톨릭 시스템을 반대하는 수준을 넘어서야 했다. 본질*ad fontes*이 무엇인지에 대한 치밀하고 치열한 탐구가 필요했다. 그것을 인문주의의 비판의식이 이끌었다. 하지만 인문주의는 종교개혁이 진행되면서 양 세력 모두로부터 공격을 받았다. 한쪽에서는 배교자로, 다른 한쪽에서는 자유주의자로 낙인 찍혔다. 그렇다고 종교개혁에서 인문주의자들이 실패를 한 것인가? 본래 어떠한 세력을 목표로 하지 않았기에 지분 없음이 실패를 규정하지는 않는다. 인문주의자들의 기여는 세력으로 드러나는 것이 아니라 전통에 기반을 둔 신화와 역사적 사실을 구분하여 긴장감을 갖고 역사를 재구성하는 의식을 제공한 데 있다. 역사에 대한 긴장감이 종교개혁이 만들어 낸 원동력이다.

프로테스탄트 교회란, 특정한 개혁 신조를 공부하고 붙잡는 교회를 의미하지 않는다. 끊임없이 긴장하며 역사 속에서 주어진 역할을 해나가는 교회이다. 그러나 한국 교회의 현실은 어떠한가? 중세 말의 그림자가 여전히 짙게 남아 있다. 그리스도인으로서 역사 속에서 진실을 찾아가는 노력보다는, 이른바 은혜가 되거나 그리스도인들의 마음을 감동하게 하는 것이면 별 고민 없이 받아들인다. 중세의 경건한 거짓말을 오늘의 버전으로 보면 '카톡'에 떠도는 기독교발 가짜뉴스일 것이다. 이슬람 테러리스트들이 노동자와 학생으로 위장해 한국에 들어왔다거나, 어느 지역 선교사가 잡혀서 처형당할 위기에 있으니 함께 기도해 달라는 등의 가짜 뉴스는 타자와 타종교에 대한 혐오를 부추기는 데 그 목적이 있다. 그뿐만인가? 역사적 진실에 대한 추구보다는 거룩, 하나님의 임재, 은혜 등과 같은 온갖 최상의 종교 어휘를 분별 없이 사용하고 강조함으로써 고민 없는 신앙인으로 만들어 버린다. 많은 그리스도인은 여전히 사실이냐 아니냐를 묻지 않고 은혜가 되는가 아닌가를 중요한 판단 기준으로 삼는다. 2008년 여름, 영국에서 공부를 마치고 막 귀국하여 대형 서점 기독교 코너의 '천국과 지옥' 섹션에서 펄시 콜레 박사의 《내가 본 천국》을 보았을 때의 그 어이없음은 아직도 잊히지 않는다.

신화화를 넘어서

물론 위에 언급한 것들은 조금만 문제의식을 갖고 보면 분별이 가능하다. 그리스도인들의 건전한 성찰을 막는 더 위험한 요소는 사실 다른 데 있다. 바로 지나친 텍스트 기반의 해석, 인물 중심의 해석이다. 우리는 성경 해석에서 너무나 자연스럽게 위인들을 접한다. 그들의 신앙을 본받고자 한다. 한발 양보해 성경은 그렇다 치자. 문제는 이러한 습성이 성경 인물을 넘어 역사의 인물을 이해하는 태도에서도 반복된다는 점이다. 우리는 프랑스혁명, 잉글랜드혁명, 미국독립전쟁을 이야기할 때 어느 개인의 이름을 붙이지 않는다. 그런데 왜 유독 종교개혁에서는 루터의 종교개혁, 칼뱅의 종교개혁, 츠빙글리의 종교개혁, 헨리 8세의 종교개혁이라고 할까? 이것은 어떠한 역사적 사건을 개인의 영웅적인 행위와 연결시키는 시도일 수 있다. 뒤집어 보면, 종교개혁이 선이기 위해서는 그 종교개혁을 이끈 개인 또한 지고의 선이자 영웅이어야 한다는 뜻이다. 문제는 그럴 때 해명할 수 없는 것이 너무 많다는 데 있다. 결과적으로 종교개혁과 개인을 등치시키기 위해 텍스트를 편리하게 가공할 수밖에 없다.

영웅에게 집중하고 강조하는 역사인식은 한 사람에게 집중되는 구조를 생성하고 신화적 인물을 만들어 간다. 불편하지만 목회자의 유명세에 따라 움직이는 교회 역시 그리스도인들이 가지고 있는 이러한 역사인식의 한 단면이다. 그러나 역사를 이끌어 간 원동력은 영웅적 개인이 아니라, 무명의 민초들이었다. 다시 말해 역사의 발전을 꾀하고자 한다면, 이러한 무명의 대중들이 깨어나고 함께 연대해 가야 한다. 오래전부터 역사적 주체로 신화적 인물을 추앙하는 흐름에 대해 문제제기가 있어 왔다. 그런 의미에서 역사란 영웅 뒤에 잊혀진 개인을 망각으로부터 건져내어 되살리는 구원의 사건이다.

독일 극작가 베르톨트 브레히트Bertolt Brecht, 1898-1956는 다음과 같이 노래했다.

〈읽을 줄 아는 노동자의 질문〉

…젊은 알렉산드로스는 인도를 정복했다.

그는 혼자였는가?

카이사르는 갈리아를 패배시켰다.

그에게는 요리사조차도 없었는가?… **22**

성찰의 현장화

중세 말 종교개혁은 기성 교회가 전달하는 메시지에 비판적 성
찰을 제기함으로써 발전하였다. 비판적 성찰은 '읽을 줄 아는 것'
이 출발점이 된다. 그래야 질문하게 된다. 그리스도인의 성찰이란
습관적으로 듣는 것을 넘어 두 눈으로 직면하는 것이다. 텍스트를
넘어 우리가 살고 있는 콘텍스트에 대해 고민하지 않으면 자신에
게 매몰될 수밖에 없다. 그렇게 되면 우리의 약함을 극복하고 강
한 영웅적 위인이 되는 것에 우리 신앙과 삶의 목적이 매이게 된
다. 풀무불에서 살아난 영웅의 기록도 있지만, 하나님께 인정받은
믿음의 용사일지라도 톱으로 켜서 죽임 당하기도 하고 이방 땅을
유랑하다 인생을 마치는 것이 더 많은 현실이다.

비판적으로 성찰한다는 것은 주어진 것을 수용하는 태도를 넘
어 우리 자신과 공동체, 사회에 대해 치밀하고 치열한 문제의식을
가지고 이에 참여한다는 것이다. 역사의 현실을 직면하는 연습을

하는 것이다. 우리의 현실에서 비판적 성찰은 한 사람의 뛰어난 위인을 기대하고 그리기보다 개개인의 약함을 인정하고 서로 연대하여 역사의 현장에 서는 것이다.

중세를 뒤흔든 위대한 비판적 성찰의식은 역사의 현장으로 참여를 이끌고, 마침내 완고한 기성 제도에 균열을 냈다. 하지만 이것이 그저 물 흐르듯 성취되지는 않았다. 적어도 역사의 흐름 속에서는 '피 흘림 없이는 죄 사함이 없다'는 말은 종교적 수사가 아니다. 실제로 물리적인 피 흘림 없이 세상의 변화를 이룬 것이 있는가? 초대 교부 테르툴리아누스는 순교자의 피 위에 교회가 세워졌다고 고백했다. 그뿐만 아니다. 근대의 프랑스혁명은 말할 것도 없고, 미국의 노예해방, 유럽의 여성참정권운동, 한국 근현대사에서 인권과 노동자의 권리 획득, 더 나아가 민주화 성취 등과 같은 역사의 진전은 피 흘림 없이는 이루어지지 않았다. 이러한 역사의 현장 앞에서 그리스도인은 달라야 한다거나 기도와 말씀에 전무하겠다는 식의 수사법은 현실 외면을 에두른 표현일 경우가 많다.

참된 비판적 성찰 능력은 텍스트만을 고집하게 하지 않고 텍스트가 적용되는 콘텍스트로 우리의 관심을 반드시 전환시킨다. 이로써 개인이 속한 교회와 사회의 변화를 가져올 수 있다. 불행하게도 교회 공동체가 성찰하는 능력을 상실하면 텍스트에 매몰되는 경우가 많았다. 이럴 때 신앙의 이름으로 전달되는 텍스트는 오히려 폭력이 되곤 한다. '예수께서 기도하셨으니 우리도 그만

골방에서 기도할 때입니다'와 같은 언행은 어떠한 콘텍스트에서는 그 어떤 물리적 폭력보다 더 센 폭력일 수 있다.

창조적 긴장

역사적으로 그리스도인과 비판적 성찰은 불편한 관계 또는 적대적 관계가 아니었다. 그럼에도 불구하고 이 글쓰기는 오늘의 교회 현실에 대한 실존적이고 실천적인 반성에서 출발할 수밖에 없다. 스스로를 비판적으로 성찰하고 사회 속에서 위치를 찾아가는 능력을 상실한 공동체가 많다는 것, 그 안의 구성원에게 사려 없이 신앙과 신비의 이름으로 아픔을 주는 경우가 적지 않은 것이 현실이다. 더 안타까운 것은 아파하는 사람만 늘 아프며, 그들 대부분이 일반 성도라는 것이다. 왜일까? 교회는 세속의 비판 대상인 땅에 속한 조직이 아니라 천상에 속했다는 비현실적 오해가 비판을 기꺼이 받아들이지 못하게 하기 때문이다. 교회 스스로가 건전한 성찰을 받아들일 연습을 하지 못하고 강박적이 되면, 사회의 인식과 격리된 인식을 하게 된다. 내부의 논리는 탄탄할지 모르나, 교회는 사회적 공감력을 상실한다. 비판적 성찰은 터를 내리고 선 자리를 인식하는 데서 출발할 수 있다. 그리스도인과 교회가 선 자리는 여느 것과 구별이 없는 세상 한복판이다. 그 자리에 서서 세상의 목소리를 귀담아 듣고 돌아보는, 성찰의 연습을

— 322

해나가야 한다.

　곰곰이 따져 보면, 비판적 성찰과 문제의식이란 타자에 대한 것이 아니라 자신 속에 있는 관성과 타성을 넘어서기 위한 자기 점검이 그 출발이다. 이는 긴장을 유발한다. 영국의 역사학자 허버트 버터필드는 그리스도인들이 교회와 세상 속에서 경험하는 세속사와 구속사 사이의 비판과 긴장을 파괴적 긴장이 아니라, '창조적 긴장creative tension'이라고 했다.[23] 구원을 지향하면서도 이 세속에 터를 잡고 살아갈 수밖에 없는 교회와 그리스도인이 귀담아들어야 할 말이다. 긴장을 놓는 순간이 나락을 향하는 순간일 수 있기 때문이다.

포스트모던 시대, 기독교 역사의식은 유효한가

역사관이란 무엇인가

역사가 전개되는 흐름의 이면을 읽어 내려는 시도는 '역사관'
이라는 형태로 등장했다. 세상의 역사가 그냥 흘러가는 것이 아니
라, 역사를 관통하는 일관된 힘이 있을 것이라는 기대 때문이었
다. 결국 모든 역사의식은 역사를 인식하는 주체의 민족의식이나
집단의식이 구현된 것이다. 하지만 모든 역사의식이나 역사관이
학문적으로 유의미한 것은 아니다.

예를 들어 보자. 콜럼버스의 아메리카 대륙 발견 400주년을 기
념하기 위해 1893년 시카고에서 열린 역사학회에서 위스콘신대
학의 프레더릭 터너Frederick Jackson Turner, 1861-1932 교수는, 미국 민

주주의의 역사는 메이플라워호에 의해 이식된 모방의 역사가 아니라, 아메리카의 새로운 프런티어에 접촉할 때마다 진화하고 적응하여 성취한 자생적인 역사라고 주장했다. '프런티어 사관'이 탄생한 순간이다.[24] 우리나라 초대 문교부(현 교육부) 장관을 지낸 안호상 박사는 출처의 신빙성이 의심되는 사료를 토대로 상고사를 이해했다. 그 결과, 통일신라의 영토를 만주까지 넓혔고, 우리 조상의 활동 터를 아메리카 대륙으로까지 확장했다. 극단적인 민족주의 상고사 이해의 뿌리라고 할 수 있다.[25]

그러나 이제 누구도 제도권 역사학에서는 프런티어 사관 혹은 극단적인 민족주의 사관을 진지하게 얘기하지 않는다. 같은 맥락에서 한때 역사를 이해하는 방식으로 설명되었으나 지금은 시효가 만료된 것이 기독교 사관이다. 성 아우구스티누스의 이해를 빌리자면, 전통적으로 기독교 사관은 역사의 흐름이나 사건 전개에 신적 의미가 있으며 모든 사건 속에서 신의 의지를 헤아릴 수 있다는 것이다.

이러한 기독교 역사인식은 고대 히브리인들의 역사의식의 반영이다. 헤브라이즘과 기독교 역사인식의 공통점은 역사에서 의미를 추구한다는 것이다. 히브리인들의 역사인식은 구약성경을 기반으로 한다. 그들은 모든 역사의 사건에 대해 신의 일하심을 기본 전제로 두고 인식했다. 구약의 역사서는 그런 바탕 위에 기술되었다. 이를 가리켜 '신명기 역사관'이라고 부른다. 기본적으로 신명기 역사관은 하나님이 어떻게 세속의 역사 속에 자신을 드러내셨는지를 보여 주는 것이다. 이는 인간의 범죄, 하나님의 진노, 이스라엘 백성의 탄원, 하나님의 구원과 회복으로 구성된다. 신명기 역사관은 구체적인 세속의 사건 하나하나에 하나님이 어떻게 개입하셨는지를 일관된 관점으로 표현한다.[26] 이 동일한 관점이 여호수아, 사사기, 사무엘, 열왕기에 드러나 있다.

이런 인식을 바탕으로 기술된 히브리 역사의 특징 중 하나는 민족의 범죄, 심판 등을 역사 속에서 적나라하게 표현하는 것이다. 하지만 그들은 자신들이 돌이킬 때 회복된다는 언약을 믿었다. 그래서 이스라엘 백성은 자신들의 죄와 허물을 드러내기를 두려워하지 않았다. 이 관점은 역사를 기술하는 방법론일 뿐 아니라, 오랜 역사를 통해 체득한 이념의 표현이라고 볼 수 있다. 그렇지만 기본적으로 이스라엘의 역사인식은 민족주의적이다. 비록 고난을 당하지만 신의 선택을 받았다는 점을 끊임없이 되뇌고 있으니 말이다.

그런데 이 히브리인들이 자신들만의 번영과 영광을 추구했던 결과 일어난 사건이 바로 예수 그리스도의 십자가이다. 역사 속에서 보면, 그들은 누구보다 메시아를 앙망했다. 그들이 실제 원했던 것은 로마의 압제에서 구원해 주는 현세적인 메시아였다. 예수의 부활 이후에도 그들은 끊임없이 이스라엘의 회복 시기를 물었다. 하지만 '땅 끝까지 증인'이 되는 삶(행 1:8)이나, '모든 민족을 제자'를 삼는 것(마 28:19)은 단순히 이스라엘의 경계를 넘어서는 일이었다. 그러므로 이 구절은 히브리 민족의식을 넘어 세계를 향하는 역사인식으로의 전환을 요구하는 것으로 볼 수 있다. 이 의식을 갖지 못했다면, 교회는 유대인의 경계 내에 머물러 있을 것이다. 그들의 인식 지평이 이방으로 확장되지 않았다면 민족주의를 벗어나지 못했을 것이다. 이러한 극적인 전환은, 자신들이 신의 선택을 받았고 신의 역사의 중심이라고 주장하는 유대 민족의 멸망에서 시작되었다.

이렇게 볼 때, 교회와 그리스도인이 중심이 되어 역사를 이끌어간다고 보는 기독교 사관은 히브리인들이 걸려 넘어졌던 민족주의적 역사인식에 머무는 셈이다. 초대교회에 대한 기록을 풍부하게 남겨 교회사의 아버지로 불리는 가이사랴의 유세비우스는 이러한 국가 이데올로기의 틀을 놓는 데 기여한 인물이다. 그는 기독교를 공인한 로마 황제 콘스탄티누스를 열세 번째 사도라고 칭하며 황제가 신으로부터 제국의 통치권을 받아 세상 제국을 다스린다고 주장했다. 그에 따르면, 황제의 권력은 신에게 부여받은 신성불가침의 힘이었고, 황제는 제국과 교회 내의 평화를 구현하는 주체였다.[27]

성 아우구스티누스는 유세비우스의 도식에 동의하지 않았다. 제국과 하나님나라, 교회와 하나님나라를 동일시하는 이 신학은 히브리인들이 가지고 있던 인식의 변용일 뿐이었다. 즉, 제국교회와 신의 도성을 동일시하는 관점에 대해 아우구스티누스는 반대한다. 제국이 교회이고 제국이 신의 도성이라면 제국의 멸망은 신의지의 실패이기 때문이다.[28] 한편 아우구스티누스는 신의 도성이 교회이며 인간의 도성이 국가라는 이분법을 내세우지도 않았다. 그는 교회조차도 인간과 신의 뜻이 혼재된 곳이라고 보았다. 또한 역사를, 하나님의 뜻과 목적이 무엇인지를 찾아가는 과정, 신 의지와 인간 행위가 어떻게 부합할 것인지를 찾아가는 과정으로 보았다. 그는 신의 뜻이라는 결정론에 머무르지 않고 신의 뜻과 인간 행위 사이의 상호작용을 통해 역사가 발전한다는 한 단계 더 발전한 역사인식을 가졌다.

하지만 신의 뜻을 구현하는 주체가 국가가 되었건 교회가 되었건, 기독교 사관은 한계를 안고 있다. 세속의 일에 대한 권력 행사와 신 의지를 동일시하기 때문이다. 그 결과, 교회의 지배 이데올로기를 정당화하기 위해 중세 가톨릭교회는 수많은 위조문서를 만들어 냈다. 그것이 신의 뜻을 성취하기 위한 '거룩한 술책'으로 윤색되었다. '교회를 통해 신의 뜻이 구현된다'는 표현이 성립되려면 전제가 있다. 교회가 신의 뜻을 충실히 대변해야 한다. 그렇지 않은 경우 이데올로기적인 억압의 기제에 지나지 않는다.

역사관의 효용 상실

기독교는 역사의 종교이다. 역사의식이 사라진 기독교는 아무 것도 아니다. 예수께서 내세웠던 역사의식이 무엇이었던가? 하나님나라는 가시적인 교회나 제도가 아니라, 하나님의 뜻이 이루어지는 각자의 마음속에 구현되는 것이다. 신의 뜻을 행하느냐 여부는, 이 땅의 작은 자들을 어떻게 대우하고 그들을 위해 무엇을 했느냐에 달려 있다. 역사가 묻는 질문은 담백하다. '보냄 받은 세상 속에서 교회는 어디에 있었고, 역사의 현장에서 교회는 무엇을 하고 있었는가?' 기독교 사관의 가장 큰 문제점은 국가나 제도 교회와 신의 뜻을 동일시한 것이다. 이렇게 국가주의와 교권주의가 결합된 역사는 여태껏 반복되어 왔다.

교회를 통해 하나님나라가 성취되었다면 그것은 교회가 역사의 주체이기 때문이 아니라, 교회가 시대정신의 중심에 있었기 때문이다. 교회를 중심으로 세상이 기계적으로 돌아간다는 관점은 고릿적 천동설과 마찬가지이다. 여기에는 신의 역사를 이해하는 데 중대한 오류가 포함되어 있다. 그럼에도 이러한 중세적 인식을 기독교적 역사인식이라고 생각하는 경향이 여전히 짙다. 신의 섭리는 계몽주의 시대에 이르러 진보하는 이성으로 대체되었다.[29] 그러나 이 시대도 동일하게 역사의 목적성 자체에 대한 믿음을 가지고 있다. 더불어 일정한 지향을 가지고 있다고 믿는다. 그것이 필수적으로 거쳐 가는 정거장이 과학으로서의 역사이다. 드디어 근대적 학제로서의 역사학이 등장한 것이다.

이러한 접근은 역사를 통해 의미와 교훈을 찾기보다 역사의 인과관계를 규명하고자 한다. 역사의 형이상학을 배제하고 과학적 실험을 통해 원리를 발견하는 엄밀한 사료 비평과 분석을 추구한다. 물론 역사는 자연과학처럼 실험에 의해 반복적인 결과를 낳거나 사회과학처럼 오차범위 내에서 신뢰성 있는 결과를 내는 것은 아니지만, 공정성·정밀성을 의도한다는 의미이다. 이 배경에는 역사는 끊임없이 진보한다는 믿음이 있다. 하지만 근대의 과학과 진보라는 사유가 더 이상 유효하지 않게 된 사건을 경험한다. 바로 양차 대전과 홀로코스트이다. 인간 개인이나 집단이 이성적이지 않다는 것을 경험한 이 두 사건을 통해, 역사를 원인과 결과로 분석한다고 해서 진보의 가치로 나아갈 수는 없다는 인식을 하게 되었다.

객관과 합리, 과학과 이성, 진보와 미래의 끝에서 이제 역사는 포스트모더니티를 마주하게 된다. 전망하고 예측하지 못하는 학문이 되어 버린 역사학은, 이제 그 효용이 의심받는 단계에까지 이르렀다.[30] 여기저기서 앞다투어 포스트모던 시대 역사학의 죽음을 주장하기 시작한다. 이제 역사는 객관을 추구하는 과학이 아닌, 허구와 상상력이 개연성과 손잡은 문학에 편입되기 시작했다. 과학으로서의 역사와 문학으로서의 역사에 어떤 차이가 있을까? 과학은 재현을 위한 사례가 충분해야 한다. 반면, 문학은 작은 한 사건, 한 개인에게서 출발한다. 한 개인의 삶의 여정을 사회적 배경 속에 넣고 그 한 사람의 삶을 입체적으로 그려 감으로써 그 시대를 그려 낸다.

근대적 관점의 역사는 효용을 상실했을지라도 오늘날 역사는 무궁무진하게 지평을 넓혔다고 볼 수 있다. 문자적 사실만을 다루는 것을 넘어 상상력을 수용했기 때문이다. 이로 인해 문학으로서의 역사는 과학으로서의 역사보다 더 풍성하게 역사적 이해와 사실을 드러낼 가능성을 얻게 되었다. 20세기를 살아온 우리는 과학으로서의 역사라는 세례를 받았다. 역사에서 사실과 인과관계, 누구나 공유할 수 있는 가치를 발견한다고 생각했다. 그러나 우리가 곧 마주하게 된 세상은 그것만으로는 충분히 설명될 수 없었다. 이제 사람들은 문화를 새롭게 바라봄으로써 역사를 보게 되었다. 정치 중심, 지배계층 중심, 주류 중심의 역사를 넘어서서 소수자나 약자, 망각 속에 있던 이들을 다시금 기억하게 되었다.

포스트모던 시대, 기독교 역사인식의 가능성

과학주의의 관점에서 보면 기독교 세계관이나 기독교 사관은 전근대적이라고 치부될 수밖에 없었다. 그간의 소위 기독교 사관이란 교회 중심, 가진 자 중심, 국가 중심, 주류 중심의 담론이었다. 또, 전통적인 기독교적 사유는 역사 속에서 신 의지를 주체로 상정하다 보니 인간의 역할이 수동적일 수밖에 없었다. 어떤 사건을 신 의지의 관점에서 바라보는 회고적 해석을 한다. 이것이 오늘날 기독교 사관을 접할 때 갖는 일차적 접근의 오류이다. 이런 사관에서는 '왜 하나님이 이렇게 하셨는가, 왜 이것을 허락하셨는가?'를 생각한다. 이러한 사고는 '하나님이 허락하셨으니, 인간이 간섭할 수 없다'는 식의 도피적인 결론으로 이어지기 쉽다.

더욱이 1987년 이후 긴 과정을 통해 한국 사회의 민주화가 어느 정도 이루어졌음에도 여전히 자신들이 신 의지 구현의 주체라는 집단 나르시시즘에 빠져 헤어 나오지 못하는 곳이 있다. 바로 교회이다. 대형 교회는 자신들의 양적 성장과 사회적 영향력 확대가 신 의지의 반영이라고 확신한다. 자신들을 통해 하나님의 뜻이 이 땅에서 이뤄지고 있다고 단단히 오해하고 있다. 작은 교회는 작은 교회대로 하나님이 함께하지 않음으로 인해 성장하지 못하는 것은 아닌가 하는 콤플렉스에 시달린다. 크건 작건 신 의지 구현의 주체라는 믿음을 놓지 않는 것이다. 그러나 그것은 틀렸다. 핵심은 얼마나 많이, 얼마나 영향력이 있는 자들이 모이는지가 아니라, 교회가 실천하고자 하는 것이 무엇이며 다가가는 대상이 누구인가 하는 것이다. 교회다움의 지표는 교회의 세속적 영향력으로 측정될 수 있는 것이 아니다.

오해하지 말기를 바란다. 기독교 역사의식이란 교회를 중심으로, 혹은 그리스도인을 중심으로 역사가 돌아간다고 고백하는 것이 아니다. 포스트모던 시대에 우리가 기독교 사관을 얘기하고자 한다면, 분명 아우구스티누스와 중세와 근대에서 퇴행의 모습으로 나타난 것과는 뭔가 달라야 한다. 과거의 기독교 사관이 하나님의 뜻이 무엇인지 묻는 것을 우선했다면, 이제는 신 의지를 구현하기 위해 우리가 무엇을 고민할지가 선행되어야 한다. "이는 가난한 자에게 복음을 전하게 하시려고 내게 기름을 부으시고 나를 보내사 포로 된 자에게 자유를, 눈먼 자에게 다시 보게 함을 전파하며 눌린 자를 자유롭게 하고 주의 은혜의 해를 전파하게 하려 하심이라"(눅 4:18-19).

이제 우리는 역사의 진보를 가져오는 주체에 대해 새로운 관점에서 생각해 볼 수 있다. 역사의 주체가 더 이상 무정형의 대중이 아니라 개인이 될 수 있다. 우리는 이제 기독교 사관을 넘어 이 땅에 살아가면서 어떻게 신 의지를 구현해 낼 것인지 고민하고 실천하는 방향으로 나아가야 한다. 역사의 발전, 즉 신의 섭리와 계시의 구현 과정은 공평과 정의를 향한 주체들을 통해 이루어져 왔다. 이 땅에서 공평과 정의를 구현할 부르심을 받은 개인의 자각과 실천, 그 개인들의 연대가 작지만 큰 인류 진보의 걸음들을 내디뎠다.

따라서 역사의 심판이라는 표현 역시 무겁게 고민해야 한다. 흔히 현재의 심판을 모면하기 위하여 '역사의 심판을 받는다'라는 말을 하지만, 역사의 심판은 냉정하다. 우리가 그 판례만 꼼꼼히 읽어 보아도 무엇을 해야 할지 알 수 있다. 그 심판의 요지는 이것이다. '이 작은 자에게 무엇을 하였느냐?' 그런데 우리는 작은 자의 범주, 이웃의 범주를 규정하며, 그 안에 속하지 않는 자들을 규정하고 차별을 정당화함으로써 판례를 뒤집을 변호 거리와 신학을 만들어 낸다. 역사의 하나님이 내리신 심판은 냉정하다. 두렵지 않은 심판은 심판이 아니다. 사회에 대한 인식과 개인성에 대한 인식을 둘러싼 논쟁은 역사적으로 수없이 있었다. 오늘의 시점에서는 용납할 수 없는 것이지만, 인간을 노예로 사고팔 때에도,

333 —

피부색으로 차별할 때에도, 여성의 참정권을 금지할 때에도, 심지어 유대인을 학살할 때에도 그를 정당화할 기제들을 만들어 냈다.

공평과 정의는 고상한 신학 용어 그 이상이다. 실제로 오늘의 역사는 국가나 교회가 아니라, 공권력에 맞서 공평과 정의를 삶에서 실천하는 작은 자들을 통해 세워져 왔다. 교회가 던져야 할 질문은 '교회가 하나님 역사의 주체인가?'가 아니라 '교회가 시대 속에서 하나님의 뜻을 고민하고 실천하는가?'이다. 교회가 고민해야 할 부분은 '기독교가 주체인가'가 아니라, 공평과 정의를 추구하는 흐름에 교회가 끈이라도 잡고 좇아가고 있느냐 하는 것이다. 그렇지 않고 우리 안의 진리에 대한 고민만 쌓아 가는 것은 세상과는 단절된 불가해한 언어로 유희하는 것에 지나지 않는다.

역사 주체로서의 그리스도인

1970년 쌍문동 창현교회 성도 전태일은 "근로기준법을 준수하라", "우리는 기계가 아니다"를 외치며 분신을 했다. 그의 분신으로 본격화된 사회 변화를 추구하는 흐름은 1987년 박종철, 이한열로 이어졌고, 이들의 희생을 통해 민주화의 오랜 투쟁이 한 고비를 넘기게 되었다.

1989년 전태일의 누이 전순옥은 오랜 노동 현장에서 벗어나 영국 유학을 갔다. 노동자 대학으로 시작된 워릭대학에서 전순옥은 "그들은 기계가 아니다They are not machines: Korean women workers and their fight for democratic trade unionism in the 1970s"라는 제목의 논문을 썼다. 직접 노동자들을 인터뷰해 그들의 삶의 고단함을 녹여 낸 글이었다. 이 논문으로 전순옥은 워릭대학 최우수논문상을 수상했다.[31] 1970년대 한국 여성 노동운동사 속의 작은 자들의 목소리를 망각으로부터 부활시킨 공로였다.

잊혀진 것을 구원해 내는 것이 교회와 그리스도인의 삶이어야 한다. 절대다수의 교회가 민주화 흐름에 무임승차하여 얻은 것이 이제는 독이 되어 돌아오고 있다. 교회는 정당화의 기제를 찾기 위한 신학적 윤색 작업이 한창이다. 신학 연구와 성경 연구라는 이름하에 이루어지는 이 윤색은 교회의 탈사회화, 탈역사화를 부추긴다. 이른바 대형 교회를 중심으로 가속화되는, 역사의식 없는 맹목적인 그리스도인 양산은 사회의 독이 되고 있다. 대형 교회 속에서 그들은 동일한 사고를 하는 기계가 되어 가고 있다. 그들은 자신들이 행복하다고, 하나님이 함께하고 있다고 생각한다. 그들의 저당 잡힌 영혼은 이제 미몽에서 깨어나야 한다. 지금 그들에게 필요한 것이 무엇일까? 지금 알고 믿고 있는 것이 전부가 아니라는 것을 깨달아야 한다. 그것이 진정한 행복이 아니라는 것 말이다. 기계는 매뉴얼에 따라 움직인다. 주체가 없다. 그러나 그들은 자신들이 세상을 움직이는 위대한 일을 하고 있다고 착각한다.

역사의식을 상실한 그리스도인들에게 고한다. "여러분은 기계가 아닙니다." 이 표현은 1940년 찰리 채플린이 만든 영화 〈위대한 독재자〉 마지막 장면의 연설에 등장한다. 나치의 대학살이 극에 달하던 시기 히틀러와 나치를 패러디한 영화 속 연설에서 채플린은 '여러분은 기계가 아니다. 여러분은 가축이 아니다'라고 외친다.

> 유감스럽지만 저는 황제가 되고 싶지 않습니다. 그런 데 관심이 없습니다. 저는 누군가를 다스리거나 정복하기를 원하지 않습니다. 가능한 한 모든 사람들을 돕고 싶습니다. 그들이 유대인이건 이방인이건, 흑인이건 백인이건 상관없습니다.
> 인생은 자유롭고 아름다워야 합니다. 하지만 우리는 길을 잃었습니다. 탐욕이 인간의 영혼을 중독시켰습니다. …지식은 우리를 냉소적이 되게 하고, 교활하게 하고, 우리 마음을 딱딱하고 불친절하게 만들었습니다. 생각은 많이 하지만 느낌이 없는 삶을 살고 있습니다. 하지만 우리는 기계적이기보다는 보다 인간적이어야 합니다. 우리는 교활하기보다 친절하고 신사적이어야 합니다. 그렇지 않을 때 우리의 삶은 폭력적이 되고 우리는 모든 것을 잃어버릴 것입니다.
> 비행기와 라디오가 우리를 더 가깝게 만들었습니다. …이제 제 목소리는 전 세계 수백만 명의 절망에 빠진 사람들, 무고한 자를 고문하고 가두는 시스템의 희생자들에게 전달될 수 있습니다. 제 말을 듣는 이들에게 외칩니다. 절망하지 마십시오. 인간의 진보

를 두려워하는 자들이 주는 괴로움은 지나갈 것입니다. 사람들의 증오가 지나갈 것이고, 독재자들은 죽을 것이며, 사람들에게서 빼앗았던 권력은 다시 사람들에게 돌려질 것입니다. 자유는 결코 멸망하지 않을 것입니다.

병사들이여! 결코 여러분을 경멸하고 노예 삼고, 당신의 생각과 사고를 지배하고, 당신을 가축처럼 취급하고, 총알받이로 하려는 자들에게 굴복하지 마십시오. 당신을 기계의 정신과 기계의 마음을 가진 비정상적인 자들에게 내어 주지 마십시오. 여러분은 기계가 아닙니다! 여러분은 가축이 아닙니다! 여러분은 사람입니다. 여러분은 마음속에 인류애를 가지고 있는 사람입니다.

병사들이여! 노예가 되지 말고 자유를 위해 싸우십시오. 누가복음 17장에는 하나님의 나라는 한 사람이나 혹은 집단 안에 있는 것이 아니라 모든 사람 안에 있다고 기록되어 있습니다! 바로 여러분 안에 있습니다. 사람들은 기계를 만들 수 있는 힘을 가지고 있습니다. 여러분은 행복을 만드는 힘을 가지고 있습니다. 우리는 이 삶을 자유롭고 아름답게 만들 수 있는 힘을 가지고 있습니다. 그렇다면 민주주의의 이름으로 우리가 그 힘을 사용해야 합니다. 우리가 하나 되어 사람들이 일할 수 있는 새로운 세상을 위해 싸워야 합니다. 그러면 젊은이에게 미래가 보장되고, 노인들에게 안전이 보장될 것입니다.

337 —　끔찍했던 1940년대, 당대 신학자들은 나치 정권에 대해 모호

하고 절제되고 윤색된 언어를 내세웠지만, 찰리 채플린은 자유를 향해 거침없이 외쳤다. 이것이 설교이고, 이것이 역사의식이다. 대형 교회 안에서 미몽에 빠져 자아를 상실한 이들에게 고한다. 종교적 순진함이 결코 역사의 심판대에서 책임을 면해 주지 않는다고.

1940년의 채플린의 외침과, 1970년의 전태일의 외침과, 2000년의 전순옥의 외침이 역사의식을 상실한 채 기계처럼 살아가는 오늘날 그리스도인들을 향한다. "여러분은 기계가 아닙니다." 기계화되고 도식화된 제도 속에 개인은 없다. 인간애는 없다. 1994년에 만들어진 영화 〈쇼생크 탈출〉에 등장하는 장기 복역수 브룩스라는 노인은 감옥 생활에 길들여진 나머지 가석방 후 세상에 적응하지 못하고 결국 목숨을 끊는다. 감옥은 갱생의 기관이 아니라, 스스로 사고하지 못하게 길들이는institutionalized 공간인 것이다. 제도에 순응하게 하는 것, 제도의 톱니바퀴가 되어 살아가는 것, 그것은 인간임을 상실하고 기계가 되는 것이다. 제도 종교가 우리에게 이러한 곳이 될 수 있다.

이제는 대중에게 그 책임을 묻는다. 그렇다면 대중은 누구일까? 우리 그리스도인 개개인이 포함됨은 물론이다. 역사의 주체는 교회를 포함한 제도가 아니다. 공평과 정의를 추구하는 깨어 있는 개인이다. 의식 있는 개개인의 연대가 역사의 진보를 성취한다. 우리의 관점과 우리의 신학에서 출발할 것이 아니라, 대중에게서 출발해야 한다. 그들의 상황과 형편, 아픔과 고통을 이해하고자 하는 관점에서 시작해야 한다. 그것이 교회를 교회답게 하고 교회를 살리는 길이다.

우리는 차별을 조장하고 혐오를 부추기는 모든 목소리에 대항하여 외쳐야 한다. '우리는 기계가 아니다', '우리 모두는 평등한 사람이다.' 그런 목소리를 통해 역사는 발전한다. 역사의 주체는 공평과 정의를 추구하는 자들의 외침이다. 이를 막는다면 그것이 국가이건 교회이건 역사의 심판을 면할 수 없다.

그리스도인 개개인의 자각이 전제될 때에만 21세기에서도 기독교의 가치가 유의미한 담론이 될 수 있다. 과거의 기독교 담론이 회고적인 것이었다면, 이제 추구할 기독교 사관은 개인이 이 땅에서 하나님의 신 의지를 구현할 주체, 미래지향적인 주체가 되는 것이다. 역사의 주체로서 개인의 자각과 실천, 자각한 개인들의 연대가 이 땅에서 신 의지를 구현할 중요한 요소이다.

망각의 심연 속에 있는 개인을 끄집어내어 구원하는 것, 그것이 바로 역사이다. 모든 종류의 불평등과 혐오에 맞서 공평과 정의를 추구하는 자, 그들이 바로 역사의 주체이다.

개인을 넘어 공공을 지향하는 신앙

2019년 들어, 몇몇 캐나다 한인 교회의 청년들 및 연수차 캐나다를 방문한 한국의 한 대학의 학생들과 생각을 나눌 기회가 있었다. (그들은 꼰대의 잔소리라 여겼을 수도 있겠지만 그렇게 생각하면 서글프니 나눔이라고 해두자.) 목회자나 신학자가 아닌 사람이 신앙에 대해 얘기한다는 것은 늘 조심스럽다. 그저 평소의 문제의식을 정리하는 수준일 때가 많다.

"신앙은 개인적인 것인가?" 이들과의 만남에서 던졌던 질문이다. 실은 이 질문이 나의 글쓰기를 사로잡아 온 화두였다. 기독교 신앙은 '개인'이 그리스도를 통한 구원과 하나님의 신비를 추구하는 것이라는 점에서 이 질문에 단번에 아니라고 답할 수만은 없다. 하지만 '개인적'이라는 말은 여러 층위를 내포한다. — 340

개인적이라는 말을 영어로 옮겨 보면, 'personal' 또는 'private' 을 떠올릴 수 있다. 같아 보이기도 하고 달라 보이기도 하는 이 두 단어 사이의 뉘앙스는 각각의 반대말을 생각하면 명확해진다. 'Personal'의 반대말은 'impersonal'이겠고, 'private'은 'public' 과 반대어로 묶일 수 있다.

신앙을 개인적personal인 것이라고 할 때는 인격적인 관계를 의미한다. 'Person'이라는 말의 어원 자체가 본래 법적 소송을 주고받을 수 있는 자격을 갖춘 이를 의미했다. 그러니 '개인적'이란 반드시 대등한 인격적인 관계가 전제되어야 한다. 개인 신앙이라 할 때에는 하나님과의 관계뿐 아니라 교회나 타인, 사회와의 관계도 인격적으로 연결되는 것이다.

또 다른 의미에서 신앙을 개인적private이라고 한다면, 이는 외부에서 신앙에 대해 간섭하거나 침해할 수 없는 자유의 영역을 강조하는 듯하다. 유럽의 자유주의도 간섭받지 않는 개인의 신앙을 존중하는 종교의 자유와 밀접하니 말이다. 종교로 인한 탄압을 경험한 이들에게 그 어떤 것보다 중요해 보인다. 일제와 6·25, 근대화의 과정을 압축적으로 경험한 한국이라는 맥락에서 기독교 신앙이란 사적인 것이기 쉽다. 모든 고난과 도전을 이길 실질적인 힘을 종교와 교회에서 찾고, 그것을 통한 극복의 간증들이 넘쳐나기 때문이다.

한때 수많은 젊은이들이 '오직 예수'로 백문일답을 외치던 시절, 기독교 신앙은 개인의 삶의 질문에 더할 나위 없이 명쾌한 답을 주는 듯 보였다. 하지만 이에 대한 강조는 신앙이나 복음이 가진 사회적 층위에 대한 고민을 한편으로 묻어 두었다. 신앙의 개인성만을 강조한 결과, 그리스도인들이 속한 공동체나 사회와 비인격적인impersonal 관계를 맺는 데 일조하였다.

인간의 삶에 대한 더 나은 답과 미래에 대한 낙관을 그리던 근대성의 세계 속에 살던 이들이 세상사의 복잡함 속에서 혼란을 경험하는 것은 당연해 보인다. 모던에서 포스트모던으로 넘어가는 개인적 경험을 하는 것이다. 한국 교회의 급성장기에 젊은 시절을 보낸 내 또래 전후의 세대는 교회에 대한 근원적인 고민을 하게 되었다. 변화하는 사회 속에서 교회는 어떤 고민을 하고 있으며 그 역할은 무엇인가?

충현교회나 광림교회 등 한국 현대사에서 주목받던 대형 교회들이 최초로 교회세습을 하게 되면서 이런 고민이 더 짙어지지 않았나 싶다. 개인의 종교적 체험과 사회적 성취를 등치하는 가려진 욕망이 결국은 교회를 사사화된 공간으로 만든 것이다. 신앙을 사적 영역으로 제한한 이들이 모인 공동체인 교회 역시 사적 영역에 머물 뿐이었다. 결과적으로 같은 종교적 DNA를 공유하는 이들만의 닫힌 공간이 된 것이다. 그러다 보니 어처구니없게도 교회를 자신의 존재감을 발휘하는 공동체로 전유하는 이들도 적지 않게 생겨났다.

여러 논란이 있겠지만 한국 근현대사에서 교회가 수행했던 유의미한 공적 역할을 한두 마디로 폄하하는 것은 공평하지 않다. — 342

어쩌면 교회의 공공성의 가치를 믿었던 이들이기에 사사화되어 가는 교회에 더 마음 아파하고 비판하며, 심지어 떠나기도 했을 것이다. 그런 면에서 보면, 지금 외부의 도전으로부터 교회를 '수호'하겠다고 하는 많은 이들이 실상은 사적 이익을 추구하는 사사로운 공동체로서의 교회를 강화하는 데 일조하는 것이다.

만났던 그 친구들에게 결국 꼰대 같은 말을 하고야 말았다. "왕년에… 그 시절 대부분 그러했듯이… 뜨거운 열정으로 신앙생활을 해본 경험으로 볼 때… 신앙은 뭔가 '뜨거운' 것만은 아니란다." 불같은 뜨거움이 이 차디차고 엄혹하기까지 한 세상을 보는 시야를 멀게 할 수도 있다. 신앙이 사적인private 것에만 머문다면 하나님과 사회 공동체와의 관계를 통한 신앙의 인격personality은 형성될 수 없다. 결국 교회의 공공성, 복음의 공공성을 얘기하기 위해서는 신앙이 공공재임을 인식하는 데서 출발해야 한다. 우리가 속한 사회 공동체에서 종교란 프라이버시의 영역이 아니라, 우리의 퍼스낼리티를 드러내는 공공의 성격도 갖고 있기 때문이다. 신앙이 인격적personal이면서 공적public인 가치임을 인식하고 살아가는 것, 이것이 그리스도인들이 가져야 할 사회의식·역사의식이 아닐까.

이 책의 목적은 현실에 대한 비판이나 문제의식을 제시하는 데 그치지 않고, 궁극적으로 한국 교회가 직면한 문제를 풀어 나가기 위해 필요한 미세 근육을 키워 나갈 동기를 부여하는 데 있다. 그를 위해, 이제 거기 있는 그들에게서 여기 있는 나에게로 다시 초점을 맞춰야 한다. 새로운 출발은 개인의 자각과, 의식 있는 개인의 연대에서 가능해진다. 기독교 신앙이 개인의 종교 체험에 머무는 것이 아니라, 사회변혁을 위한 기반이라고 받아들일 때, 전망하기 희미한 미래에 새로운 빛이 비추일 것이다. 차별과 소외, 불평등이 사라지고 공평과 정의가 실현되는 사회란 예배당 안에서 구호로만 존재하는 것이 아니라, 우리가 그리스도의 가르침을 따라 실현해야 할 당위의 과제이기 때문이다.

주

01 텍스트를 넘어서 콘텍스트를 읽다

1 뤼시엥 페브르, 《16세기의 무신앙 문제: 라블레의 종교》(김용종 옮김, 문학과지성사, 1996), 제1장 "삶을 장악한 종교"에서 라블레 시대의 종교성을 자세하게 논의하고 있다.

2 인문주의자 에라스무스의 가톨릭교회와 교황, 사제들의 타락에 대한 풍자와 해학은 루터의 노골적인 비판보다 더 큰 위협을 주었다. 이에 대해서는 김인, "한 인문주의자의 초상", 〈도덕교육연구〉 26권 3호(2014. 12.), 171-189쪽 참조.

3 《기독교와 역사》(주재용 옮김, 대한기독교서회, 1984)라는 제목으로 우리말로도 출간되었다.

4 '면벌부'에 대한 용어 정의는 1부 5장 "면벌부는 살아 있다" 참조.

5 Eamon Duffy, *The Stripping of the Altars, Traditional Religion in England, 1400-1580* (New Haven and London: Yale University Press, 1992), chapters 1-2 참조.

6 최종원, 《초대교회사 다시 읽기》(홍성사, 2018), 50-51쪽.

7 최종원, 《초대교회사 다시 읽기》, 78쪽.

8 홍태영, "유럽의 시민권, 정체성 그리고 문화적 인종주의: 국민국가의 전환과 극우민족주의", 〈한국 정치연구〉 20집 2호(2011), 239쪽.

9 최진우, "유럽 다문화사회의 위기와 유럽통합", 〈아시아리뷰〉 2권 1호(2012. 6.), 34-35쪽.

10 https://www.theguardian.com/uk/2008/feb/07/religion.world

11 송재룡, "한국 가족주의와 준거 기준의 이중성을 넘어", 《현상과 인식》 통권 77호 (1999. 6.), 161-182쪽 참조.

12 최종원, 《초대교회사 다시 읽기》, 195쪽.

13 미국 복음주의에 반대하여 복음주의를 떠나는 이들을 '엑스반젤리칼exvangelical'이라고 부른다. 풀러신학교 총장을 지낸 리처드 마우는 과도하게 정치적 우파가 되어 외면당하는 미국 복음주의의 현실 속에서 복음주의자들이 나아갈 대안을 모색하는 책을 쓰기도 했다. Richard J. Mouw, *Restless Faith: Holding Evangelical Beliefs in a World of Contested Labels*(MI: Baker Publishing Group, 2019).

14 우리말로는 《영국의 복음주의: 1730-1980》(이은선 옮김, 한들, 1998)이라는 제목으로 출간되었다.

15 David Bebbington, *Evangelicalism in Modern Britain, A History from the 1730s to the 1980s*(London: Routledge, 1989), p.74.

16 알리스터 맥그래스, 《기독교의 미래》(박규태 옮김, 좋은씨앗, 2005), 154-155쪽.

17 Bebbington, *Evangelicalism in Modern Britain*, p.1.

18 맥그래스, 《기독교의 미래》, 154쪽.

19 Peter Clark, "The 'Mother Gin' Controversy in the Early Eighteenth Century," *Transactions of the Royal Historical Society*, vol.38, 1988, pp.63-84.

20 Miles M. Fisher, "Friends of Humanity: A Quaker Anti-Slavery Influence," *Church History*, vol.4, no.3, 1935, pp.187-202.

21 *A Practical View of the Prevailing Religious System of Professed Christians in the Higher and Middle Classes of This Country Contrasted With Real Christianity.*

22 Anne Stott, *Wilberforce: Family and Friends*(Oxford: Oxford University Press, 2012), p.104.

23 윌버포스와 클래팜 섹트의 노예무역폐지에 관해서는 윤영휘, 《혁명의 시대와 그리스도교》(홍성사, 2018), 133-158쪽 참조.

24 프랑스와 달리 영국이 유혈 혁명을 거치지 않고 사회개혁을 이루었다는 주장에 대해서는 J. D. Walsh, "Elie Halevy and the Birth of Methodism," *Transactions of the Royal Historical Society*, vol.25, 1975, pp.1-20 참조.

25 김한경, "하나 되게 하시는 성령: 아타나시우스의 신화神化 교리에 나타난 연합의 비전", 〈피어선 신학 논단〉 5권 2호(2016. 8.), 70-91쪽.

26 우리말로는《연옥의 탄생》(최애리 옮김, 문학과지성사, 1995)이라는 제목으로 출간되었다. 연옥purgatory은 '정화하는'이라는 의미의 형용사에서 출발하여 12세기 명사로 나타난, 사고의 공간화의 결과이다. 이와 관련해서는 김응종, "아날학파와 역사의 공간화", 〈황해문화〉 통권 9호(1995. 12.), 402-403쪽 참조.

27 이은주, "고딕양식의 탄생과 사상적 배경", 〈프랑스문화예술연구〉 37호(2011. 8.), 398-406쪽.

28 임영빈, "종교개혁과 평등, 그리고 개인의식의 확산", 〈현상과인식〉 42권 2호(2018. 6.), 46-50쪽.

29 김명배, "16세기 재세례파의 쉴라타임 신앙고백에 나타난 교회와 국가의 관계와 기독교 윤리", 〈현상과인식〉 38권 3호(2014. 9.), 171-191쪽 참조.

30 주인공 네흘류도프를 통해 살펴보는 톨스토이 사상의 진화는 이은경, "톨스토이의 알터에고 네흘류도프의 진화", 〈한국노어노문학회 학술대회 발표집〉(2010. 11.), 97-111쪽 참조.

31 톨스토이 사상에 끼친 헨리 조지의 영향은 윤새라, "지주 네흘류도프의 여정: 톨스토이의 〈지주의 아침〉과《부활》의 주인공 연구", 〈노어노문학〉 26권 3호(2014. 9.), 133-152쪽 참조.

32 레프 톨스토이,《부활》(이철 옮김, 삼성출판사, 1992), 523-524쪽.

33 〈한겨레21〉의 베트남 통신원 구수정 기자가 "베트남의 원혼을 기억하라"라는 제목으로 실은 이 첫 기사는 그 이듬해인 2000년에 베트남전 당시 양민 학살에 대한 참전 장교의 인터뷰로 이어졌고 국제적으로 큰 반향을 일으켰다.

34 미시사의 이론과 적용에 대해서는 곽차섭, "미시사: 줌렌즈로 당겨 본 역사", 〈역사비평〉(1999. 3.), 69-85쪽 참조.

35 Duffy, *Stripping of the Altars*, p.70.

36 최종원, "천국을 향한 약속어음", 〈인문연구〉 56호(2009. 6.), 169-170쪽.

37 최종원, "천국을 향한 약속어음", 176쪽.

38 최종원, "천국을 향한 약속어음", 184쪽.

39 최종원, "천국을 향한 약속어음", 185-186쪽.

40 최종원, "천국을 향한 약속어음", 192쪽.

41 종교개혁기 유언장에 대한 대표적인 연구로는 Christopher Marsh, "In the name of God? Will-making and faith in early modern England," Spufford P, Martin G, ed., *The Records of the Nation*(Woodbridge: Boydell and Brewer, 1990), pp. 215-250 참조.

42 성장주의와 기복 종교는 일상적 욕망을 종교적 기제와 맞물려 긍정하는 방향으로 나아갔다. 이와 관련한 사회학적 분석으로는 이정연, "근대적 인간과 전근대적 종교의 심원", 〈한국사회학〉 52권 4호(2018. 1. 1.), 207-241쪽 참조.

43 진화심리학에서 위협과 두려움에 대한 대처기제 및 방어기제의 한 방편으로 포유류에도 적용하고 있는 개념이다. 이에 대해서는 이홍석, 이홍표, 권기준, 최윤경, 이재호, "무엇이 트라우마인가? 진화심리학적 측면에서 본 트라우마의 이해와 분류", 〈한국심리학회지〉 34권 2호(2015. 6.), 565-598쪽 참조.

44 그런 점에서 종교개혁 500주년 전후로 루터와 관련한 다양한 관점의 연구서들이 등장한 것은 반가운 일이다. 루터 개인과 그가 추구한 종교개혁의 한계를 명확하게 짚어준 저술들은 좀 더 객관적으로 종교개혁에 접근할 수 있도록 해준다. 대표적인 저작으로 박흥식, 《미완의 개혁가, 마르틴 루터》(21세기북스, 2017)와 린들 로퍼, 《마르틴 루터: 인간, 예언자, 변절자》(박규태 옮김, 복있는사람, 2019) 등이 있다.

45 근대 국민국가 형성에서 등장한 근대적 영웅은 민족을 하나로 연결시켜 강력한 집단 정체성을 형성하는 기제로 활용되었다. 근대의 영웅 만들기에 대해서는 박지향 외, 《영웅 만들기: 신화와 역사의 갈림길》(휴머니스트, 2005) 참조.

46 30년 전쟁으로 인한 국제관계의 변화에 대한 연구로는 김준석, "17세기 중반 유럽 국제관계의 변화에 관한 연구", 〈국제정치논총〉 52권 3호(2012. 9.), 111-139쪽 참조.

47 영어 성경의 경우, 1611년 킹제임스성경KJV이 나오기 전까지 가장 많이 인쇄된 성경이 제네바 성경이었다. 성경 각 권마다 소제목, 칼뱅주의 신학에 따른 간략한 설명을 넣어 독자의 수용성을 높였다. 허명수, "성경번역의 용인성", 〈번역학연구〉 15권 1호(2014. 3.), 316-318쪽 참조.

48 Emilio Gentile, "The Sacralisation of politics: Definitions, interpretations and reflections on the question of secular religion and totalitarianism," *Totalitarian*

Movement and Political Religions, vol.1, 2000, pp.18-55.

49 마르크 블로크, 《기적을 행하는 왕》(박용진 옮김, 한길사, 2015) 참조.

---

02 한국 교회를 넘어서 보편 교회를 고민하다

1 Matti Peltonen, "Clues, Margins, and Monads: The Micro-Macro Link in Historical Research," *History and Theory*, vol.40, no.3, 2001, pp.347-359.

2 정규영, "미셸 푸코의 파놉티시즘과 근대 교육", 〈교육사학연구〉 24권 2호(2014. 12.), 117-153쪽.

3 윤영휘, 《혁명의 시대와 그리스도교》(홍성사, 2018), 11장 "선교와 그리스도교의 팽창" 참조.

4 벤담의 파놉티콘은 권능을 가진 자의 시선을 만들어 내어 감시자가 끊임없이 자신을 피감시자에게 드러냄을 통해 권력을 행사했다. 이인규, "벤담의 파놉티콘과 근대 계몽주의 기획", 〈경제와사회〉 통권 91호(2011. 9.), 156-157쪽.

5 기업의 사회적 책임과 교회의 사회적 책임을 비교 연구한 논문으로 김성호, "글로벌 시대의 교회의 사회적 책임에 관한 연구", 〈로고스경영연구〉 10권 4호(2012. 12.), 180-203쪽 참조.

6 이화신, "이탈리아 미사사란 무엇인가", 〈중앙사론〉 14권(2000. 12.), 204-207쪽.

7 박준철, "독일 종교개혁과 북방 인문주의", 〈역사학보〉 224권(2014. 12.), 371-395쪽.

8 대표적인 저작으로 Carl R. Trueman, *Protestant Scholasticism: Essays in Reassessment* (Carlisle: Paternoster Press, 1999) 참조.

9 칼 라너, "제2차 바티칸공의회의 영속적 의미", 〈신학전망〉 190호(2015), 248-252쪽.

10 《책 읽어주는 남자》와 《도가니》 속에 나타난 악의 평범성을 비교 분석한 논문으로 김인순, "소설에 나타나는 '악의 평범성 연구'", 〈헤세연구〉 32권(2014. 12.), 255-280쪽이 있다.

11 대중독재에 대한 담론은 임지현·김용우 엮음, 《대중독재: 강제와 동의 사이에서》(책

세상, 2004), 《대중독재 2: 정치 종교와 헤게모니》(책세상, 2005), 《대중독재 3: 일상의 욕망
과 미망》(책세상, 2007)으로 출판되었다.

12 임지현, 김용우 엮음, 《대중독재 2》, 598-600쪽.

13 임지현, 김용우 엮음, 《대중독재 2》, 600-601쪽.

14 임지현, "일상적 파시즘의 코드 읽기", 《우리 안의 파시즘》(임지현 외, 삼인, 2007),
29-34쪽.

15 김진호, "한국 교회의 승리주의", 《우리 안의 파시즘》, 194-208쪽.

16 Denise Kimber Buell, *Why This New Race, Ethnic Reasoning in Early Christianity*(NY:
Columbia University Press, 2005) 참조.

17 최종원, 《초대교회사 다시 읽기》, 98쪽.

18 최종원, 《초대교회사 다시 읽기》, 231쪽.

19 최종원, 《초대교회사 다시 읽기》, 244쪽.

20 http://legacy.www.hani.co.kr/section-001056000/2003/04/001056000
200304031816125.html

21 최종원, 《초대교회사 다시 읽기》, 253쪽.

22 박정신, 박규환, "뒤틀린 기독교 '굳히기'", 〈현상과인식〉 36권 1호(2012. 5.), 41-60쪽.

23 구미정, "세월호와 함께 침몰한 한국 사회의 인권", 〈현상과인식〉 39권 1, 2호(2015.
5.), 17-41쪽.

24 Erich Fromm, *Psychoanalysis and Religion*(New Haven: Yale University Press, 1974), p.111.

25 송재룡, "정신분석학적 종교이해의 가능성과 한계", 〈사회이론〉 19권(2001. 6.), 164-
195쪽 참조.

26 최종원, "위클리프와 옥스퍼드의 롤라드파, 그 지적 정체성, 1377-1415", 〈한국교회
사학회지〉 22집(2008), 195-229쪽 참조.

27 최종원, "존 폭스의 여성 롤라드 성격 고찰", 〈서양중세사연구〉 30호(2012. 9.), 293-
325쪽.

28 KBS 스페셜, "영원과 하루: '150년 만의 공개-가톨릭신학대학교'"(2005년 방송), 32분
28-40초.

29 홍용진, "중세 '교회Ecclesia' 개념의 재파열: 프란체스코회 영성파 —13세기 말-14세기 초 남부 프랑스의 경우", 〈프랑스사 연구〉 32호(2015. 2.), 5-28쪽.

30 김응종, "프랑스혁명과 가톨릭교회의 수난", 〈역사와담론〉 83호(2017. 7.), 101-135쪽 참조.

31 A. B. Hasler, *How the Pope Became Infallible: Pius IX and the Politics of Persuasion*(New York: Doubleday & Company, 1981) 참조.

32 이와 관련해서는 오세일, "한국천주교회와 사회 참여", 〈한국사회학〉 49권 2호(2015. 4.), 93-123쪽 참조.

33 Herbert Butterfield, *The Origins of Modern Science,* 1300-1800(New York: Macmillan Co., 1959), p.viii.

34 카를로 진즈부르그, 《치즈와 구더기: 16세기 한 방앗간 주인의 우주관》(김정하 외 옮김, 문학과지성사, 2012), 317-322쪽.

35 김도현, "갈릴레오 사건", 〈신학전망〉 201호(2018. 6.), 119-156쪽 참조.

36 하성호, "성서영감 이해의 역사적 발전에 관한 고찰", 〈가톨릭사상〉 20호(1987), 114-115쪽.

37 로열소사이어티의 성립에 대해서는, 안주봉, "17세기 잉글랜드에서 종교와 과학— 스프랫의 '로열소사이어티의 역사'를 중심으로", 〈영국연구〉 27권(2012), 115-149쪽 참조.

38 Steven Shapin, "Understanding the Merton Thesis," *Isis* 79, no.4, 1988, pp. 594-605.

39 길리안 R. 에반스 외, 《기독교 사상사》(서영일 옮김, 기독교문서선교회, 1994), 203-204쪽.

40 개혁신학의 관점에서 과학을 논한 최근의 연구로 우병훈, "개혁신학에서 본 진화 창조론: 우종학, 《무신론 기자, 크리스천 과학자에게 따지다》를 중심으로", 〈개혁논총〉 41권(2017), 9-46쪽이 있다. 보수 개신교회의 시각에 대한 비판적인 고찰에 대해서는 김희수, "한국개신교회의 문자주의적 성서 해석과 적용의 비합리성", 〈종교문화연구〉 19호(2012), 95-135쪽 참조.

1 청어람ARMC의 양희송 대표는 그의 책《세속성자》(북인더갭, 2018)에서 제도 교회를 떠난 그리스도인들을 '세속성자'라는 개념으로 재구성하고자 한다.

2 조한욱,《문화로 보면 역사가 달라진다》(책세상, 2000), 85-90쪽.

3 Jeffrey B. Russell, *A History of Witchcraft : Sorcerers, Heretics and Pagans*(London: Thames and Hudson Ltd., 1980), pp.124-125.

4 초월주의 클럽이 결성되었을 당시 회원 대부분은 전현직 유니테리언 목회자들이었다.《월든》의 작가 데이빗 소로와, 하버드대학에서 행한 '미국의 학자American scholar'라는 연설로 유명한 랄프 왈도 에머슨 등은 우리에게도 친숙하다.

5 강인철, "한국 개신교 반공주의의 형성과 재생산",〈역사비평〉70호(2005. 2.), 40-63쪽.

6 로마서 13장으로 대표되는 국가권력에 대한 복종이라는 기독교의 전통적인 성서이해에 대한 균열이 그리스도인들에게서 생겨난 것은 작지만 주목할 만한 변화이다. 조경철, "바울은 국가권력에 순종하라고 가르치는가",〈신학과세계〉90호(2017. 6.), 45-90쪽.

7 가나안 성도 혹은 소속 없는 신앙인들에 대한 심층 인터뷰를 통해 분석한 대표적인 종교사회학적 연구로, 정재영, "'소속 없는 신앙인'에 대한 연구",〈현상과인식〉37권 4호(2013. 12.), 85-108쪽이 있다.

8 작은 교회를 개척교회나 미자립교회로 인식하기보다 대안적 가치를 추구하는 교회를 지칭하는 것으로 보아야 한다는 제안들이 다수 나오고 있다. 손원영, "작은 교회의 문을 두드리다",〈기독교교육정보〉53권(2017. 6.), 107-116쪽 참조.

9 Russell, *History of Witchcraft*, pp.72-89.

10 로버트 스완슨,《12세기 르네상스》(최종원 옮김, 심산, 2009), 291-319쪽.

11 이상봉, "중세의 '사변적 신비주의'와 '여성 신비주의'",〈철학논총〉90호(2017. 10.), 291-312쪽.

12 한순희, "노리치의 줄리안 영성",〈신학전망〉134호(2001. 9.), 131-152쪽.

13 E. J. Hobsbawm, "The General Crisis of the European Economy in the 17th Century," *Past & Present*, vol.5, Issue 1(1954. 11.), pp.33-53.

14 이한묵, "엘리엇과 살렘 마녀 재판", 〈인문과학연구논총〉 29호(2008), 7-20쪽.

15 김호연, "미국 우생학 운동의 재검토, 1890년대-1940년대", 〈미국사연구〉 26호 (2007. 11.), 63-96쪽 참조.

16 http://www.uvm.edu/~eugenics/primarydocs/oraesec000026.xml

17 김호연, "미국의 우생학eugenics과 섹슈얼리티sexuality 관리, 1870년대-1910년대", 〈미국사연구〉 42호(2015. 11.), 83쪽.

18 Michelle Mouton, *From Nurturing the Nation to Purifying the Volk: Weimar and Nazi Family Policy, 1918-1945*(Cambridge: Cambridge University Press, 2007), pp.57-67.

19 A. Dirk Moses, *Genocide and Settler Society: Frontier Violence and Stolen Indigenous Children in Australian History*(New York and Oxford: Berghahn Books, 2004), p.255.

20 레벤스보른 프로그램에 대한 세밀한 사항은 Ingrid von Oelhafen, Tim Tate, *Hitler's Forgotten Children: A True Story of the Lebensborn Program and One Woman's Search for Her Real Identity*(New York: Penguin Publishing Group, 2016)에 잘 나와 있다.

21 신동일, "우생학과 형사정책", 〈형사정책연구원 연구총서〉(2007. 12.), 8쪽.

22 이 주제와 관련한 연구는 강인철, "한국 사회와 양심적 병역거부: 역사와 특징", 〈종교문화연구〉 7호(2005), 103-141쪽 참조.

23 대체복무 관련한 법적 논의는 문재태, "양심적 병역거부에 관한 법적 검토", 〈법이론실무연구〉 5권 1호(2017. 4.), 177-203쪽 참조.

24 서영건, "중세 카스티야 변경 도시와 콘비벤시아*convivencia*", 〈서양중세사연구〉 21호(2008), 149-177쪽.

25 스완슨, 《12세기 르네상스》, 95-97쪽.

26 Kevin Jackson, *Chronicles of Old London: Exploring England's Historic Capital*(New York: Museyon, 2012), p.36.

27 Robin R. Mundill, *The King's Jews: Money, Massacre and Exodus in Medieval England*(New York: Continuum, 2010), p.81.

28 양준희, "비판적 시각에서 본 헌팅턴의 문명충돌론", 〈국제정치논총〉 42권 1호(2002. 5.), 29-50쪽 참조.

29 차별금지법을 둘러싼 논란 가운데 성소수자 관련 사안이 기독교뿐 아니라 한국 사회 전반에서 가장 중요한 핵심 중 하나로 보인다. 이지현, "한국에서 차별금지법 제정에 있어서 성적 지향을 둘러싼 갈등과 전망", 〈중앙법학〉 16권 3호(2014. 9.), 107-139쪽.

30 박우룡, "자유주의", 《서양의 지적운동 2》(김영한 엮음, 지식산업사, 1998), 87-88쪽.

31 J. I. LaRocca, "Time, Death, and the Next Generation: The Early Elizabethan Recusancy Policy, 1558-1574," *Albion: A Quarterly Journal Concerned with British Studies* 14. 2.(1982), pp.103-117.

32 옥스퍼드 운동을 전반적으로 다룬 연구논문으로 서요한, "19세기 영국의 옥스퍼드 운동 소고", 〈신학지남〉 85권 2호(2018. 6.), 87-116쪽 참조.

33 John Keble, *The Christian Year, Lyra Innocentium and Other Poems together with His Sermon on "National Apostasy"*(London: Oxford University Press, 1914), p.543.

34 새찬송가 379장에 수록되어 있다.

04 개인 신앙을 넘어서 공적 신앙으로 살다

1 앤서니 케니, 《현대철학》(이재훈 옮김, 서광사, 2013).

2 《십일조는 없다》(평단, 2012)로 개정 출간되었다.

3 카잔차키스는 자유, 욕망, 인간의 본질, 행복 등을 조르바를 통해 투영하였다. 안남연, "《그리스인 조르바》에 나타난 인간의 자유와 삶의 의미", 〈스토리앤이미지텔링〉 7호 (2014. 6.), 167-187쪽 참조.

4 한기철, "인문주의의 형성과 전개", 〈도덕교육연구〉 28권 3호(2016. 12.), 168쪽.

5 한기철, "인문주의의 형성과 전개", 185-188쪽 참조.

6 임병철, "페트라르카와 르네상스 자서전적 기행문학의 출현", 〈역사와경계〉 69호 (2008. 12.), 391-420쪽.

7 움베르트 에코는 《장미의 이름》에서 옛 지식과 새 지식, 전통과 진보 등과 같은 구도를 끊임없이 반복하고 있다. 이와 관련하여 흥미로운 분석은 이서라, 정의준, "영화 〈장

미의 이름〉에 나타난 '지식과 권력'의 속성 탐색", 〈한국콘텐츠학회논문지〉 15권 8호 (2015. 8.), 194-208쪽 참조.

8 종교개혁을 인문주의와 연결함으로써 종교개혁사 연구의 지평을 넓힌 것으로 평가 받는 묄러Bernd Moeller의 통찰이다. 인문주의와 종교개혁의 연관성을 심도 있게 분석한 연구로는 박준철, "독일 종교개혁과 북방 인문주의", 〈역사학보〉 224호(2014. 12.), 371-395쪽 참조.

9 가톨릭교회가 인간의 구원을 위해 성사로 제정한 7개의 성례로 영세, 견진성사, 성체 성사, 고해성사, 혼인성사, 신품성사, 병자성사 등이 있다.

10 면벌부에 대한 개요는 이 책 1부 5장 "면벌부는 살아 있다" 참조.

11 김인, "《프로테스탄트 윤리와 자본주의 정신》: 기독교문화와 윤리", 〈도덕교육연구〉 21권 2호(2010. 2.), 69-93쪽. 그러나 베버 테제는 다양한 비판적 연구의 대상이 되어 왔다. 강희경, "막스 베버의 자본주의 기원에 대한 재검토", 〈현상과인식〉 7권 2호 (1983. 6.), 135-159쪽 참조.

12 Eluned Summers-Bremner, *Insomnia, A cultural history*(London: Reaktion Books, 2008), pp.63-66.

13 김충환, "막스 베버의 '자본주의 정신'에서 바라본 한국 개신교의 기복신앙", 〈현상 과인식〉 38권 3호(2014. 9.), 139-141쪽.

14 이숙진, "신자유주의 시대 한국 기독교의 자기계발 담론 — 여성교인의 주체화양식 을 중심으로", 〈종교연구〉 60호(2010. 9.), 119-148쪽.

15 이와 관련한 연구로는 김영배, "신자유주의 경제체제가 한국 교회에 끼친 영향에 관 한 연구", 〈현상과인식〉 36권 4호(2012. 12.), 43-68쪽 참조.

16 J. Huizinga,*Homo Ludens-A Study of the Play-Element in Culture*(London: Routeledge & Kegan Paul, 1944), p.202.

17 대표적인 논문은 Scott Hendrix, "Rerooting the Faith: The Reformation as Re-Christianization," *Church History*, vol.69(3), 2000, pp.558-577 등이 있다.

18 http://www.newadvent.org/cathen/12608c.htm

19 이경구, "콘스탄티누스 기진장의 작성시기", 〈서양중세사연구〉 14권(2004), 1-36쪽.

20 차용구, "중세의 사료 위조에 대한 심성사적 접근", 〈서양중세사연구〉 3권(1998), 121-148쪽 참조.

21 이러한 성경해석을 기반으로 에라스무스는 이혼을 허용하고 사제의 결혼을 허용할 것을 주장했다. 정미현, "에라스무스의 시각으로 본 결혼에 대하여", 〈한국기독교신학논총〉 98집(2015. 10.), 91-120쪽 참조.

22 조한욱,《문화로 보면 역사가 달라진다》, 23-24쪽 재인용.

23 Herbert Butterfield, *Christianity and History*(New York: Scribner's Sons, 1949), p.22.

24 강준만, "프런티어는 미국인의 유전자인가: 프레더릭 잭슨 터너의 프런티어 사관", 〈인물과사상〉(2014. 4.), 31-57쪽 참조.

25 현대에도 한국 상고사에 대한 유사역사학적 해석이 문제시되고 있다. 송호정, "최근 한국상고사 논쟁의 본질과 그 대응", 〈역사와현실〉 100호(2016. 6.), 17-51쪽 참조.

26 김영진, "신명기 사가의 역사", 〈한국기독교신학논총〉 38집(2005. 4.), 5-25쪽 참조.

27 조인형, "유세비우스의 콘스탄티누스 대제관", 〈서양고대사연구〉 13권(2003. 12.), 93-95쪽.

28 선한용, "어거스틴의 '신국론'에 나타난 '두 도성'에 대한 문제 연구", 〈신학과세계〉 12권(1986. 5.), 179-180쪽.

29 칼 뢰비트,《역사의 의미》(이한우 옮김, 문예출판사, 1987), 11쪽.

30 김기봉, "누가 포스트모던을 두려워하랴", 〈역사학보〉 161권(1999. 3.), 185-209쪽 참조.

31 이 논문은《끝나지 않은 시대의 노래》(한겨레신문사, 2004)라는 제목으로 출판되었다.

텍스트를 넘어 콘텍스트로

최종원 지음

초판 1쇄 발행 2019년 6월 19일
초판 4쇄 발행 2024년 8월 19일

펴낸이 김도완   **펴낸곳** 비아토르
등록번호 제2021-000048호   **주소** 서울시 종로구 삼일대로 428, 500-26호
      (2017년 2월 1일)   (우편번호 03140)
전화 02-929-1732   **팩스** 02-928-4229
전자우편 viator@homoviator.co.kr

편집 이현주   **디자인** 즐거운생활
제작 제이오   **인쇄** ㈜민언프린텍   **제본** ㈜정문바인텍

ISBN 979-11-88255-37-5 03230   **저작권자** ⓒ 최종원, 2019

이 도서의 국립중앙도서관 출판예정도서목록(CIP)은 서지정보유통지원시스템 홈페이지(http://seoji.nl.go.kr)와
공동목록시스템(http://www.nl.go.kr/kolisnet)에서 이용하실 수 있습니다.(CIP 제어번호: CIP2019022435)